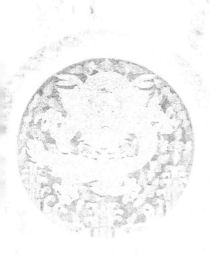

개정판

명성황후 시해의 진실을 밝힌다

선 전 포 고 없 는 일 본 의 대 러 개 전

명성황후 시해의 진실을 밝힌다
선전포고 없는 일본의 대러 개전

제1판 1쇄 발행   2001. 9. 29
제2판 1쇄 발행   2002. 2. 25
제3판 1쇄 발행   2006. 8. 15
제3판 2쇄 발행   2019. 7. 10

지은이   최문형
펴낸이   김경희
펴낸곳   (주)지식산업사
          본사 경기도 파주시 광인사길 53 (문발동)
               전화 (031)955-4226~7   팩스 (031)955-4228
          서울사무소 서울시 종로구 자하문로6길 18-7 (통의동)
               전화 (02)734-1978(대)   팩스 (02)720-7900
          영문문패   www.jisik.co.kr
          전자우편   jsp@jisik.co.kr
          등록번호   1-363
          등록날짜   1969. 5. 8.

책값   15,000원

ISBN 89-423-3805-4   03990

* 이 책을 읽고 지은이에게 문의하고자 하는 이는
  지식산업사 편집부나 e-mail로 연락 바랍니다.

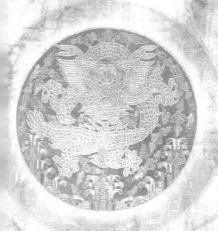

명성황후 시해의 진실을 밝힌다

선전포고 없는 일본의 대러 개전

최 문 형

지식산업사

〈민 왕후 시해의 주범과 종범〉

이노우에 가오루(井上馨, 1836~1915)

이토와 함께 조슈 출신으로 외상·내상을 역임한 '겐로(元老)'의 한 사람. 강화도조약 때부터 조선 문제에 관여해온 최고의 조선통으로 주한 공사 임명과 함께 조선에 대한 전결권(專決權)을 허여받아 서울로 부임(1894. 10. 27). 삼국간섭 후 미우라를 자기 후임으로 천거함으로써 일본정부의 대한정책을 '무단(武斷)'으로 이끈 민 왕후 시해의 주모자.

미우라 고로(三浦梧樓, 1836~1926)
조슈 출신으로 육군 중장까지 승진했으나 야마가타 등 육군 주류와 대립, 예편당한 재야 무단파의
수장, 주한 공사로 부임한(1895. 9. 1) 뒤 민 왕후 시해 실행을 지휘한 총범격의 현장 책임자.

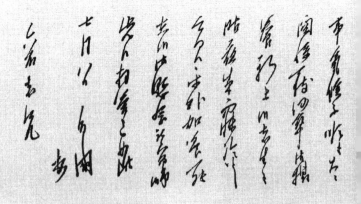

이 두 서신은, 주독 아오키(青木) 공사의 7월 5일자 국제 정황 보고와, 일본이 심어놓은 박영효가 민 왕후에게 축출되었다는 7월 6일자 한국 정황 보고를 받은 직후에 보내졌다.

첫번째 서신(야마가타가 무쓰에게)의 주요 내용
- 귀하(무쓰)의 서한을 일독하고 실로 경악해 마지않았습니다.
- 이 보도로 확실한 것은 이노우에 백작을 즉각 도한(渡韓)시키는 길밖에 없다는 것입니다.
- 보내주신 가르침대로 내·외 정황에 더 이상 방관 좌시하는 것은 도저히 참을 수 없습니다.
- 따라서 묘의(각의)에서 결정되는 대로 단행하기를 희망합니다.

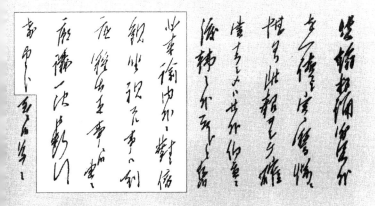

야마가타가 무쓰에게 보낸 7월 8일자 서신

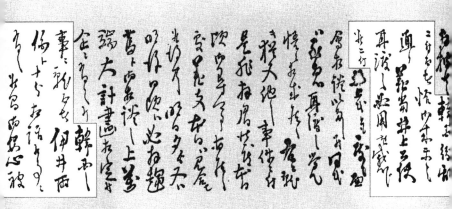

사이온지가 무쓰에게 보낸 7월 8일자 서신

두번째 서신(사이온지가 무쓰에게)의 주요 내용

■ 한국 분란에 대해서는 내시(來示)해주신 대로 이노우에 공사를 즉각 도한시킬 필요가
있다고 느껴 이노우에 백작과 자주 의논했습니다.

■ 한국 문제에 대해서는 이토·이노우에에 백작과 충분히 상의했으니 안심하시기 바랍니다.

이들 문헌 자료를 통해 민 왕후 시해는 이노우에의 주도로, (사이온지의 표현대로) 이토
및 이노우에와 충분히 상의했고, 일본 내각의 의결을 거쳐 단행되었음을 확인할 수 있다.

무쓰 무네미쓰(陸奧宗光, 1844~1897)
청일전쟁 당시의 일본 외상. 전시외교 강화 및 3국 간섭을 슬기롭게 처리했으나 폐환으로 1895년
6월 5일을 기해 모든 직무를 사이온지 문부상에게 넘겨줌으로써, 민 왕후 시해 당시에는 외상이라는
명의만 지닌 상태였다. 그러나 그는 여러 경로를 통해 정보를 수집, 정부에 계속 기발한 충고를
하고 있었다.

야마가타 아리토모(山縣有朋, 1838~1922)
무쓰로부터 대한강경책을 강력하게 권고받은 뒤 7월 8일자로 그에게 서한을 보낸 야마가타(오른쪽,
왼쪽은 이토). 사이온지도 같은 날짜로 무쓰에게 서한을 보냈다(사이온지의 사진은 제3장 참조).

〈일본정부의 대한정책을 강경으로 이끌게 한 두 사람〉

아오키 슈조(靑木周藏, 1844~1914)
야마가타 내각의 외상을 지낸 직업외교관. 1892년 두번째로 주독공사에 부임한 뒤 주영공사를 겸임한 친독파의 제1인자. 그는 1895년 7월 5일자로 '간섭 3국의 연합은 시체에 불과하다'는 보고를 통해 일본정부의 정책을 강경으로 바꾸게 하는 데 기여했다(사진 오른쪽은 독일인 부인 사이에서 낳은 딸이며, 앞의 아이는 외손녀이다).

박영효(朴泳孝, 1861~1939)
철종의 사위로 급진개화파. 영·미의 힘을 빌려 청의 속박을 막으려 했지만 실패함. 그가 이노우에의
천거로 내상이 되었기 때문에, 일본정부는 그의 실각을 한반도에서의 자국 세력의 전면 후퇴로
받아들였고, 이것이 대한정책을 강경으로 전환하게 하는 하나의 계기가 되었다(7. 6).

〈궁궐 침입을 위한 낭인들의 두 거점과 두 대표〉

한성신보사와 아다치 겐조(왼쪽), 파성관과 시바 시로(위)

낭인들은 두 패로 나뉘어 한 패는 시바 시로(柴四郎)가 숙소로 쓰고 있던 파성관(巴城館)에 모여 직접 궁궐로 쳐들어가기로 했고, 다른 한 패는 한성신보사(漢城新報社)에 집결한 뒤 아다치 겐조(安達謙藏) 지휘 하에 오카모토 등과 함께 대원군을 옹위해 궁궐로 진입하기로 했다. 시바(사진에서 앞줄 오른쪽)는 하버드 대학 출신으로 후일 중의원 의원이 되었고 소설가로 활약했으며, 아다치는 체신상·내상이 되었다.

1. 이 책의 제목에서는 1897년에 추서된 '명성황후'라는 명칭을 사용했으나 본문에서는 현재성을 살리기 위해 한국사 전공자들과 상의하여 '민 왕후', '민후' 또는 '왕후'라고 표기하기로 했다. 고종을 '왕'이라고 하며 그 비를 '황후'라고 칭할 수는 없기 때문이다.

2. 1897년 이전의 우리 나라를 '조선'이라고 표기하는 것을 원칙으로 했으나, 맥락에 따라 '조선'과 '한국'을 혼용하기도 했다. 다만 조선과 일본과의 관계를 말할 때는 편의상 이를 '한일관계'로, 조선에 대한 일본의 정책은 일본의 '대한정책'이라고 표기했다.

3. 본문에서 일본의 지명과 인명은 외래어 표기법 지침에 의거하여 현지음을 따랐으나, 중국의 인명과 지명은 관용적으로 쓰이는 것이 많아 혼선을 피하기 위해 기왕의 표기대로 우리 식 한자음을 따랐다.

4. 본문에서 나라 이름의 줄인 표기는 한자 음가를 따라 독(독일), 불(프랑스), 영(영국)이라고 했다. 다만 러시아만은 '러'라고 표기했다.

5. 본문에 나오는 문헌 중 책으로 편찬되거나 간행된 것 그리고 정기 간행물 등은 《 》 표시로 나타냈으며, 그 밖에 일반적인 글 제목은 〈 〉 표시로 나타내었다.

6. 일반독자가 읽기에 번거롭지 않도록 주는 본문 뒤에 따로 모았다.

책을 내면서

일본의 민 왕후(명성황후) 시해는 "억겁(億劫)이 지나도 잊을 수 없는 민족의 한(恨)이 맺힌 사건이다". 당시 우치다 사다즈치(內田定槌) 주한 일본영사까지도 "(이 사건은) 우리 제국(일본)을 위해 매우 유감스러운 일로, 고금 미증유의 흉악한 범행이었다"고 실토했다(《日本外交文書》 28-1, No. 424). 실제로 "그들은 일국의 왕비를 왕궁의 침실까지 쳐들어가 살해한 뒤 그 시체를 능욕하고 불태워버렸다"(中塚明, 山邊健太郎, 주 163 참조).

그럼에도 일본정부는 관련 자료를 서둘러 인멸·왜곡한 뒤 외국 기자 매수공작과 함께 외교진까지 동원, 자국 정부가 이 사건과 무관함을 납득시키는 데 총력을 기울였다. 그리고 그 뒤 100여 년의 세월이 흐르는 가운데 이 사건은 왜곡된 채 역사의 그늘 속에 묻혀갔다.

이에 저자는 더 늦기 전에 일본의 최대 역사왜곡이라 할 수 있는 민 왕후 시해 사건을 더 밀도 있게 재구명해야겠다는 생각이 들었다. 사건의 진실을 분명하게 밝혀 우리의 역사 인식을 새로이 함과 아울러 이를 일본 국민에게도 직접 알릴 필요가 있다고 생각했다. 역사의 진실을 알아야만 뉘우침도 생길 것이고, 그래야만 우리의 응어리도 풀릴 것이기 때문이다.

그러나 지금까지 민 왕후 시해에 대한 우리 학계의 연구는 논증(論證)으로 그친 것이 대부분이다. 일본정부의 사건 관련을 사실(史實)로써 분명하게 실증(實證)한 연구는 거의 찾아볼 수가 없다. 오히려 사건의 책임을 우리에게 전가하려고 일인들이 꾸며놓은 '대원군·훈련대 주모설'을 부정하는 데 여념이 없었다.

사건의 주모자는 이미 성층권(成層圈)으로 사라졌는데, 우리는 그 주모자를 우리의 가시권(可視圈) 안에서만 찾느라 맴돈 형국이었다. 심지어 일본의 소행임을 밝힌다며 '미우라 고로 주모설(三浦梧樓主謀說)'을 주장하는 경우가 대부분이었고, 이러한 상황은 오늘날까지도 실제로 달라진 것이 거의 없다.

민 왕후 시해사건의 본질은 어디까지나 일본정부의 사건 관련에 있다. 어느 특정 일본인의 사건 관련이 아니다. 그러나 그 관련 자료는 이미 일본정부에 의해 철저하게 인멸·왜곡된 지 오래이다. 따라서 저자는 그들이 깊숙이 숨긴 일본 문헌만을 찾아 헤맬 것이 아니라, 시각을 바꾸어 관심을 구미 자료로 돌리기로 했다. 당시 주한 외교사절들이 저마다 자국 정부에 보낸 이 사건에 대한 보고서 등을 찾아보기로 한 것이다.

그런데 이들 구미 자료에서 뜻밖에 중요한 사실을 발견했다. 민 왕후 시해의 주모자는 통설처럼 여겨지던 주한 공사 미우라 고로가 아니라, 그의 전임자인 이노우에 가오루(井上馨)였다는 사실이 바로 그것이다. 한국 문제에 관한 한 전결단행권(專決斷行權)을 부여받은 일본정부 당국자는 바로 이노우에 가오루였다.

따라서 저자의 관심은 자연히 이노우에가 어떤 식으로 사건을 주모했고, 그의 주모가 어떻게 일본정부 당국의 움직임에 관련이 되는가를 입증하는 문제로 집중되었다. 이 입증이야말로 일본정부의 사건 관련을 밝혀내는 열쇠가 될 것이기 때문이다.

이 사건에 대한 저자의 첫 연구서가 바로《명성황후시해

사건》(최문형 외 지음, 민음사, 1992. 9.)이었다(《동아일보》, 1992
년 8월 13일자, 1면과 5면 전면에 소개). 그러나 이 책은 몇 사람
의 글을 모은 일종의 논문집으로, 성격상 내용의 중복을
피할 수 없었다. 그리고 사건의 본질과 전모를 밝혀내는
데도 자료 부족과 연구의 미숙으로 여러 가지 한계와 문제
점을 안고 있었다.

  이에 저자는 이러한 여러 문제점을 시정·보완하고, 그
뒤 10년 동안의 연구 성과를 다시 평이하게 정리해 재출간
하기로 결심했다. 그렇게 해서 나온 것이 《명성황후 시해의
진실을 밝힌다》(지식산업사, 2001. 9.)의 첫판이다. 여기서 저
자는 이 사건을 '민 왕후와 대원군의 궁중 갈등'의 결과로
인식하는 일반론에 비판을 제기했다. 역사적 관점에서 볼
때, 일본의 민 왕후 시해는 한반도에서 전개된 러·일의 대
립 속에서 파생된 산물이었다.

  두 나라의 쟁탈 대상을 한반도로 국한시킨다면, 러일전
쟁은 1904년이 아니라 이보다 10년 전에 민 왕후 시해사건
을 계기로 이미 시작되었다고 해도 과언이 아니다. 이 책의
부제를 붙이면서 민 왕후 시해를 가리켜 '선전포고 없는
일본의 대러 개전'이라고 한 까닭도 바로 여기에 있다. 이
책의 일본어판에서는 '보이지 않는 러일전쟁의 서곡'이라
는 부제를 붙였다.[1]

요컨대, 문제의 핵심은 이노우에의 시해 주도와 일본 각의의 대한강경책 결의라는 두 사실을 입증하는 데 있다. 일본 각의의 대한강경책 결의가 바로 그들의 시해 결정이었기 때문이다. 그렇지만 이 사실을 직접 뒷받침해줄 일본 당국의 문헌 자료는 그동안 전혀 찾을 길이 없었다.

저자가 이 문제에 관심을 가지고 지난 20여 년 동안 계속 주의를 기울여온 연유도 여기에 있다. 그런데 그 결과였는지는 몰라도, 그 관련 자료를 정말 우연하게도 쉽사리 입수하게 되었다.[2] 너무나도 뜻밖의 일이었다. 일본 국회도서관 헌정자료실(憲政資料室)에서 관계 문서를 살피던 중의 일이었다. "역사의 진실은 반드시 밝혀진다"는 말이 새삼 실감이 나는 찰나였다. 치밀하기 그지없는 그들에게도 미처 의식하지 못한 빈틈이 남아 있었던 것이다(《동아일보》, 2006년 6월 5일자, 1면과 8면 전면에 소개).

민 왕후 시해 관련 서책을 두 번이나 출간한 저자가 또다시 새삼스럽게 개정판을 내기로 결심한 계기가 여기에 있

---

1) 崔文衡, 《閔妃は誰に殺されたのか―見えざる日露戰爭の序曲》(彩流社, 2004. 2.).

2) 陸奧宗光文書, 第7冊, 〈山縣有朋からの書簡〉(日本國會圖書館 憲政資料室 所藏);西圓寺公望傳, 別卷1, 立命館大學 西圓寺公望傳 編纂委員會 編(岩波書店, 1996) 등이 그것이다.

다. 사건의 본질을 더욱 분명하게 밝혀야겠다는 생각과 더불어, 결정판을 내고 말겠다는 저자의 욕심도 물론 작용했다. 일역(日譯)에 이어 다시 이 책의 영역(英譯)에 대비해 자료 보완을 통하여 완벽을 기하는 작업은 너무나 당연한 일이라고도 생각했다.

한·일 사이의 진정한 우의는 역사인식의 공유 없이는 기대할 수 없는 것이다. 더욱이 일본이 겨우 60년 전의 해방전후사마저 서슴없이 왜곡하고, 왜곡한 역사교과서를 통해 다시 2세 국민의 의식까지 지난 세기의 '탈아론(脫亞論)'적 일본우월주의로 이끌어가고 있는 것이 오늘의 현실이다. 아무도 부정할 수 없는 완벽한 연구가 더욱 절실한 까닭이 여기에 있는 것이다.

관련 자료를 수집하는 과정에서 저자는 여러 분의 많은 지원을 받았다. 특히 와세다 대학 연구원 가네다 레이코(兼田麗子) 선생의 정성 어린 도움과 노고는 결코 잊을 수 없다. 그리고 자료 해석을 위해 여러 일본 근대사 전문가의 지원을 받도록 주선해준 오오사카 대학 명예교수 고야스 노부쿠니(子安宣邦) 선생에게 진심으로 고마움을 표한다.

"한국은 일본인의 머릿속에 100년 전에도 없었고 오늘날에도 없다"며 일본인의 그릇된 한국관을 예리하게 꼬집은 선생의 학자적 진심에 다시 한번 우의(友誼)를 표해 마지않는다. 아울러 연표의 문제점 등을 검토해준 제자 석화정(石和靜) 박사에게 다시 한번 고마움을 전한다. 그리고 일본 문헌 해독을 도와준 박병원 선생의 호의도 잊을 수 없다.

2006년 8월 10일

최 문 형

■ 차례 ■

명성황후 시해의 진실을 밝힌다

제1장 민 왕후와 대원군

■ 차례 ■
명성황후 시해의 진실을 밝힌다

■ 차례 ■

명성황후 시해의 진실을 밝힌다

■ 차례 ■

명성황후 시해의 진실을 밝힌다

제3장 민 왕후의 '인아거일'책과 일본정부의 왕후 시해

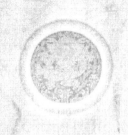

제4장 러시아의 대일 대응과 러일전쟁으로 가는 길

■ 차례 ■

명성황후 시해의 진실을 밝힌다

시작하며 (서론)

민 왕후 시해는, 러·일이 한반도 지배를 둘러싸고 대립하게 된 상황에서, 일본이 먼저 민 왕후라는 러시아와의 연결고리를 제거한 사건이었다. 이는 즉각 전면전으로 돌입할 수 없는 형세에서 일본이 먼저 전면전이 아닌 방법으로 러시아의 한국 침투를 차단시키려 한 대러 선수 조치였다. 따라서 민 왕후 시해는 당초 개인 차원의 사건일 수가 결코 없는 것이다.

일본에게 민 왕후 시해는 국익이 걸린 한판 대결이었다. 물론 일본의 최종 목표는 한국의 독점적 지배였다. 그런데 민 왕후는 청일전쟁으로 청국이 한반도에서 물러나게 되자 러시아를 깊숙이 끌어들여 일본의 야욕에 제동을 걸었다. 민 왕후 시해는 바로 이에 대한 일본정부의 대응 조치였다.

《일청전쟁》의 저자 후지무라 미치오(藤村道生)도 "이 쿠데타(민 왕후 시해)는 그 대강에서는 정부(일본)의 방침과 모순되는 점이 없다"고 언급했다(岩波新書, 1974, 192쪽). 민 왕후 시해가 일본정부의 정책 목표와 다르지 않다는 이야기이다. 요컨대, 일본이 러시아의 한국 침투를 민 왕후 시해라는 방법으로 막으려 했다면, 러시아는 이 같은 일본의 도전에 아관파천(俄館播遷)이라는 방법으로 대응한 것이다. 일본의 민 왕후 시해는 그야말로 '보이지 않는 러일전쟁의 서곡'이었다.

민 왕후 시해는 러시아로부터 한반도 지배권을 지켜내기 위한, 일본정부의 국익수호를 위한 조치였다. 따라서 이 사건의 주도자는 일본정부를 대표하는 인물일 수밖에 없다. 그것도 국제 정황과 한국 정황을 아울러 판단할 수 있는 이노우에 가오루와 같은 거물이 아니고서는 당초 엄두도 낼 수 없는 일이었다. 미우라 같은 재야의 일 무골(武骨)이 맡을 수 있는 문제는 처음부터 아니었다.

그럼에도 일본정부와 학자들은 이 사건을 줄곧 '대원군 주모' 내지는 '낭인들의 우발적인 살인사건' 등으로 조작·왜곡했다. 그러나 이는 처음부터 가당치도 않은 이야기이다. 이 사건은 한국 왕실의 불화나 어떤 개인 차원의 사건으로 호도될 수 있는 문제가 결코 아니었다. 그럼에도 그들은 오늘날까지도 일본정부의 사건 관련만은 끝가지 부정하고 있다.

더욱이 근간에는 쓰노다 후사코(角田房子)라는 여류작가까지 등장, 현란한 문필력을 구사하며 이 주장에 힘을 더해 주고 있다. 처음에는 자기가 마치 일본정부의 사건 관련을 끝까지 파헤쳐보겠다는 듯 현란한 문필력으로 독자를 현혹시키고는, 끝에 가서 "아무리 상상의 날개를 펼쳐도 무쓰 무네미쓰(陸奧宗光), 이토 히로부미(伊藤博文) 등 일본정부 당국자가 민비 암살을 계획했다고는 생각되지 않는다"는 엉뚱한 결론을 내리고 만다.

이에 대해 일본의 저명한 사상사가 고야스 노부쿠니(子安宜邦) 교수는 "이 결론은 범법자를 모조리 면소처분시켜준 히로시마(廣島)의 재판보다 훨씬 더 중대한 판정이었다"고 하면서, 쓰노다의 이 소설을 마치 진실처럼 둔갑시켜준 오오에 시노부(大江志夫)의 역사가로서의 무책임도 함께 준열하게 힐난(詰難)하고 있다.[1]

민 왕후 시해 사건이 일본정부와 무관하다는 주장은 물론 그녀 혼자만의 이야기는 아니다. 이것은 일본정부와 일본인 학자 대부분의 주장이다. 그러나 러일전쟁이라면 시바 료타로(司馬遼太郎)의 작품이 일본 독자를 사로잡고 있듯이, 민 왕후 시해라면 쓰노다의 소설이 그들의 교본(敎本)처럼 되어 있는 것이 현실이다.

그렇다면 일본정부는 정녕 민 왕후 시해와 무관했던 것일까. 사건의 성격상 결단코 그럴 수 없다는 것이 저자의 결론이다. 물론 쓰노다의 작품은 어디까지나 소설에 불과

---

1) 子安宜邦, 〈閔妃問題とは何か〉, 《環》, Vol. 22(藤原書店, 2005, summer). "이런 판정을 내린 작품에 대해 오오에는 역사가로서 '선열한 감명을 느꼈다. 이 노작을 통해 나는 쓰노다 씨의 일 독자에서 팬으로 바뀌었다'고 칭송하는 내용의 '해설'을 그 소설의 말미에 부가해주었다."

하다. 그렇지만 그 소설이 미친 영향은 너무나도 지대했다.[2]
더욱이 그것은 한국어로도 번역되어 한국 독자에게까지 폐
해를 끼쳤다. 소설이라고 해서 더 이상 이를 방치하거나
묵과해서는 안 되겠다는 저자의 생각은 바로 여기서 비롯
된 것이다.

쓰노다의 작품에는 두 가지의 명백한 허구와 문제점이
있다. 당시 명의만의 외상이던 무쓰 무네미쓰(陸奧宗光)를
일본정부 당국자로 둔갑시켜놓은 것이 그 하나라면, 이 사
건을 처음부터 오카모도 류노스케(岡本柳之助)를 위시한 가
해자 편에서 기술했다는 것이 그녀의 또 다른 문제점이다.

그러나 당시의 무쓰는 이미 일본정부 당국자가 아니었
다. 그는 폐결핵으로 모든 직무와 권한을 문부상 사이온지
(西園寺)에게 넘겨주고(1895년 6월 5일) 오오이소(大磯)에서
요양에 들어간 중환자였다. 더욱이 일본정부가 미우라 고
로(三浦梧樓)를 주한 공사로 정식 임명한 8월 중순에는 병세
가 악화되어 무쓰는 사경(死境)을 헤매고 있었다.

그녀는 중병환자 무쓰를 일본정부 당국자로 설정해놓고,
그가 왕후 시해 사실을 오카모토의 보고를 받고나서야 비

---

2) 같은 글 참조. 이 소설은 1988년에 발간되어 신쵸학예상(新潮學
藝賞)을 받았고, 그 문고판은 2004년 6월 현재 15쇄를 넘겼다.

로소 알게 되었다는 사실을 내세워 일본정부가 사건과 무
관함을 주장하고 있다. 그러나 다시 말하거니와, 무쓰는 이
미 일본정부 당국자가 아니었고, 특히 조선 문제에 관해서
는 더욱 그러했다.

그렇지만 그는 명의상으로는 여전히 외상직을 유지하고
있어, 도쿄의 각료들과 정부 당국자로부터 끊임없이 위문
서한과 함께 정보를 입수하고 있었다. 그리고 정부가 외교
정책을 결정하는 과정에서도 외상으로서 그는 거침없이 기
발한 자신의 견해를 제시하고 있었다.

특히 그에게 보낸 겐로(元老) 야마가타 아리토모(山縣有
朋)의 7월 8일자 서신과 외상 임시대리 사이온지의 같은
날짜 서신이 그 대표적인 것이다. 주지하는 바, 야마가타는
이토와 쌍벽을 이루는 일본 정계의 대표적 실권자였다. 무
쓰가 조선에 대한 정보를 얻는 통로는 결코 오카모토 한
사람만의 단선(單線)이 아니었다. 그는 모든 고위 당국자로
부터 고루 정보를 얻고 있었다.

이 책의 주 목적은 민 왕후 시해의 주모자가 무쓰도 미우
라도 아닌, 바로 이노우에 가오루였다는 사실을 밝히는 데
있다. 조선 문제에 관한 한 '전결권(專決權)'을 부여받은 겐
로 이노우에가 바로 당시의 일본정부 당국자였음을 밝히려
는 것이다.

그가 국장급에 불과한 주한 공사였다고 해서 미우라와 격(格)이 같았던 것이 아니다. 그는 이토 히로부미와 더불어 명치유신을 성공시킨 '겐로'였을 뿐만 아니라, 일찍이 내·외상을 두루 거친 당시 일본 제일의 조선통(朝鮮通)이었다. 주한 공사 부임도 그의 자청에 따른 것이었다.

저자는 이 책에서 그가 민 왕후 시해 결정을 어떤 정황 아래 어떻게 주도했으며, 그의 결정이 일본 내각에 어떻게 받아들여졌는가를 살펴보려고 했다. 이노우에가 일본 정계에서 차지하는 비중과 3국 간섭 직후 그의 도쿄 체류 24일간(6. 20~7. 14)의 행적을 역추적함으로써 그의 사건 주모가 바로 일본정부의 사건 주모가 된다는 사실을 밝히는 데 초점을 맞추었다.

아울러 7월 11일 무렵을 기해 내각의 대한정책이 강경으로 바뀌는 과정에서 드러난 무쓰의 제언과 야마가타의 역할도 함께 살펴보았다. 일본 각의는 이노우에의 이 결정에 따라 7월 19일 그 실행 책임자로서 미우라를 주한 공사로 정식 확정했다. 그리고 8월 24일에는 일본 각의가 임시의회 불개최 결정을 의결함으로써 결국 민 왕후 회유의 길(온건책)을 전면 봉쇄해버렸다.

이 책은 한반도를 둘러싸고 벌어진 러·일의 대립에서 출발한다. 일본정부가 민 왕후를 시해할 수밖에 없었던 한국 정황과 국제 환경에서 시작해, 시해 뒤에 전개된 상황으로 말미암아 러일전쟁으로 이어지는 과정까지 다루기로 한 것이다.

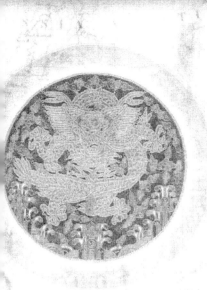

제1장

민 왕후와 대원군

고종(高宗, 재위 1864~1907)
흥선군의 둘째아들로 이름은 명복(命福). 1866년에 민 왕후와 혼인한 후 1873년 12월부터 친정.

흥선대원군(興宣大院君, 1820~1898)과 공덕리 별저
흥선대원군(위)이 실각 후 은거했던 공덕리 별저(아래)

파크스(Harry Smith Parkes, 1828~1885)와 김옥균(金玉均, 1851~1894)

김옥균(위) 등 급진개화파는 청의 속박을 영·미의 힘을 빌어 벗어나려 했으나 오히려 주일 영국공사 파크스(왼쪽)에게 한영신조약 체결의 빌미를 제공했다.

1. 민 왕후의 유년기와 국내외 정황

(1) 민 왕후의 유년기와 국내 정황

민 왕후는 1851년 여흥 민씨 민치록(閔致祿)의 외동딸로 태어났다. 오늘까지 그 생가가 남아 있는 여주가 왕후의 고향이다. 그리고 1895년 10월 8일에 시해되었으니 왕후는 44세라는 아까운 나이로 인생을 마친 것이다. 왕후의 출생 및 유년기는 나라의 안과 밖이 다 같이 험난한 시기였다. 안으로는 안동 김씨 세도정치의 폐해가 극에 달했던 철종 시대로 민생은 도탄에 빠져 있었다.

밖으로는 제국주의 열강을 대표하던 영국과 러시아가 각기 그들의 진출 방향을 동아시아로 정하려던 무렵이었다. 그리고 중국에서는 민 왕후가 태어난 바로 그 해에 홍수전(洪秀全)이 광서성에서 '태평천국의 난'을 일으켜 이후 14년 동안이나 나라를 극도의 혼란에 빠뜨림으로써 열강의 침략을 불러들이고 있었다. 세상은 민 왕후의 험난한 인생을 마치 예고라도 하는 것 같았다.

이른바 세도정치란 순조(1800~1834), 헌종(1834~1849), 철종(1849~1863) 등 나이 어린 왕이 연이어 왕위를 계승하자 척족(戚族)들이 권력을 전단(專斷)한 일종의 기형적인 정치

행태를 말한다. 즉 순조가 12세의 어린 나이로 정조를 계승해 왕위에 오르자, 영조의 비(妃)였던 정순왕후 김씨가 수렴청정을 시작했다. 이것이 노론파 김조순(金祖淳)이 국왕을 보필한다며 자연스럽게 정권을 잡게 된 배경이었다. 그리하여 이듬해에는 자신의 딸을 왕후로 책봉함으로써 그는 마침내 세도정치의 확고한 기틀을 구축했던 것이다.

그런데 이런 형세 속에서 순조가 승하하고, 그의 세손 헌종이 역시 8세의 어린 나이로 즉위하게 되었다. 그러나 유약했던 헌종마저 세자 없이 재위 15년 만에 서거하자 김씨 일문은 자기들의 세도 유지를 위해 힘없는 무능한 왕족을 골라 왕으로 세우게 된 것이다. 여기서 김씨 가문에 의해 발탁된 왕족이 바로 덕완군(德完君, 본명 元範)이었다. 그는 할아버지 시절부터 세도가의 멸시에 못 이겨 일찍이 강화도로 낙향해 빈곤 속에서 세상을 살아온, 그야말로 이름뿐인 왕족이었다. 문자의 해독 능력조차 없는 시골의 순박한 이 청년이야말로 바로 세도가들이 찾고 있던 적임자였다.

여기서 19세의 '강화도령'은 영문도 모른 채 김씨 일문에 의해 하루아침에 임금으로 받들어졌다. 그가 곧 철종이었다. 그리고 이듬해에는 김문근의 딸이 왕후로 책봉됨으로써 김씨 일문의 세도는 또다시 굳혀졌다. 이처럼 약 60년 남짓이나 지속된 김씨 일문의 세도는 국왕까지 마음대로 좌우하는 정도였다. 왕족과 종친쯤은 처음부터 안중에도 있을 리가 없었다. 그러니 일반 백성들은 더 말할 나위조차 없는 것이다. 그 위세에 눌려 숨도 제대로 못 쉬고 사는 것이 나라의 현실이었다.

그 결과 왕권이 쇠약해지고 이른바 3정(三政, 전정·군정·환곡)의 문란으로 민생이 도탄에 빠져 사태는 민심의 동요와 함께 반란과 폭동으로 이어졌다. 순조 연간의 홍경래의 난(1811)도 유명했지만 철종 연간의 진주민란(1862)이 그 대표적인 예라 하겠다. 이것이 8세에 고아가 된 민 왕후가 고향을 떠나 서울로 올라왔을 무렵의 시대배경이다. 왕후의 어린 시절은 이처럼 세도정치의 폐해가 극에 달해 나라 전체가 혼란과 동요의 소용돌이 속에서 헤매고 있던 시대였다.

(2) 민 왕후 유년기의 국제 정황

세도정치의 혼란과 동요 속에서는 현실이 너무 불안해 아무도 외부 세계의 물정에 관심을 기울일 겨를이 없었다. 더욱이 중국과 일본 이외에는 직접 접촉한 일이 없는 우리의 처지에서 서양 세계의 동향을 안다는 것은 실제로 불가능한 일이기도 했다. 그러나 이런 우리의 사정과는 관계없이 세상은 엄청나게 변하고 있었다. 당시의 세계는 여러 열강 가운데서도 특히 영국과 러시아의 대립이 그 주축을 이루고 있었다. 그리고 세계의 패권을 둘러싼 영·러 대결의 물결은 동아시아로 몰려오고 있었다.

발칸반도, 중앙 아시아 및 동아시아 등 세 방향을 남진의 목표로 삼았던 러시아가 이 가운데서 어느 한 곳을 골라 남침을 기도하면, 그때마다 영국은 이를 극력 저지했다. 그리고 러시아는 그들의 남침이 영국에 의해 좌절될 때마다 그 진로를 재빨리 다른 취약한 방면으로 돌리는 전략을 구사했다. 그렇다고 해서 언제나 영국보다 러시아가 먼저 침략을 시작한 것은 물론 아니다.

1840년의 아편전쟁(제1차 영청전쟁)은 영국이 도발했고, 제2차 아편전쟁(애로호 사건, 1856. 12.)도 마찬가지로 영국에 의해 촉발된 사실이 이를 입증한다. 영국은 크림 전쟁(1853~1856)이 교착상태에 빠지자, 현상 타파를 위해 프랑스를 끌어들여 공격의 방향을 발칸에서 동아시아로 급선회했다. 캄차카 반도의 페트로파블로프스크(Petropavlovsk)를 선제 기습했던 것이다(1854. 8. 29).[1] 이 결과 영·러 대결의 무대는 단숨에 동아시아로 넓혀졌다.

그리고 교전의 범위가 이처럼 동아시아로 확대되자 영·러 대결의 물결은 먼저 일본으로 밀려왔다. 양국이 다 같이 일본을 상대로 치열한 수교 경쟁을 벌인 것이 그 표현이었다. 영국이 홍콩을 기지로 하고 러시아가 페트로파블로프스크에 거점을 두고 있는 이상, 두 나라는 다 같이 일본 땅을 중간기지로 이용할 필요가 있었기 때문이다.

그러나 이 두 나라는 일본의 교전 당사국 배제 원칙에 따라 모두 밀려나고 말았다. 따라서 미국의 페리(Matthew Perry) 제독만이 영·러를 제치고 일본과 최초로 화친조약을 맺을 수 있었던 것이다(1854. 3. 31). 물론 이렇게 된 바탕에는 포함(砲艦)의 위력이 있었다. 그렇지만 이는 비교전국(非交戰國)으로서 미국이 얻게 된 일종의 어부지리이기도 했다. 영일수교는 이듬해인 1854년 10월 14일에, 그리고 러·일수교는 다시 그 이듬해인 1855년 2월 7일로 늦어졌다.[2]

이런 와중에 동해 바다는 이미 전쟁터로 변한 캄차카 반도로 오가는 영국과 프랑스 함대의 번잡한 통로가 되어 있었다. 울릉도와 독도가 영·불의 지도에 실리게 된 것도 이 무렵의 일이다. 심지어 미국은 교전국이 아니면서도 동해에서 고래잡이를 하며 영·러의 움직임을 주시했다. 그러나 당시의 우리는 동해 바다가 이렇게 북새통이 된 연유조차 전혀 알지 못하고 있었다.

그리고 크림 전쟁이 끝나며 영·러의 대결 무대는 다시 동해에서 중국 대륙으로 옮겨졌다. 러시아가 크림 전쟁에 패배함으로써 입은 손실을 동아시아에서 만회하려 할 것이라고 넘겨짚은 영국이 러시아에 앞서 먼저 중국 침략을 서둘렀기 때문이다. 만일 러시아의 중국 진출이 실현된다면 영국으로서는 일대 위협이 아닐 수 없었다. 경우에 따라서는 그 위협이 인도까지도 미칠 수 있어 영국을 긴장시켰던 것이다.

즉 영국의 처지에서 러시아의 위협을 막는 방법은 러시아보다 한 발 앞서 북경을 제압하고 그곳에 공사관을 설치함으로써 자국의 기득 권익을 굳히는 길밖에 없었다. 이런 상황에서 때마침 중국 땅을 휩쓸고 있던 '태평천국(太平天國)의 난'은 영국에게는 그야말로 절호의 기회가 아닐 수 없었다. 여기서 영국은 청국의 곤경을 이용, 이른바 애로(Arrow)호 사건을 도발했던 것이다.

그러자 러시아도 이에 맞서 새로운 결단을 내렸다. 때마침 인도의 벵골에서 일어난 세포이 반란(1857. 5. 10)이 전국으로 확산되자, 러시아는 이를 중국 진출의 호기로 삼은 것이다.[3] 이것이 영·러가 한반도를 건너뛰어 중국대륙을 무대로 하고 대결을 벌이게 된 배경이다.

러시아도 청의 내우외환을 중국 침략의 호기로 이용한 제국주의적 속성에서는 영국과 조금도 다를 것이 없었다. 제국주의시대에 약소국의 내우(內憂)는 곧바로 외환(外患)으로 이어지게 마련이었다. 여기서 청은 이들 열강에 굴복해 1858년 러시아·영국·프랑스와 각기 천진조약을 맺어 외국 사절의 북경 상주권과 내륙항행권 등을 인정했다. 이에 더해 러시아는 아이훈조약까지 맺고(1858) 아무르강 좌안의 땅을 할양받아 러·청 사이의 모호하던 국경문제마저 해결했다.

그리고 1859년에 대청 외교의 주역이 이그나티브(Nicolai Pavlovich Ignatiev)로 바뀌며 러시아의 권익은 또다시 증진되었다. 1860년 11월 14일, 러청북경조약의 체결이 바로 그것이다. 청군의 대고(大沽)포대 포격에 대한 응징을 위해 북경으로 들이닥친 영·불군과 영청북경조약(1860. 10. 24) 및 불청북경조약(1860. 10. 25)을 주선해준 대가였다. 이로써 러시아는, 아이훈조약으로 얻은 땅과 합치면 독일과 프랑스의 국토를 합한 면적과 맞먹는 약 40만 평방마일의 광활한 영토를 획득한 것이다.[4] 이것이 러시아가 조선 및 만주와 국경을 접하게 된 배경이다.

그 뒤 그들은 연해주에 블라디보스토크라는 항구를 건설함으로써 동아시아 침략을 위한 기지도 구축했다. 그렇다고 해서 그들이 연해주를 발판 삼아 곧바로 동아시아 침략에 나설 수는 없었다. 연해주가 지닌 갖가지 지리적 제약이 이를 가로막고 있었기 때문이다.

교통에 엄청난 장애가 있었을 뿐만 아니라 땅마저 황폐

하여 식량의 자급자족도 불가능했다. 거의 모든 생필품을
러시아의 중심 지역에 의존할 수밖에 없는 형편이었다. 설
상가상으로 날씨마저 혹독하게 추워서 육로의 유일한 간선
(幹線)이던 아무르강이 얼어붙는 바람에 왕래를 더욱 어렵
게 했다. 왕래가 가능한 기간은 고작 연 평균 140일 정도에
불과했다.[5]

따라서 육로를 이용할 경우, 그들의 중심부에서 연해주
까지 가는 데는 거의 2년이나 걸려야 했다. 그들이 연해주
와의 왕래와 교역업무를 주로 해운에 의존할 수밖에 없었
던 연유도 바로 여기에 있었다. 그러나 해운에 의존하기
위해서는 부동항 획득이 빼놓을 수 없는 그들의 필수 과제
였다. 그런데 이 같은 부동항이 자기 나라 안에는 없다는
것이 바로 러시아의 고민이었다.

이에 그들은 이 부동항을 먼저 일본 땅에서 구해보기 위
해 1861년 대마도 점령에 나섰다. 그러나 영·일의 완강한
저항에 부딪혀 그들은 곧바로 철수할 수밖에 없었다.[6] 그래
서 다음의 가장 손쉬운 대상지로 부상된 곳이 바로 한반도
였다. 러시아가 일찍이 '라자레프 항'(Port Lazareff)이라고 명
명한 영흥만과 함께 특히 거문도에 눈독을 들이게 된 것은
바로 이때부터였다. 따라서 한반도도 결국 언젠가는 영·러
대결의 무대로 편입될 수밖에 없는 처지가 되었다.

2. 대원군의 등장과 그의 대내외 정책

(1) 고종의 즉위와 대원군의 집권

대원군은 1864년 1월 철종이 재위 14년 만에 후사(後嗣) 없이 서거하고 그의 둘째아들 명복이 제26대 고종으로 즉위함으로써 정치 무대에 등장했다. 이는 익종(추존, 헌종의 부)의 비(妃)로 당시 왕실의 최고 어른이던 조대비의 결정에 따른 발탁이었다. 안동 김씨의 세도를 견제하겠다는 조대비의 굳은 의지가 뚜렷이 감지되는 대목이다. 대비가 고종을 새 왕으로 지명하면서 철종의 후사가 아니라 자기 남편인 익종의 대통을 잇게 했던 점은 그 의지를 더욱 분명하게 해준다.

자신의 입지를 굳히기 위해 안동 김씨 일문의 반대를 제치고, 김씨 일문으로부터 온갖 모멸을 당하며 세상을 살아온 대원군을 그녀는 자진해 정계로 끌어들였다. 이는 김씨 일문에게 적의를 품을 수밖에 없는 대원군과 힘을 합쳐 김씨 세도에 대항하겠다는 조대비의 계산이었다.

대원군은 남연군 구(南延君 球)의 넷째아들로서 본명은 흥선군 이하응(興宣君 李昰應)이다. 남연군은 어느 모로 보나 당당한 왕족이었다.[7] 더욱이 왕위 계승 서열상에서 그와 경쟁이 될 만한 왕족은 이미 김씨의 세도정치에 모두 희생되어 남연군의 자손만이 남았던 것이다. 따라서 대원군은 항상 김씨 일문의 감시에서 벗어날 수가 없었다. 그가 이런 김씨 일문의 감시를 벗어나기 위해 시정의 잡배들과 어울리기도 하고, 때로는 곤궁하다며 금품을 구걸하기도 해 세도가로부터 수모와 조롱의 대상이 되었다는 이야기는 너무나도 유명하다. 살아 남기 위해 그는 실제로 왕족의 체통을 내던지며 몸부림쳤던 것이다.

그러나 이런 생활 속에서도 그는 정계의 귀추와 철종의 후계 문제에 대해서만은 계속 신경을 곤두세웠고 조대비와는 은밀한 접촉을 계속해왔다. 그리하여 철종이 서거하자 바랐던 대로 그의 아들이 왕위에 올랐고 조대비가 수렴청정을 하게 된 것이다. 따라서 이는 정권이 풍양 조씨의 수중으로 들어간 것이 된다.

그렇지만 풍양 조씨 가문에는 안동 김씨 일문과 대결할 만한 경륜을 갖춘 인물이 없었다. 조성하나 조영하 같은 인물이 있기는 했지만 이들은 당시 아직 20대의 젊은이였다. 여기서 조대비는 그 아들을 왕으로 등극시킨 상황에서 어쩔 수 없이 대원군을 김씨 세도 견제를 위한 선봉장으로 앞장세울 수밖에 없었다. 이것이 속칭 대원군으로서 이하응이 정권을 장악하게 된 배경이다.

(2) 대원군의 성품과 정략

대원군은 5척이 조금 넘는 작은 키에 호탕한 성품을 지닌, 그야말로 호걸이었다. 〈흥선대원군 약전〉에도 그는 용모가 깨끗하고 성격이 호쾌하며 과감한 성품의 소유자였다고 기술하고 있다. 조선에서 40년 동안이나 선교 활동을 한 헐버트(Hormer B. Hulbert)도 이와 비슷한 기록을 남겼고, 1894년 겨울에서 1897년 봄까지 네 번에 걸쳐 조선의 여러 지방을 답사했다는 영국인 여행가 비숍(Isabella B. Bishop) 여사 등 많은 서양인들도 대개 비슷한 표현을 하고 있다.

'강한 성격과 오만한 의지의 소유자'로서 '항상 정력적이며 눈매가 날카로웠고' '어떤 일이 닥치더라도 거리낌없이 밀어 제치고 목표를 향해 돌진하는 불요불굴의 결의를 가진 사나이'였다는 것이다. 이런 성품을 지녔기에 그는 김씨 세도가의 모진 학대와 모멸을 끈기 있게 속으로 삭이며 살아 남았을 것이다. 그를 표현하는 말은 '호탕', '과감', '불요불굴', '자신 만만', '원기 왕성' 등이었다. 물론 '오만'했다는 표현도 있다.[8] 이 같은 그의 과감한 성품이 이제 그의 개혁 정치로 이어진 것이다.

대원군은 집권하자 조대비와 힘을 합쳐 안동 김씨가 누려온 60년 세도의 뿌리를 뽑는 개혁 작업부터 시작했다.

먼저 그는 영의정 김좌근 등을 차례로 관직에서 몰아냈다. 김씨 세력을 대거 숙청함으로써 그동안 그들의 세도에 유린당해온 국왕의 권위를 복원하겠다는 의도였다. 그리고 조대비의 수렴청정이 끝나는 1866년부터는 국왕의 친정(親政)이라는 명목 아래 그는 실권을 더 확고하게 틀어쥐게 되었다. 관리의 임·면권을 독점함은 물론 실제로 모든 국정을 좌우했던 것이다.

그는 인재 등용에서 당파와 지방색을 가리려 하지 않았다. 심지어는 신분의 차별까지 배제하려는 과감성을 보였다. 세도정치 아래서 관직을 독점하다시피 했던 노론뿐만 아니라 남인과 북인도 고루 등용했고, 차별을 받아온 서북 사람들도 기용했다. 안동 김씨라고 해서 그는 무조건 배제한 것이 아니다. 고종의 즉위를 뒤에서 은밀하게 지원해준 김병학을 좌의정으로 중용했다.[9] 그의 과감한 성품이 반영된 인재 등용이며 김씨 세도의 재기를 막음으로써 이미 굳어진 자신의 권력을 더욱 굳히겠다는 계산이었다.

(3) 대원군의 개혁과 문제점

대원군의 개혁은 세정개혁으로부터 시작되었다. 종래 상민에게만 부과하던 군포를 '호포'(戶布)라 개칭하여 양반에게도 확대·부과했다. 이 역시 국가 재정의 충실을 기하기 위한 것으로 그의 성품을 그대로 드러낸 과감한 조치였다. 이어 그는 왕실의 위엄을 과시하기 위해 1865년 경복궁 재건에 나섰다. 그러나 그는 근정전·경회루·광화문 등을 포함하는 엄청난 건축 공사를 착공하며 국가의 재정 상태도 충분히 고려하지 않았다.

건축비를 조달하기 위해 그는 농민들에게 '결두전(結頭錢)'이라는 특별세를 부과하기도 했고, 도성문을 통과하는 물품에 '문세(門稅)'라는 일종의 통과세까지 물렸다. 이른바 '원납전(願納錢)'이라는 미명 아래 금품을 강제 징수한 일은 너무나도 유명한 일이다. 이것도 모자라 그는 '당백전(當百錢)'이라는 악화(惡貨) 주조도 서슴지 않았다.

이것은 화폐 가치를 떨어뜨려 물가고를 초래함으로써 부담은 다시 백성들에게 돌아갔다.[10] 그리고 계속되는 노역(勞役) 동원은 세도정치시대의 폐해에 못지 않게 혹독했다. 착공 2년 만에 경복궁은 준공되었지만(1867) 그는 이미 인심을 잃어 실각의 원인을 제공하기 시작했던 것이다.

대원군의 과감한 성품은 이후 서원(書院)의 철폐로 다시 드러났다. 당시 서원은 많은 전지(田地)와 노비를 가지고 있었을 뿐만 아니라 면세는 물론 면역의 특권까지 누리는 일종의 치외법권 지역이었다. 경제적으로뿐만 아니라 정치적으로도 국가의 통제가 미치지 못하는 지방 유생들의 아성이었다. 따라서 이런 치외법권 지역을 그대로 방치하고서는 국가의 통제력을 바로 세울 수가 없다는 것이 그의 판단이었다.

여기서 그는 마침내 송시열의 뜻에 따라 명의 신종과 의종을 모시기 위해 세운 만동묘(萬東廟)의 철폐부터 단행했다(1865). 이어 서원에도 납세의 의무를 지우고(1868), 47개소 이외의 모든 서원을 철폐하기에 이르렀다(1871).[11] 이는 당시로서는 아무도 상상할 수 없는 그야말로 과감하기 이를 데 없는 대개혁이었다. 그렇다고 해서 그가 기존 체제까지 모조리 깨버리겠다는 것은 아니었다. 오히려 약화된 왕권을 복원 강화하면서 기존 체제를 보완 유지하겠다는 것이었다.

그러나 전통 깊은 유교 사회에서 대원군의 이 같은 혁명적 조치는 지방 양반과 유생들의 거센 반발을 불러일으켰고 결국 그가 실각하게 되는 또 하나의 원인이 되기도 했다. 민심의 이반과 양반 유생들의 반발이 그가 그토록 고심하며 간택한 며느리 민 왕후에게 뒷날 정권을 빼앗기는 빌미로 이어질 줄은 정말 상상도 못한 일이었다.

(4) 열국의 통상 요구와 대원군의 쇄국정책

대원군이 경복궁 재건과 서원 철폐에 열중하고 있는 동안 바깥세상은 또다시 크게 변하고 있었다. 그러나 대원군으로서는 국내문제에 여념이 없었던 탓도 있었지만, 이 같은 정황 변화를 제대로 파악할 수 있는 안목과 정보도 없었다. 거듭되는 이양선(異樣船, 외국 배)의 출몰을 그저 불안하게 여기고 있을 뿐이었다. 우리보다 대국인 청 역시 아편전쟁과 애로호 사건으로 곤경에 빠진 사실을 그도 물론 알고는 있었다. 그래서 그로서는 서양인들의 통상 요구를 거절하는 것만이 곤경을 피할 수 있는 길이라 여겼다.

그런데 이런 상황에서 프랑스·독일·미국 등이 통상을 요구하며 한반도로 달려들었다. 아시아 침략의 선봉에 섰던 영국과 러시아가 서로 상대를 의식하여 1860년대로 접어들며 조선 침략을 자제하기로 결정한 것이 이들의 진출 배경이었다. 위에서도 언급했지만 러시아도 영국도 즉각 전쟁을 벌일 수 있는 처지가 아니었기 때문이다. 이 양국의 '신중'과 '자제'가 서로 상대에 견제 작용을 하게 됨으로써 결과적으로 1860년~1880년의 힘의 공백상태를 빚었던 것이다. 그리고 프랑스·독일·미국 등은 바로 이 힘의 공백 상태를 틈타 조선에 통상을 요구했다. 특히 영국과 러시아를

자국의 한반도 진출의 가장 큰 걸림돌로 인식하고 있던 일본도 여기서 절호의 기회를 맞았던 것이다.[12]

먼저 프랑스의 경우는 천주교도 박해를 구실로 통상을 요구해왔다. 박해에서 살아 남아 중국으로 탈출한 리델(Ridel) 신부의 고변에 따라 프랑스 해군 제독 로즈(Pierre G. Roze)가 일으킨 병인양요(1866)가 그것이다. 그리고 이 양요를 전후해서 통상 요구를 거부당한 독일 상인 오페르트(Ernst Oppert)에 의한 남연군묘 도굴사건과, 미국과는 제너럴 셔먼(General Sherman)호 실종 사건(1866)이 일어났고, 이어 신미양요(1871)가 연달아 일어났다.[13]

실상 천주교도 박해사건은 대원군 때 처음 있었던 일이 아니다. 유교국가 조선에서 천주교도를 박해한 일은 흔히 있어 왔다. 순조 때도 있었고(신유사옥, 1801) 헌종 때도 있었다(기해사옥, 1839). 특히 파리 외방전교회 소속 신부로 은밀히 조선에 들어와 선교활동을 벌였던 모방(Maubant)·샤스탕(Chastan)·앙베르(Imbert) 등의 순교는 조선 천주교회 사상 너무나도 유명하다.

그러나 이에 굴하지 않고 철종 때는 또다시 베르누(Berneux) 등 12명의 프랑스 신부가 들어와 교세를 크게 넓혔다. 위로는 대원군의 부인으로부터 아래로는 힘없는 백성들까지 신자의 수는 2만 명에 이르렀다. 그 시기는 러시아가 일본에서 부동항을 얻으려다가 실패한 뒤 그 야욕을 조선 땅에서 채우기 위해 동해바다를 넘나들던 바로 그런 때였다. 여기서 신자였던 도승지 남종삼은 이 사태를 교세 확장에 이용할 욕심으로 대원군에게 엉뚱한 건의를 했다. 즉 러시아의 위협을 프랑스 세력을 끌어들여 막자는 것이었다.

이에 대원군은 황해도 장연에서 은밀히 선교 활동을 하고 있던 베르누를 불러들였다. 그러나 그의 대답은 너무나도 뜻밖이었다. 정치와 종교는 별개라는 것이었다. 여기서 대원군의 분노가 폭발했다. 9명의 신부와 남종삼을 위시해 수천 명의 신도가 처형된 것이다. 이는 지난날 두 번의 박해보다 그 규모가 훨씬 큰 것이었다.[14]

그리고 이런 천주교도 박해가 프랑스에게 군사 행동을 일으키는 구실을 제공했다. 그러나 그 목적은 어디까지나 통상 요구에 있었다. 그 요구가 거절되자 그들은 강화도를 점령하고 갖은 횡포를 부리며 문화재 약탈도 서슴지 않았다. 오늘날 반환 교섭을 벌이고 있는 외규장각 도서도 이때 약탈당한 것이다. 위에서 말했지만 프랑스는 이 이전에도 신부들이 두 번이나 박해를 당한 사실이 있었다. 그러나 그때에는 군사 행동으로 대응하지 않았다. 할 수가 없었다는 편이 옳을 것이다.

프랑스가 통상 요구를 이제 군사력으로 밀어붙일 수 있

었던 것은, 거듭 강조하거니와, 1860년경부터 1880년에 걸
친 영·러의 자중정책으로 말미암은 힘의 공백을 이용할 수
있었기 때문이다. 이런 사정은 미국의 경우도 마찬가지였
다. 이는 프레스틴(W. B. Preston)이라는 미국 상인이 제너럴
셔먼호라는 범선을 타고 통상을 강압하기 위해 대동강을
거슬러 올라갔다가 당한 사건이었다.

　이를 구실로 주청 미국공사 로우(Fredrich F. Low)와 미국
아시아함대 사령관 로저스(John Rogers)가 일으킨 사건이 바
로 신미양요였다. 프랑스가 천주교도 박해를 구실 삼았던
병인양요의 경우처럼 신미양요도 어디까지나 조선에 통상
을 강압하는 데 그 목적이 있었다. 제너럴 셔먼호 사건도
그 목적은 마찬가지로 모두 통상 강압이었다. 그러나 프랑
스와 미국의 강압은 다 같이 결국 실패로 끝나고 말았다.

　여기에는 대원군이 이에 굴하지 않고 대항했을 뿐만 아
니라 천주교를 믿는 이들 나라와는 절대로 통상할 수 없다
는 그의 의지 때문이기도 했다. '서양 오랑캐가 침범하는데
싸우지 않고 화(和)를 주장하는 것은 매국(賣國)과 같다'는
내용의 척화비(斥和碑)를 각처에 세워 백성들의 배외 의식
을 부추겼던 사실은 너무나도 유명하다.

　그러나 이들 열국의 침공이 실패로 끝난 데는 그들 나름
의 사정이 따로 있었다. 프랑스와 독일은 물론 미국의 경우

도 다 같이 국가적인 규모로 이를 지원한다는 것이 불가능
했기 때문이다. 프랑스는 인도차이나 경영에 여념이 없었
고, 독일은 통일을 방해하던 오스트리아와 보오전쟁을 치
르는 중(1866)이었다. 미국도 남북전쟁의 뒤처리 문제가 남
아 있어 아직 밖으로 신경을 쓸 여유가 없었다.

　신미양요가 끝나고 관민이 대원군의 쇄국 정책을 칭송함
에 따라 대원군은 더욱 의기양양하게 이 정책을 강행했다.
그러나 그 이면에는 이런 열국의 사정이 깔려 있었다. 따라
서 약 20년 동안에 걸친 영국·러시아의 자제와 프랑스·독
일·미국 등의 국내 사정으로 말미암은 힘의 공백상태는 우
리에게도 외세에 대항할 국력을 기를 수 있는 좋은 기회였
다. 그럼에도 1870년경부터 격화된 민 왕후와 대원군의 감
정대립으로 그 기회를 놓치고 만 것이다(이와 관련한 내용은
뒤에서 다룰 것이다). 그 힘의 공백이라는 기회를 이용하는
데 성공한 나라는 오로지 일본뿐이었다.

3. 민 왕후의 등장과 국내 정황

(1) 왕후 간택과 대원군

집권 후의 대원군이 국정의 어느 부문보다도 가장 신중

을 기하며 고심했던 문제는 바로 왕후 간택이었다. 이 문제 야말로 국운을 좌우하는 대사라고 그는 확신하고 있었다. 외척에 의한 세도정치의 폐해를 몸소 겪으며 세상을 살아온 그로서는 누구보다도 그 중요성을 통감할 수밖에 없었다.

그러나 신중을 기한다고 해서 왕후 간택을 무한정 미룰 수도 없었다. 1866년에는 철종의 3년 상이 끝났을 뿐만 아니라 고종의 친정 논의가 시작된 상황이었기 때문이다. 고종이 친정을 하려는 마당에 왕후 간택을 미룰 명분이 없었던 것이다. 따라서 온 나라의 관심은 이미 왕후 간택에 집중되어 있는 상황이었다. 그 자격이 어떻게 정해지고, 과연 어느 가문의 어떤 규수가 간택될 것인가가 최대 관심사일 수밖에 없었다.

대원군이 최우선적으로 생각하는 왕후의 자격은 자기의 권력 기반에 관여하거나 도전해서는 안 되겠다는 것이었다. 그리고 이 절대조건이 충족되기 위해서는 왕후 자신도 그럴 욕심이 없어야 하고, 그 배후에도 야심을 가진 가까운 일족이 없어야 했다. 외척 세도에 피해를 당해온 그로서는 너무나도 당연한 생각이었다. 그러므로 종래 왕후 선정에서 가장 우선적으로 고려되던 세도가의 가문은 오히려 기피 대상일 수밖에 없었다.

여기서 대상은 이 같은 자격 요건을 갖춘 뼈대 있는 양반

가문의 규수로 좁혀졌다. 그런데 이렇게 그의 입맛에 꼭 맞는 규수를 실제로 어디서 어떻게 찾을 것인가가 고민이었다. 물론 여기에 왕후로서 갖추어야 할 품위와 용모는 물론 총명함까지 함께 요구했을 것이다. 이러니 그 선정이 더욱 어려워져질 수밖에 없는 일이었다.

대원군은 집권 전에 안동 김씨 세도가이면서도 은밀히 자신을 도와주고 있던 김병학에게 그의 딸을 며느리로 삼겠다고 약속한 일이 있다고 한다.[15] 이는 자기 아들이 왕이 된다면 사돈을 맺어 은혜를 갚겠다는 뜻이기도 하지만 그럴 수 있도록 도와달라는 뜻이기도 했다. 그리고 정권을 장악하자 그는 곧바로 김병학을 좌의정으로 중용했고 이어 영의정으로 승진시켰다. 그러나 사돈이 되겠다는 그와의 약속은 끝내 지키지 않았다.

그가 약속을 어기고 부인 민씨의 추천에 따라 같은 여흥 민씨 가문의 딸을 선정한 이유는 오로지 한 가지였다. 그로서는 만일 김병학의 딸을 왕후로 삼을 경우 권세가 다시 안동 김씨 일족으로 되돌아갈 수도 있다는 점을 우려하지 않을 수 없었기 때문이다. 더욱이 김씨 일문의 세력 기반은 하루아침에 간단하게 무너질 성질의 것도 아니었다. 따라서 대원군은 자신의 처가이기도 한 여흥 민씨와 겹사돈을 맺음으로써 그들과 인척이라는 유대를 통해 김씨 세력을 견제하겠다는 계산을 했던 것이다.

더욱이 여흥 민씨는 일찍이 제3대 태종의 원경왕후, 제19대 숙종의 인현왕후 등 두 번에 걸쳐 왕후를 배출한 가문이었다. 비록 지금은 일족 가운데 이렇다 할 권력가는 없지만 한때 영의정을 비롯한 많은 고관 대작을 배출한 그야말로 뼈대 있는 양반가문이었다. 뿐만 아니라 부인 민씨가 추천한 민치록의 딸은 일찍이 부친을 잃어 고아나 다름없었고 가까운 형제 또한 없는 외로운 처지였다. 따라서 대원군이 바라는 왕후로서의 조건은 모두 갖춘 셈이었다. 외척 세도 정치의 폐해를 근절시켜야겠다는 의지로 충만했던 대원군으로서는 이 조건을 가장 중시할 수밖에 없었던 것이다.

따라서 이 소녀가 왕후로서 부끄럽지 않은 용모와 예의 범절을 갖추었을 뿐만 아니라 총명함도 어느 대갓집 규수보다 못지 않다는 민씨 부인의 찬사는 대원군의 결단을 부추기는 촉진제가 되었다. 이렇게 해서 간택된 왕후가 바로 민 왕후였다. 당시의 나이는 16세로 남편 고종보다 한 살 연상이었다.

(2) 민 왕후의 궁중 생활과 대원군과의 갈등

민 왕후가 대원군과 갈등을 빚기 시작한 1870년 전후 약

5년간은 역사상 일대 전환기였다. 1871년에는 신미양요가 일어나기도 했지만, 유럽에서는 독일이 통일을 이루어 영·불을 위협하는 강대국으로 등장했고, 러시아는 아시아에서 영국과 충돌을 피해 침략의 방향을 중앙아시아 방면으로 돌린 해였다(이리[伊犁]분쟁). 유럽 여러 나라가 자국의 문제에 여념이 없었고 영·러 또한 조선 침략을 자제하던 시기였다. 일본은 바로 이 힘의 공백기를 틈타 메이지 유신(明治維新)을 성취함으로써 근대국가를 건설했다.

이 시기야말로 우리에게도 이들 열강이 다시 한반도로 침략의 방향을 돌리기 전에 왕권을 굳건히 다져 외세에 대항할 수 있는 기틀을 마련해야만 할 처지였다. 그러나 민왕후와 대원군은 유감스럽게도 감정 대립으로 치달아 그 기회를 놓치고 말았다. 대원군의 개혁 의지와 취지는 그럴 듯했지만 그 폐해는 세도정치의 그것을 무색하게 할 정도였다. 뿐만 아니라 그는 권력의 맛을 보고 나서는 정권을 놓치지 않기 위해 갖은 추태를 다 부렸다.

민 왕후 또한 권력에 대한 야욕만큼은 대원군에 못지 않았다. 내면적으로 민씨 일족을 결속시켜 정치 기반을 닦으며 대원군의 경복궁 중건과 서원 철폐에 따른 민심 이반을 틈타 본격적으로 정권 장악에 나섰던 것이다. 그러나 이같은 왕후의 정권욕이 간택을 받은 직후부터 발동된 것은 아니었다. 물론 그럴 수도 없었다. 궁중 생활을 시작한 처음 몇 년간은 시부모를 정성껏 공경하고 주위의 모든 사람을 배려하는, 그야말로 착하기 이를 데 없는 며느리였다.

처음에는 남편인 고종과 부부의 정도 그리 돈독하지 못했던 것 같았다. 일거수 일투족을 주시하는 시부모와 유교적 가족 분위기에서 고종이 일부러 그렇게 보이게 했는지도 모른다. 아니라면 그가 왕후보다 한 살 아래인데다 정신 연령이 아직 어려서 부부애를 느끼지 못했을 수도 있다. 왕후가 자기 나름의 생활을 찾을 수밖에 없었던 연유도 바로 여기에 있었던 것 같다.

왕후는 연일 독서로 소일했다. 특히 애독한 책은 《춘추(春秋)》와 《춘추좌씨전(春秋左氏傳)》 등이었다고 한다. 《춘추》란 제후들의 약육강식으로 점철된 춘추시대(기원전 770~403년)의 역사책이고, 《춘추좌씨전》은 여기에 좌씨라는 사람이 주석을 붙인 책이다. 이를 통해 왕후는 세력 균형과 국제 감각을 익혔을 것이다.

그렇다면 민 왕후는 유교 사회 여성이 읽어야 했던 교양서 대신에 어째서 이 같은 제후들의 패권투쟁사만을 즐겨 읽었을까 하는 의문이 제기된다. 이에 대해서는 고종의 나약함과 우유부단함에 대비해 권력의 생리에 대한 이해가 언젠가 남편 고종에게 도움이 될 것이라는 생각에서였다는 해석이 지배적이다.

　그러나 왕후의 위기 의식은 고종 5년(1868) 왕의 총애를 받던 궁녀 이씨가 완화군(完和君)이라는 왕자를 낳으면서 드러나기 시작했다. 그리고 돌아가는 분위기로 미루어 이 아이를 세자로 책봉하려는 움직임마저 보이자 그녀의 위기 의식은 마침내 절정에 달했던 것이다. 자신의 왕후로서의 지위 자체가 위태로워질지도 모르기 때문이었다. 그리고 1871년에는 어렵게 얻은 왕자를 출생 5일 만에 잃는 일이 벌어져, 그녀로서는 불안이 더욱 증폭될 수밖에 없었다.

　그리하여 그녀의 불안과 위기 의식은 엉뚱하게도 대원군에 대한 원망과 증오로 바뀌었다. 아기의 사망 원인이 대원군에 있다고 믿었기 때문이라는 것이다. 전해지는 기록으로는 출생 시부터 아기는 항문이 막혀 변을 볼 수 없었다는 것이다. 그런데 "생후 3일된 이 아이가 대원군이 보낸 산삼을 먹고 2일 만에 죽었기 때문에 왕후의 원망은 대원군에게 돌아가게 되었고 마침내 그 원망이 적개심으로 변했다"는 것이다.[16]

　이러는 가운데 여건은 점차 왕후에게 유리해졌다. 고종도 성년이 되며 아버지의 그늘에서 벗어나 자신의 정치를 펴보겠다는 생각을 하게 되었기 때문이다. 대원군이 왕실의 존엄성을 복원하기 위해 개혁을 단행한 것은 사실이지

만 이로 말미암아 그는 민생을 도탄에 빠뜨려 이미 거센
여론의 지탄 대상이 되고 있었다. 고종도 물론 이런 사실을
몰랐을 리가 없었다. 여기서 고종은 여론의 지탄을 받고
있는 아버지의 정치가 아니라 자신의 독자적인 정치를 펴
야겠다는 의지를 굳혀갔던 것이다.

그러나 그의 친정 의지도 자신의 지지 세력이 없이는 생
각할 수 없었다. 여기서 고종은 자연스럽게 민씨 척족 세력
을 배후세력으로 활용하게 된 것이다. 일찍이 왕후는 자신
의 아기가 죽은 후부터 일족을 규합해 이미 자신의 정치
기반을 구축해갔다. 이것도 언젠가 있게 될 남편의 친정을
돕기 위한 사전 대비였다는 해석이다.

그리고 왕후는 정치의 주도권을 잡고 싶어하는 남편의
의중을 알게 되자 이를 더욱 부추기는 한편 대원군에 대해
정면으로 도전하기 시작했다. 그리하여 왕후는 양오빠 민
승호를 위시해 규호·겸호·태호 등 일족을 요직에 배치해서
국정의 전권을 틀어쥐게 했다. 더욱이 국정의 처리 능력이
없던 민승호의 경우는 대원군의 견제를 받았지만 그의 등
용이 왕의 뜻이라며 밀어붙였다. 따라서 왕후와 대원군의
갈등은 이제 표면화되지 않을 수가 없었던 것이다.

그러나 대원군도 아들이라고 해서 고종에게 정면으로 도
전할 수 없었고 고종도 아버지 대원군에 대해 직접 도전할

수 없었다. 충효(忠孝)를 근간으로 하던 유교 사회에서 대원군이 고종에게 도전한다면 이는 불충이 되는 것이고, 마찬가지로 고종의 대원군에 대한 도전은 불효가 되는 것이었다. 이는 부자가 다 같이 인륜이나 도덕 면에서 큰 부담이 아닐 수 없었다. 왕후는 바로 이 틈을 파고들어 자신의 권력 입지를 다져나갔던 것이다.

대원군은 고종을 탓할 수 없으니 공격의 화살이 자연히 왕후에게 향해지게 마련이었고, 고종은 직접 아버지를 공격할 수 없는 처지였기 때문에 민씨 일족을 전면에 내세움으로써 자신은 뒤로 빠질 수 있었다. 실로 왕후는 정치의 주도권을 둘러싸고 벌어질 수 있었던 부자간의 정면 충돌을 막고 나섰지만 남편 고종의 친정 의지가 결실을 맺을 수 있도록 대원군을 압박함으로써 자신의 권력 기반을 구축해나갔던 것이다.[17] 따라서 민 왕후는 고종의 왕후였을 뿐만 아니라 고종에게 정치 기반을 마련해준 후원자였다. 그녀는 오랜 독서를 통해 체득한 지략을 유감없이 구사했을 뿐만 아니라 앞날에 대비해 구축해놓은 자신의 세력 기반을 마음껏 활용했다.

더욱이 그녀는 목적 달성을 위해 대원군 반대 세력을 규합해나갔다. 대원군에게 등용되지 못해 불만이 컸던 조대비의 조카 조영하를 포섭해 민씨 일족과 합세하게 하기도 했고, 대원군의 친형 이최응과도 선을 대놓았다. 그리고 서원 철폐에 반발한 유생들과의 결탁은 대원군 축출에 더욱 큰 힘이 되었다. 최익현의 대원군 탄핵 상소가 올라오자 왕후는 고종을 움직여 마침내 1873년 12월 대원군을 정권에서 퇴진시키는 데 성공을 거두었다. 이것이 왕후가 고종의 정치 파트너로 변신하게 된 배경이다.

그러나 왕후도 그 이면에 남편 고종의 친정 의지가 있음으로써 비로소 성공할 수가 있었다. 왕후의 지략이 제아무리 출중했다고 하더라도 유교 사회에서는 여인으로서의 한계가 있을 수밖에 없었다. 물론 실정(失政)으로 말미암아 대원군에 대한 불만 세력이 크게 증가했고 또 그들 불만 세력의 상호 결탁이 대원군의 정권 유지를 어렵게 했던 것이 사실이다. 그러나 정치 기반을 마련해준 왕후의 후원이 있었기에 고종은 친정이 가능했고, 고종의 친정 의지가 있었기에 왕후의 정치 기반 구축이 가능했던 것이다.

(3) 민 왕후의 인품과 인상

민 왕후의 인물을 평한 당시의 조선인의 기록은 좀처럼 찾아보기 어렵다. 서양인들 가운데서도 특히 여인들의 기록만이 몇 가지 남아 있을 뿐이다. 아마도 왕후가 내·외국

인을 막론하고 남자를 정면에서 대면하지 않았기 때문일
것이다.

민 왕후를 최초로 만난 서양 여인은 1883년 1월 초 주한
미국전권공사 푸트(Lucius Q. Foote) 장군과 함께 조선에 공식
입국한 그의 부인 푸트(Rose F. Foote) 여사이다. 조선 왕후가
서양 여인의 입국을 유별나게 싫어한다는 정보에 따라 국
무성으로부터 동행을 자제하라는 간곡한 만류를 받았으나
뿌리치고 남편을 따라나섰던 여인이다. 따라서 그녀는 서
양 여인으로서는 최초의 공식 입국자였다. 그렇지만 그녀도
국무성의 만류 사실이 계속 기억에서 떠나지 않았고, 제물
포에 도착해 조선 관헌의 환대를 받고 난 뒤에도 또다시
남편으로부터 서울행을 보류하라고 권고를 받은 정도였다.

따라서 그녀는 최초로 왕후와의 면담 허가를 받았을 때
홍분과 설레임을 자제하기 어려웠다. 당시 왕후의 나이는
32세에 불과했다. 비록 젊기는 했지만 실권을 장악한 지
10년이나 지나서였는지는 몰라도 왕후는 이미 권위와 품위
를 고루 갖추고 있었다. 한눈에 조선 정계의 실세(實勢)임을
알아볼 수 있었다는 것이다.

특히 푸트 여사의 민 왕후 평 가운데서 주목되는 점은
왕후가 뛰어난 침착성(masterful poise)과 언제나 무엇인가를
탐색해내려는 듯한 눈빛(searching eyes)을 지닌 총명한 여인이

라고 한 데 있다. 초면인 자신으로부터도 왕후는 줄곧 무엇인가를 알아내려는 자세였다는 것이다. 그러면서 따뜻한 배려의 말도 잊지 않았다는 것이다.

왕과 왕후와 왕자가 차례로 환영 인사를 했고 전통 깊은 동양 왕실의 에티켓을 유감없이 보여주었으며 왕후의 지식과 총명함 그리고 넘치는 위트에 기쁘고 감탄했다는 이야기였다. 그리고 푸트 여사는 자신이 왕후와의 이 만남으로 이후 서양 여인의 조선 입국의 길이 열리게 되었다는 점을 특히 강조하고 있다.[18]

이 같은 푸트 부인의 만남을 제외하고는 서양 부인과의 면담 대부분이 이로부터 12년 뒤에 이루어졌다. 모두 왕후가 시해되기 직전인 1895년의 면담 인상기들이었다. 특히 여행가 비숍 여사의 최초의 만남(1월 초)과 감리교 선교사 벙커(Annie Ellers Bunker) 부인의 만남(9. 14)을 통한 인상기 등은 이미 널리 알려져 있다. 그리고 이들과 매번 동행했던 언더우드(Lillias H. Underwood) 부인의 인상기는 특히 주목할 만하다. 먼저 비숍 여사의 인상기부터 소개하면 다음과 같다.

'…… 당시 왕후는 40세가 넘은 여인으로 몸이 가늘고 미인이었다. 검고 윤이 나는 머리카락에다 피부는 진주가루를 사용해서 창백했다. 눈은 차갑고 날카로웠으며 그것은 그녀가 훌륭한 지성의 소유자임을 나타내주는 것이었

다……'

　그리고 벙커 부인의 기록은 왕후의 친절에 매료된 것이 아닌가 할 정도로 칭찬 일변도의 피상적인 인상기이다. 별로 특기할 것이 없다. 그러나 언더우드 부인의 인상기는 이들보다 훨씬 분석적이며 구체적이다. 이는 12년 전의 푸트 여사의 기록을 정확하게 뒷받침해주는 것으로 민 왕후를 가장 정확하게 묘사했다고 말할 수 있다. 이를 제시해보면 다음과 같다.

　'…… 왕후는 좀 창백하고 마른 얼굴에 생김새가 날카로웠고 사람을 꿰뚫어 보는 듯한 총명한 눈을 갖고 있었다. 첫눈에 아름답다는 인상을 받지는 못했지만 그 얼굴에서 힘과 지성 그리고 강한 개성을 읽을 수 있었다.…… 생기발랄함과 소박함, 그리고 재치가 그녀의 용모를 비춰주고 있었고 겉모습의 아름다움보다 훨씬 더 큰 매력을 느끼게 했다.…… 그녀는 나에게 많은 질문을 던졌고 자기가 들은 것을 모두 기억하고 있었다.…… 그녀는 미묘하면서도 유능한 외교관이었다. 대화 중에 자신을 반대하는 자들의 허점을 찌르는 재치를 계속 발휘했다.[19]

　한 마디로 말해 민 왕후는 가냘픈 몸매에 사교적이면서도 이성적이며 진실을 캐내려는 듯한 눈을 가진 개성이 강한 여인이었다. 그리고 외교관의 소양을 지닌 담대한 여인이었다고도 말할 수 있다.

4. 고종의 친정과 개방에 따른 민 왕후의 과제

(1) 고종의 친정과 통상개화론

대원군의 실정을 정면 공격한 최익현의 상소가 올라오자 이를 기화로 대원군의 궁궐 출입이 금지되고 이후 고종의 명실상부한 친정이 시작되었다(1873. 12.). 조대비의 수렴청정이 끝났으며(1866) 이미 모든 명령과 포고가 왕의 명의로 내려지고 있던 상황에서, 그리고 왕이 이미 성인이 된 상황에서 대원군은 더 이상 집정을 계속할 명분이 없었다.

이런 의미에서 대원군이 집정의 자리에서 물러나야 한다는 최익현의 상소는 왕후에게 절호의 기회가 된 것이다. 왕은 이 직전에 최익현을 동부승지로 임명했는데, 이 인사는 그에게 이런 상소를 올리도록 유도한 조치였다고도 할 수 있다.[20]

물론 최익현의 상소가 대원군 실각의 결정적 원인이었다고는 말할 수 없다. 대원군이 급격하게 실각하게 된 배경에는 10년에 걸친 그의 권력 남용과 독주가 있었고, 서원 철폐에 따른 유생들의 원한과 실정으로 말미암은 백성들의 불만이 내재되어 있었다.

그럼에도 백성들 모두가 대원군의 쇄국 정책까지 반대한 것은 아니었다. 대외정책에 관한 한 민씨 정권의 실세들까지도 대원군의 주장과 별로 다를 것이 없었다. "실제로 왕후도 반대한 것은 대원군이라는 인간이었지 그의 정책을 반대한 것은 아니었다." 쇄국은 실제로 당시 국민 정서처럼 되어 있었다고 해도 과언이 아니다.

따라서 이런 상황에서 대원군의 실각은 두 가지의 변화를 가져왔다. 첫째, 고종의 친정이 곧 왕후의 권력 강화를 의미했음은 두말할 필요도 없다. 자신의 정치 기반을 가지고 대원군 추방을 계획하고 총지휘한 그녀가 이제 그야말로 실세로 등장하게 된 것이다. 더욱이 왕후는 1874년 2월 다시 척(拓)이라는 이름의 아들을 낳았고, 이듬해 이 아기가 세자로 책봉되기까지 했다(후일의 순종). 정계의 실세로 그녀는 이제 왕의 총애까지 독점하게 되었던 것이다.

둘째, 쇄국론에 압도되어 그동안 간헐적으로 제기되어온 통상개화론이 이제 힘을 얻을 수 있는 여건이 형성되었다는 점이다. 통상개화론이란 단순히 교역에 의해 부(富)를 얻는 데 그치는 것이 아니라 나아가 서양의 기술까지 도입하자는 것이었다. 특히 우의정으로 등용된 박규수와 오경석·유홍기(대치) 등이 그 추진의 중심세력이었다.

　박규수는 영·정조 시대의 실학자 연암 박지원의 손자이
자 제너럴 셔먼호 사건 때의 평안감사로서 당시 누구보다
도 해외 사정에 밝은 선각자였다. 그리고 오경석은 중인
신분의 역관으로 청에 왕래하며《해국도지》라는 세계정세
를 소개한 서책 등을 들여와 널리 읽기를 권장했다. 유대치
도 역시 중인으로 의업(醫業)에 종사하며 오경석에게서 서
양 문물에 관한 책을 얻어 읽고 통상과 개화를 주장했다.

　그러나 이들의 주장은 서양 문물을 받아들이자는 것일
뿐 개국까지를 선도한 것은 아니었다. 그리고 이유원·박규
수 등 민씨 정권의 실세들도 일본과의 분쟁을 피하고 관계
개선을 도모하려 했을 뿐, 쇄국을 견지하려는 점에서는 대
원군과 내용상 크게 다를 것이 없었다. 다만 방법을 달리하
려 한 것이다.[21] 이들은 일본과 어느 정도의 타협이나 화해
를 통해 분쟁을 일으키지 않는 것이 쇄국을 오래 지킬 수
있는 길이라 여겼다.

　그러나 이 정도로는 우리 나라가, 한반도 침략을 위해
모든 장애 요인을 슬기롭게 제거한 일본의 개국 강요를 막
아내기에는 너무나도 역부족이었다. 일본의 개국 강요는
대원군 시절 조선에 가해졌던 구미 열강의 통상 요구와는
차원이 다른 것이었다. 구미의 경우와는 달리 일본의 경우

는 국가적 지원에 따른 침략이었기 때문이다.

따라서 실력자로 등장했다고는 하지만 민 왕후의 앞날은 그리 순탄할 수가 없었다. 대원군이 맡아 처리했던 외세 침범이라는 골칫거리를 이제 왕후가 맡을 수밖에 없었기 때문이었다. 쇄국이냐, 개국이냐를 결정해야 하는 문제부터가 바로 왕후의 과제였다.

(2) 세계 정황의 변화와 일본의 조선 침략 외교

궁녀 이씨의 완화군 생산을 계기로 왕후가 대원군에게 적의를 품기 시작한 바로 그 해(1868) 초에 일본은 이미 메이지 유신을 성취했다. 나라를 개방한 지 불과 14년 만에 중앙집권적인 근대국가를 이룬 것이다. 왕후가 대원군과 정권을 다투고 있는 동안, 그리고 대원군이 쇄국을 고집하던 바로 그 기간에 이처럼 일본의 상황이 바뀌고 세계 정황도 다시 크게 변해갔던 것이다.

여기서 일본은 이제 세계 정황의 변화를 적극 활용하지 않고서는 자국의 한반도 진출이 불가능하다는 사실을 깨닫게 되었다. 우선 영국과 러시아라는 강대국도 조선 진출을 노리고 있었고, 조선에 종주권을 행사해온 청이 또한 일본의 한반도 침투를 용납할 리가 없었기 때문이다. 따라서

일본으로서는 영·러라는 제1의 제약 요인과 청이라는 제2
의 제약 요인을 모두 제거하지 않고서는 한반도로의 진입
을 바랄 수가 없었다.[22]

먼저 중국대륙에서 패권을 다투던 영·러가 1860년 이후
부터 1880년경까지 약 20년 동안 '자중 정책'을 썼고, 이
힘의 공백 기간을 일본만이 성공적으로 이용했다는 사실은
이미 위에서 말한 바 있다. 그러나 이 두 강국은 그 자중기
간에도 앞으로 있을 무력 대결에 대비해 제각기 사전 대책
을 강구했다. 이 기간에 러시아가 강구했던 두 가지의 대비
책이 바로 알래스카의 매도(1867)[23]와 이리분쟁(1871~1881)
이었다.

러시아는 동아시아 진출이 좌절되자 침략의 방향을 서쪽
으로 바꾸어 청국령 투르키스탄(신강성 지역)을 점령, 이른
바 이리분쟁을 도발했다(1871). 당시 이 지역에는 천산(天山)
남로의 전부와 북로의 일부를 합친 야쿠브 베그(Yakub Beg)
의 회교도 국가가 세워져 있었다. 그런데 문제는 이 나라가
영국의 지원을 받아 이미 친영화한 점에 있었다. 군대가
영국인 교관에게 훈련을 받아 그 세력은 이미 청의 힘으로
는 제압할 수 없을 만큼 강대해져 있었고, 러시아에게는
중앙아시아로의 남하를 가로막는 장애물이 되어 있었다.

여기서 러시아는 청에게 이 지역의 혼란이 수습되는 대

로 즉각 철수하겠다는 약속 아래 곧바로 이 나라 공격에 돌입했다. 그러나 러시아는 야쿠브 베그를 격파한 뒤에도 자신들의 철군 약속을 끝내 어기고 말았다. 이것이 상황을 러·청의 분쟁으로 몰고 간 것이다. 그리고 이 이리분쟁은 다시 동아시아와 조선 정황을 바꾸어놓는 결정적 계기로 작용했다.[24)]

일본은 청이 이 분쟁에 말려들어 조선을 방위해줄 여력이 없어지자 그 기회를 재빨리 포착했다. 먼저 일본은 조선 원정에 앞서 청국 땅인 대만(臺灣) 원정부터 시작했다(1874. 5.). 이 결과 청은 북쪽으로부터 러시아의 육상침략과 남쪽으로부터 일본의 해상 침략을 동시에 당하는 곤경에 빠지게 된 것이다. 여기서 청은 제 땅을 방위할 힘도 모자라 더 이상 조선을 일본의 침략으로부터 막아줄 여력을 잃은 것이다. 일본의 조선 침략을 가로막던 청이라는 제2의 제약 요인은 이런 방식으로 제거된 것이다.

그러나 일본이 조선을 침략하기 위해서는 영국과 러시아라는 제1의 제약 요인이 여전히 가로놓여 있었다. 일본은 이 두 나라의 상호 대립이라는 세계 정황을 교묘하게 거꾸로 이용함으로써 그 제약 요인마저 극복해냈다. 러시아의 한반도 진출을 저지하려는 영국이 일본을 도운 결과이기도 했다.

즉 영국은 일본이 대만을 침공하자 청에 압력을 가해 일본과 조속히 화의를 맺게 한 뒤, 일본에게는 진출 방향을 북쪽으로 바꾸어 한반도로 돌리도록 유도했다. 이는 일본으로 하여금 러시아의 남침에 대항하도록 만들기 위해서였다. 1874년 대만원정의 뒤처리를 위해 북경을 방문한 일본 전권변리대신 오오쿠보(大久保利通)에게 '일본이 대만이 아니라 한반도로 진출한다면 열강의 지원을 받을 것'이라고 했던 주청 영국공사 웨이드(T. F. Wade)의 언급으로 미루어 이는 분명한 일이다.

이처럼 일본은 영국의 동아시아 정책에 편승하기도 하고, 이와는 별도로 러시아를 교섭 대상으로 삼기도 하는 등 2중의 비밀외교를 벌이기도 했다. 쿠릴 열도(Kuril Islands)를 받는 대신 사할린의 영유권을 넘겨준 이른바 사할린·쿠릴열도 교환조약(樺太千島列島交換條約)을 맺는 대가로 일본은 조선을 침공할 때 러시아의 묵인을 받아내는 비밀 거래를 서슴지 않았던 것이다.[25]

일본은 자국의 조선 침략에 장애가 되던 영·러라는 제1의 제약 요인과 청이라는 제2의 제약 요인을 이런 식으로 재치 있게 제거했다. 그리하여 그들에게는 이제 행동으로 돌입할 구실을 찾는 일만이 남게 된 것이다.

(3) 운요호 사건과 강화도조약

일본은 나라를 개방한 지도 이미 20여 년이나 되었고 그동안에 메이지 유신을 통해 근대국가도 이룩했다. 더욱이 그들은 국제 정황을 적절히 활용할 수 있는 능력까지도 갖추었다. 즉 침략의 기회를 포착하는 데는 영·러를 본받아 상대국 청의 곤경을 호기로 이용하는가 하면, 침략의 방법으로는 미국의 페리 제독을 모방해 이른바 포함외교를 구사하는 것이었다.

그들은 우선 측량을 빙자해 조선 근해에 군함을 파견하여 위협을 가함으로써 목적을 달성하려 했다. 먼저 운요호(雲揚號)라는 군함을 부산으로 보내(1875. 5. 25) 근거를 정하고 조선의 동해와 남해 연안을 정찰하기 시작했다. 이듬해 1월 15일에는 특명전권 변리대신 구로다 기요타카(黑田淸隆), 부대신 이노우에 가오루(井上馨) 등 사절이 군함을 거느리고 부산으로 들어와서 일종의 최후통첩을 보냈다. 일본국의 대신이 회담하기 위해 강화도로 갈 것이니 만약 맞이하지 않으면 서울로 바로 진격하겠다는 내용이었다.

그리고 그들은 강화에 이르러 1875년 9월 20일 이른바 운요호 사건을 도발했다. 우리도 초지진 포대(草芝鎭 砲臺)에서 포격을 가했지만, 신식 함포로 무장한 그들의 군함에 의해 거꾸로 우리가 파괴되고 말았다. 이에 일본정부는 강화도사건의 배상과 수호조약 체결을 교섭하기 위해 조선에 사절단을 파견하기로 결정하고(12월) 이듬해인 1876년 2월 11일을 기해 정식 회담을 열게 되었다.[26]

그러나 수교에 대한 민씨정부측과 일반 정서는 여전히 부정적이었다. 김병학·홍순목 등 전현직 대신도 척화론을 견지하고 있었고 특히 운현궁에 은거하고 있던 대원군은 정부의 대일 협상에 강한 불만을 나타냈다. 이 무렵부터 위정척사 사상이 서양에 대해서뿐만 아니라 일본에 대해서도 적용되기 시작한 것은 주목되는 일이다.

이런 분위기 속에서 민씨 정권의 대신으로 유일한 예외가 있었다면 이는 박규수뿐이었다. 그는 일본측과 회담하고 있던 접견대관 신헌(申櫶)으로부터 다급한 보고를 받았다. "일본측은 요구를 들어주지 않으면 서울로 진입할 것같이 보이며 그럴 경우 우리가 그들을 물리치지 못한다면 큰 곤경에 빠질 것"이라는 내용이었다. 이런 상황에서 청의 총리아문도 일본과의 수교를 권함에 이르러 이제 분분하던 국론은 개항으로 결정되었다. 이것이 강화도조약(江華島條約)의 체결 배경이다(1876. 2. 26). 이처럼 일본은 무력으로 위협해 조선을 개국시켰다. 그리고 그들은 내친 김에 류큐(琉球)도 병합, 그 이름을 오키나와(沖繩)로 개칭했다(1879).

일본은 우선 강화도수호조약 제1조로 조선이 자주지방(自主之邦)임을 내세웠다. 이는 청의 간섭 배제를 겨냥한 포석이었다. 그리고 제10조로 치외법권을 인정하게 했음은 물론 본 조약에 부수된 통상조약으로 그들이 구미 열강에게 당한 갖가지의 고통을 고스란히 조선에 덮어씌웠다. 특히 일본이 이후 1883년 7월까지 약 7년 동안이나 무관세로 조선 시장을 석권할 수 있었던 것은, 그들이 국제 환경을 적절하게 이용하기도 했지만, 우리의 무지에도 원인이 있었다. 이것이 일본이 우리 땅에 발을 붙이게 된 배경이다.[27]

5. 민씨 정권의 정책 전환과 구미 열강과의 수교

(1) 수신사의 파견과 〈조선책략〉에 따른 개국 방침

일본에게 개국을 강요당한 조선정부의 다음 과제는 과연 어떤 방법으로 어느 수준까지 개국해야 할 것인가 하는 문제였다. 이 문제를 둘러싸고 1877년 2월 박규수가 죽자 개화파는 의견 대립이 생겨 마침내 두 파로 갈리게 되었다. 나라를 이미 개방한 이상 개방이냐, 쇄국이냐를 다툴 필요는 없었다. 논점은 외세에 대한 우리의 대응책을 둘러싸고 개화의 정도와 수준을 정하는 문제부터 직면했다. 점진적 개화를 주장하는 온건개화파가 그 하나였다면 급격한 개혁을 부르짖는 급진개화파가 그 다른 하나였다.

전자는 청의 양무운동(洋務運動) 같은 방식을 따르려 했던 데 반해 후자는 20대 청년층으로 일본의 메이지 유신을 따르려 했다. 온건개화파의 대표적 인물로는 김홍집·어윤중·김윤식 등이었고, 급진개화파의 대표적 인물은 김옥균·박영효·서광범 등이었다. 이들 급진개화파는 자신들을 개화당 또는 독립당이라 칭하고 전자를 수구당 또는 사대당이라 했다. 온건개화파의 주장은 유교사상은 그대로 고수하되 서양의 기술[器]만을 받아들여야 한다는 것이었다.

이는 동도서기론(東道西器論)이라고도 하는 것으로, 청의 양무자강운동(洋務自彊運動)의 사상적 기반인 중체서용론(中體西用論)과 맥을 같이 하는 것이었다. 서양의 기술만을 받아들여야 한다는 이들 온건개화파에 대해 급진개화파의 주장은 뒷날 청일전쟁 후에 청국에서 나타난 변법자강운동(變法自强運動)의 조선판이라고도 할 만한 것이었다.[28]

구미 열강과의 수교에 대한 정부 안의 두 개화파 사이의 견해 차이는 임오군란 이후에야 드러나지만 내면적으로는 수교에 따른 청과의 관계를 둘러싸고 이미 이견을 보이고 있었다. 급진개화파가 전통적인 청과의 종속 관계를 청산하고 우리도 청과 대등해야 한다는 입장에서 구미 열강과의 수교에 찬성한 것과 달리, 온건개화파는 청과의 기존 관계를 유지하면서 구미 여러 나라와 수교해야 한다는 것이었다. 구미 여러 나라와 청과 일본과의 세력 균형을 이루게 함으로써 조선은 명실상부한 독립을 유지할 수 있다는 주장이었다.

그러나 당시의 민씨 정권으로서는 이 가운데 어느 파의 개화 및 개화 정책을 택할 것이냐는 아직 분명하게 결정하지 못하고 있었다. 개화를 목적으로 한 본격적인 수신사(修信使)로 김홍집(제2차) 일행을 일본에 파견한(1880. 7.) 점으로 미루어 정책 방향이 개화 쪽으로 잡혔던 것만은 분명했다. 그러나, 후술하겠지만, 1884년 전반까지는 급진개화파와 온건개화파가 민씨 정권 안에서 공존했던 것 또한 사실이었다.

김홍집 일행은 일본의 물정을 살피고, 나아가 무관세 조항의 개정과 같은 한·일 사이의 현안 문제까지도 해결하려고 시도했다. 비록 이 문제는 일본측의 회피로 실패했지만, 그들은 여기서 세계 정황을 이해할 수 있는 뜻밖의 소득을 얻었다. 도쿄에 체재하는 동안 주일 청국공사 하여장(何如璋)과 참찬관 황준헌(黃遵憲)과의 접촉을 통해 조선 외교 정책의 진로에 대한 식견을 넓힐 수 있었던 것이다. 이때 하여

장이 황준헌을 시켜 장차 조선이 나가야 할 외교의 방향을
정리해 이를 김홍집에게 전해주었는데 이것이 바로 〈조선
책략(朝鮮策略)〉이다(1880. 9. 6).

여기서는 러시아가 가장 두려운 존재라는 사실이 강조되
었고 아울러 그것을 막는 방법이 제시되었다. 요컨대 대내
적으로는 자강(自强)을 하고 대외적으로는 '친중국 결일본
연미방(親中國 結日本 聯美邦)'함으로써 세력 균형을 통해 러
시아를 막아야 한다는 것이었다. 러시아를 막기 위해서는
일본과의 결합도 무릅써야 한다는 논리였다. 이는 서양 여
러 나라와 교류하는 것이 바로 '이이제이 이독제독(以夷制夷
以毒制毒)'하는 방법이라고 설득한 것이다.

물론 이전에도 이홍장은 1879년에 북경에 온 이유원에게
구미 여러 나라와의 수교가 '러시아에 대비하고 일본을 견
제하는[備俄制日]' 정략임을 강조하며 개국을 권한 사실이
있었다.[29] 그러나 이유원은 국내 여론을 감안해 처음에는
이를 거절했다. 〈조선책략〉을 접하기 1년 전까지만 하더라
도 그는 여론에 밀려 이를 받아들일 수가 없었다.

조정은 〈조선책략〉을 전래받고 나서야 비로소 '연미설
(聯美說)'에 찬성한 것이 사실이다. 물론 연미에 관한 한 이
유원의 태도도 곧 바뀌었다. 그리하여 〈조선책략〉은 조선
정부의 개국 방침이 되었다. 한·미, 한·영 및 한·독 수호조

약의 체결은 어디까지나 〈조선책략〉을 비롯한 청의 교시를 따른 결과였다.

그렇다면 청이 1880년대로 접어들며 조선에 대해 러시아의 위협을 새삼 강조하면서 미·영과의 수교를 권한 까닭은 무엇일까. 리바디아 조약 폐기에 따라 청은 러시아와의 육전과 아울러 새로이 블라디보스토크의 해상세력이 중국으로 밀려올 가능성을 맞게 되었는데, 이것이 조선의 동해안을 통과하게 될 것이기 때문이었다.

그러나 청으로서는 이를 저지할 힘이 없으니 조선 땅에 미국과 영국 세력을 끌어들여 막아보자는 것이 바로 이홍장의 계획이었다. 이는 철두철미하게 청의 이해에 따른 개국 권고였다. 그렇지만 미·영이 이런 청의 계획대로 움직여줄 리가 없었다. 약자가 강자를 이용한다는 생각은 제국주의의 속성을 모르는 데서 비롯된 것이다.

(2) 영국의 정책 전환과 이홍장의 수교 주선

청의 조선에 대한 수교 권고와 때를 같이해 영국도 1860년 이래로 지켜온 동아시아에 대한 자중 정책을 바꾸어갔다. 1880년 4월 28일 영국 자유당의 제2차 글래드스턴(Gladstone) 내각이 등장해 그랜빌(G. G. Leveson-Gower Granville)이 6년 만

에 다시 외상에 취임하며 적극 정책으로의 전환을 주도한
것이다.[30] 이에 영국정부는 조선을 개국시키기로 방침을 바
꾼 뒤 1881년 5월 군함 페가서스(Pegasus)호를 조선에 파견해
보았다. 그러나 이들은 조선 지방 관리와의 접촉마저 거부
당하고 말았다.

이에 영국은 일본의 주선을 받아 조선을 개국시키고자
했다. 그러나 이미 한반도에서 자국의 기반을 굳혀가고 있
던 일본은 이를 회피했다. 일본은 구미 열강을 한반도로
끌어들여 공연히 자국과 경쟁할 필요가 없다고 판단했던
것이다. 청의 이홍장이 조선과의 수교를 주선해주겠다고
제의해온 것은 이처럼 영국이 더 이상 조선 개국에 일본의
주선을 기대할 수 없게 된 상황에서의 일이었다.

1880년부터 청의 대(對)한반도 정책을 주도해온 이홍장
은 러·일의 위협을 막는 방법으로 일찍부터 조선에게 구미
열강과 수교를 권해야겠다고 구상해왔다. 자국이 힘이 없
으니 구미 열강의 힘을 빌려 러·일을 막겠다는 계산이었다.
여기서 영국과 미국은 청의 수교 주선에 박차를 가하기 위
해 다시 공러의식(恐露意識)을 고취시켰다. 미국의 슈펠트
(Robert W. Schufeldt)는 이홍장에게 '러시아가 영흥만을 점령
하려고 한다'며 겁을 주었고, 영국공사 웨이드는 '청의 처지
에서 조선은 교역 면으로는 보잘것없지만 이의 상실은 청

에게 중대한 타격이 될 것'이라고 위협했다. 따라서 이홍장이 조선에 수교를 권고한 일은 조선에 대한 영·청의 합동정책(Anglo-Chinese Korea Policy)의 실현이었다고 말할 수 있는 것이다.[31]

실제로 조선의 구미 열강과의 수교는 우리가 아니라 청이 더욱 절실했다. 당시 우리는 러시아에게 직접 피해를 당한 사실도 없었고 그럼으로써 러시아에 대한 공포도 현실감이 없었다. 청측이 자꾸 부추기니 국경을 맞댄 우리의 상황에서 막연하게 두려운 존재라고 믿게 되었을 뿐이었다. 그러나 청의 경우는 달랐다. 이미 연해주 지역을 러시아에게 빼앗긴 상태여서 러시아가 그들의 최대 적국일 수밖에 없었다.[32] 더욱이 위에서 말한 것처럼, 리바디아 조약 폐기로 청은 러시아의 해상 위협까지 받게 되어 있었다.

이것이 구미 열강을 한반도로 끌어들여 러시아의 남침을 막을 수밖에 없었던 청의 사정이었다. 따라서 청의 이 같은 사정은 러시아의 남침을 막아야 했던 구미 열강으로서도 이용하기에 매우 좋은 기회가 되었다.

(3) 구미 열강과의 수교와 임오군란 이후의 국내 정황

영국이 1880년대로 접어들며 조선을 개국시키기로 방침을 정했음은 이미 위에서 말했다. 그러나 그들은 그 교섭에 직접 앞장서지 않았다. 끝까지 2선을 지키며 미국이 먼저 나서도록 유도했다. 조선과 아무런 직접적인 이해 관계가 없던 미국이 서구 열강 가운데서 가장 먼저 조선과 수호조약을 체결하게 된 것은 이 같은 영국의 계략에도 원인이 있었다.

물론 당시 미국도 난파선 구제와 시장 개척의 필요에서 조선과의 수교가 필요했다. 영국이 아편전쟁으로 청에 남경조약(1842)을 강압할 무렵, 미국에서는 서부개척(프론티어 운동)이 끝나서 앞으로는 태평양으로 진출해야 한다는 해외 팽창론이 싹트고 있었다. 그래서 미국도 영국에 뒤이어 재빨리 청과 망하조약(望廈條約)을 체결했던 것이다(1844).

그러나 당시의 미국에는 태평양을 횡단할 수 있는 성능을 갖춘 상선이 없었다. 중국에 가기 위해서는 거의가 연안무역(coasting trade)에 의존할 수밖에 없었다. 이는 캐나다·알래스카·알류샨 열도의 연안을 따라 동아시아로 가는 방법이다. 그럴 경우 일본은 미국 대중무역(對中貿易)의 중간 거점이 된다. 그리고 여기서 다시 상해와 천진 두 방향으로 갈려지는데, 천진 방향으로 가기 위해서는 한반도가 그 중간 거점이 된다. 미국의 처지에서 일본과 수교해야 할 필요와 함께 조선과의 수교가 필요했던 까닭도 바로 여기에 있었다.

이에 미국도 일본이 알선의 성의를 보이지 않자 청의 이홍장의 주선을 받아 조선과 수교 교섭을 벌였다. 물론 이홍장이 한미수호조약[Schufeldt 조약]의 주선을 자청한 주목적은 어디까지나 미·영·독 등을 끌어들여 러시아와 일본의 한반도 침투를 막으려는 데 있었다. 말하자면 이이제이가 그 목적이었다. 그리고 조선이 이를 받아들인 것은 미국을 믿을 만한 열강이라 생각했기 때문이다.

그러나 청은 미국에 주선의 대가를 요구했다. 자신들의 필요에 따라 수교를 주선하면서도 대가를 고집했던 것이다. 즉 슈펠트와 사전 회담에서 이홍장은 조약문에 조선이 청국의 속방임을 표기해야 한다는 것이었다. 그러나 조선은 중국 중심의 질서에서 벗어나기 위해 한미조약을 맺으려 했던 것이고, 슈펠트도 이 조관만은 끝까지 받아들이지 않았다. 미국이 청의 속방과 수교를 맺는 꼴이 되기 때문이다.

그렇지만 양자 사이의 견해 대립은 결렬 직전 단계에서 타협점을 찾았다. 조약은 슈펠트의 주장대로 조인하되, 뒤에 조선 국왕이 미국정부에 '조선은 옛날부터 중국의 속방이지만 내정·외교는 자주(自主)'라는 내용의 통보(communication)를 보내기로 했다. 이리하여 한미조약은 1882년 5월 22일 청의 마건충(馬建忠)과 정여창(丁汝昌)이 입회한 가운데 신헌(申櫶)과 슈펠트에 의해 제물포에서 조인되기에 이른 것이다.

그 주요 내용은 '다른 열강이 한 체약국(조선)에 부당하고 강압적으로 대할 경우, 다른 체약국(미국)은 거중조정(good offices)의 노고를 다함으로써 우의를 표한다'는 조관이다. 그리고 아편 무역의 금지와 함께 관세율을 생필품 10퍼센트, 사치품 30퍼센트로 정했다. 그러나 이 조약은 미국에게 난파선 구제는 물론 치외법권(治外法權)과 최혜국대우(最惠國待遇)까지 보장해준 불평등조약임에는 틀림없었다.

물론 미국은 조문만으로는 청의 주장을 제치고 조선이 '독립국'임을 확인해주었다. 그러나 미국이 주장한 '조선의 독립'이란 결과적으로 강화도조약 체결 당시 일본이 주장한 '조선의 독립'과 사실상 다를 것이 없었다. 이는 한반도에서 세력이 강했던 청의 조선에 대한 종주권을 부정함으로써 상대적으로 일본의 입지를 강화시켜주었기 때문이다.

그러나 당시의 조선의 민씨 정권은 미국이 내세운 '조선의 독립'이 결과적으로 무엇을 뜻하게 되는 것인지를 간파할 능력이 없었다. 온건개화파는 물론 체제 개혁까지 부르짖던 급진개화파도 이 속내를 알아차리지 못했다. 심지어 '거중조정(good offices)'과 '개입(intervention)'의 차이도 구별하지 못한 정도였다.

그리고 한미조약의 성립은 조선 개국에 미국을 앞세웠던 영국에게는 물론 독일에게도 조선 침투의 문호를 활짝 열어주었다. 이후 불과 2주일 만에 역시 마건충·정여창 입회 아래 윌리스(George O. J. Willes)가 조영하(趙寧夏)와 한영수호통상조약[Willes 조약]을 조인했고(1882. 6. 6), 다시 브란트(Max von Brandt)와 조영하 사이에 한독수호통상조약[Brandt 조약]이 성립되었다(1882. 6. 28).

그러나 이런 상황을 보고 이홍장은 자신의 '이이제이'정책이 조선 땅에서 훌륭하게 성공했다고 믿었다. 그는 '외교의 지평은 맑다'고 호언한 정도였다. 그러나 이홍장의 이 같은 자신감은 '조선에서 임오군란(壬午軍亂)이 발발했다'(1882. 7. 23)는 소식과 함께 일거에 무너지고 말았다. 미·영·독과 체결한 조약이 비준도 되기 전에 군란이 일어남으로써 영·독이 비준 거부를 통해 이를 경제적 침략의 호기로 이용할 것을 우려했기 때문이다.

이홍장은 영·독이 임오군란의 혼란을 이용할 것임을 잘 알고 있었다. 여기서 그는 자신의 대(對)조선 정책이 실패의 위기에 직면했음을 직감했다. 조선이 열강과 맺은 수교가 그의 계획대로 러·일의 침투를 막는 데 쓰이기에 앞서 군란의 혼란을 틈타 열강의 경제 침략으로 조선에 대한 자국의 종주권이 침해당하게 될 사태를 우려했던 것이다.

실제로 이홍장은 제국주의의 생리를 몸소 체득한 사람이었다. 영국이 태평천국 난의 혼란을 틈타 애로호 사건을 도발함으로써 청으로부터 막대한 이권을 챙긴 사실을 그는 똑똑히 기억하고 있었다. 따라서 그는 임오군란이라는 호기를 영국이 결코 놓칠 까닭이 없다고 판단했다. 그리고 그의 우려는 실제로 현실화하기에 이른 것이다.

상대가 약점을 드러낼 때마다 이를 이권 획득의 호기로 이용하는 제국주의의 생리는 독일과 일본이라고 해서 영국과 다를 것이 없었다. 이 두 나라가 영국의 뒤를 따름으로써 한반도는 결국 열강의 쟁탈 대상으로 변해가게 된 것이다. 임오군란은 마치 '조선판 태평천국의 난'처럼 이용되었다. 이는 열강이 조선 침략의 야욕을 좀더 노골적으로 드러내게 한 기폭제이기도 했다. 이런 의미에서 열강과의 수교에 대해 이후 "조선이라는 일엽편주(一葉片舟)를 걷잡을 수 없는 국제 음모의 풍랑에 휘말리게 했다"는 평가도 나오게 된 것이다.

그러나 우리의 국내 정치는 임오군란으로 조성된 이 같은 국제 환경과는 상관없이 정쟁으로 나날을 보내고 있었다. 대원군의 민씨 일족에 대한 반격과 여기에 종주국의 자리를 지키려는 청의 간섭이 뒤섞이며 혼란은 극에 달했던 것이다. 주지하는 바와 같이 임오군란은 반일적(反日的)

인 성향을 띤 변란이었다. 이는 일본식 훈련을 받은 신식군대만을 우대하고 자신들에게는 미곡으로 주던 급료마저 제대로 주지 않는 민씨정부에 대한 구식군대의 분노 폭발이었다.

따라서 이런 반일 성향은 개화를 추진하던 민씨정부와는 반대로 아직 배외(排外) 의식이 일반 정서였던 당시의 시대정황과 맞물려 자연스럽게 대원군의 재등장으로 이어졌다. 이 난으로 병조판서 겸 선혜청 당상 민겸호와 경기관찰사 김보현(민영익의 장인)이 희생되었고, 반란군이 창덕궁으로 난입하자 왕은 도리 없이 대원군에게 사태 수습을 위임했다. 이것이 대원군의 두번째 집권이다.

이에 왕후는 홍계훈(洪啓勳)의 도움으로 간신히 궁궐을 빠져나와 여주와 장호원을 거쳐 충주의 산속으로 몸을 숨겼다. 민영익도 승려 차림으로 달아났고 민씨 일족은 모두 쫓기는 신세가 되었다. 이때 달음박질에 능해 왕후와 고종 사이의 서신 연락을 맡아준 함경도 물장사 이용익(李容翊)의 일화는 너무나 유명하다. 그 공로로 그는 왕후가 환궁한 뒤에 명천군수가 되었고, 이어 내장원경과 군부대신이 되었다. 고려대학의 전신인 보성전문의 설립자로도 유명한 그의 동상은 오늘날 고려대 대학원 현관 앞에 서 있다.

재집권한 대원군은 우선 왕에게 자책하는 교지를 내리게

하는 한편 왕후가 승하했다며 국장도감(國葬都監)을 설치, 국장을 공포했다.[33] 이는 왕후의 생사에 대한 백성들의 의혹을 풀어주려는 생각에서였다. 그리고 옛 제도를 부활하고 큰아들 재면(載冕)에게 훈련대장, 호조판서, 선혜청 당상까지 겸직하게 함으로써 국가의 재정권과 군사권을 실질적으로 자신이 틀어쥐었다.

그러나 대원군의 두번째 집권은 불과 33일 만에 끝나고 말았다. 군란의 혼란을 틈타 열강이 침투해서 조선을 자기들의 경제식민지로 만들까 두려워 청이 수습을 서둘렀기 때문이다. 그리하여 그 수습책의 일환으로 청은 우선 대원군을 반란의 주모자로 지목, 보정부(保定府)에 유폐했다. 이는 분명한 국권 유린이었다.

반면 군란 이후 두 달 만에 환궁한 민 왕후를 중심으로 민씨 정권은 대원군에 대한 적의로 경직될 수밖에 없었다. 이들 민씨 일족은 자기들 이외는 아무도 믿을 수 없어 자신들만의 결속을 다지며 폐쇄적인 인사 독점을 서슴지 않았다. 그리고 이 배타적 정치 구도는 많은 인재를 소외시켜 민씨 정권에 불만을 품게 했다. 뿐만 아니라 민씨 일족은 대원군의 귀국에 극력 반대했다. 이는 유교 사회의 정서로 미루어 명분을 잃은 처사였다.

그리고 이런 그들의 태도는 청이 민씨 정권을 조종하는

데도 이용되었다. 청은 민씨 정권이 청의 압제를 용납하면 대원군을 붙잡아두고, 그렇지 않을 때에는 그를 귀국시켜 민씨 정권을 견제하겠다는 계산이었다. 왕후와 대원군의 갈등은 일본만이 아니라 청도 이용했다. 대등한 힘을 가진 두 사람의 대결이 아니라 대원군이 민 왕후 견제용으로 청과 일본에게 차례로 이용되었을 뿐이었다.

그렇다고 해서 왕후와 민씨 정권을 부정적으로 평가할 수만은 없다. 반란군이 생각했던 것처럼 왕후는 일본 세력에 무조건 동조하지 않았을 뿐만 아니라 청에도 동조하지 않았다. 왕후는 러시아를 끌어들여 오히려 청의 압제를 벗어나려 했고, 청일전쟁 직전부터는 러시아에 더욱 접근해 일본 세력을 배제하려 했다. 조선 침탈을 노리던 청과 일본을 견제하는 데 선봉에 섰던 것이다. 왕후는 외세 가운데서도 특히 일본 견제에는 당시 누구보다도 자세가 확고했다. 그러나 러시아의 침략성에 대한 경계에는 상대적으로 소홀했던 것 같다.

(4) '거청'과 조선의 대영 접근

영국은 한영조약[Willes 조약]으로 러시아의 한반도 침투 저지라는 정략적 목적을 일단 달성했다. 그러자 이번에는 군란을 기화로 그들의 경제적 욕구마저 충족시키려 했다. 즉 주일 공사 파크스(Harry Parkes)는 아시아 주재 영국 상인들의 여론에 호응해 한영조약의 내용을 경제적 욕구까지 충족시켜줄 수 있도록 개정하려 한 것이다. 이것이, 그들이 앞장서 조인한 조약에 대해 겨우 두 달도 안 되어 비준을 거부하고 새 조약을 맺겠다는 억지의 속내였다.

즉 한영조약은 그 관세율이 24년 전(1858년)의 영청조약보다도 영국에게 불리하다는 것이다. 뿐만 아니라 통상 개항장이 명기되어 있지 않아 영국함선의 조선의 항만 출입에 대한 보장도 없고, 아편금제 규정도 있어 시종 '청에 놀아난 조잡한 규약'이라는 것이 바로 파크스의 논거였다. 사태가 이에 이르자 이홍장은 조선이 청의 예속을 벗어나 열강의 경제적 속국이 될 가능성이 생긴 데 크게 당황했다.

이에 청은 조선에 이른바 조중상민수륙통상장정(朝中商民水陸通商章程)의 체결을 강압했다(1882. 10. 4). 이는 한반도 어디서든 청국 상인의 자유 활동을 보장함은 물론 형식적이던 청의 종주권을 실질적인 것으로 명문화한 '종속의 제국주의적 표현'과도 같은 것이었다. 뿐만 아니라 이홍장은 독일인 묄렌도르프(Paul G. von Möllendorff)를 보내(12월) 조선의 재정 및 외교권을 틀어쥐게 했다. 이 모두는 전통적 종속 관계에 입각해 조선에서 그들의 권리를 계속 유지하기 위

한 특단의 조치였다.[34]

  따라서 이 같은 청의 갑작스럽고도 새삼스러운 종주권 강압은 조선에게는 참기 힘든 속박으로 느껴질 수밖에 없었다. 이에 조선에게는 강화된 청의 속박으로부터의 해방이 무엇보다도 시급한 당면 과제가 된 것이다. 그래서 그 실현 방법으로 조선이 채택한 최초의 계획이 바로 영국과 미국을 이용한다는 것이었다. 그런데 문제는 바로 여기에 있었다. 약자가 강자를 이용한다는 것이 사실상 불가능했기 때문이다.

  약자가 강자를 이용하겠다는 착상부터가 잘못되었음은 이홍장의 '이이제이' 정책으로도 이미 입증된 바 있었다. 청도 실패한 상황에서 그 종속국이던 조선이 채택한 같은 계획은 처음부터 실패가 예정된 것이었다. 먼저 문제는 박영효·김옥균 등 급진개화파가 주일 영국공사 파크스를 예방하면서 시작되었다. 임오군란의 수신사로 도쿄에 체류하게 된 시기에 이들은 일본 외무성의 주선을 받았다.

  여기서 파크스는 이들과의 빈번한 접촉을 통해 자연스럽게 조약 개정의 기회를 포착했다. 먼저 그는 한영조약의 모든 조건을 그대로 받아들이기 어렵다는 영국정부의 의사를 시사했다. 그러자 당시 22세에 불과하던 박영효는 '만일 귀국이 조약 개정을 바란다면 그 문제는 한·영 양국이 대등한 입장에서 직접 논의해야 할 것'이라고 응답했다.

조선이 자주독립할 수 있도록 영국이 청을 견제해 달라는 것이 그 조건이었다. 여기서 파크스는 이 대답에 함축된 조선대표의 진의를 재빨리 간파해냈다. 조선인의 관심은 조약의 결과나 그 실제 내용보다도 조약체결을 위한 외형적 절차나 형식에 더 치중하고 있다는 사실을 그는 정확하게 읽어낸 것이다. 그리하여 그는 이들 조선대표의 요구를 들어주는 체함으로써 우선 조약 개정의 문호를 열어놓았다.

그리고 그 뒤 접촉을 계속해가는 가운데 그는 한·청 사이에 조중통상장정이 체결되었다는 정보를 입수했다. 그러자 그는 태도를 확 바꿨다. 조선대표를 극진하게 환대하던 그는 갑자기 위협적인 태도로 조약 개정을 강압하기 시작했다. 청의 속박으로부터 벗어나야겠다는 일념에 사로잡혀 있던 급진개화파의 노력은 이제 벽에 부딪치고 말았던 것이다.

청의 속박을 벗어나겠다는 급진개화파의 혈기와 열정이 돋보이는 것은 사실이다. 그러나 그들은 18년간이나 주일공사를 지내며 아시아 문제를 다루어온 이 노회한 영국 외교관에게 여지없이 거꾸로 이용당하고 말았다. 개화파라고는 하지만 이들은 제국주의의 생리에도 어두웠고 세계 정황에 대한 정보도 없는 아직 30세 전후의 순박한 젊은이들이었다. 이들이 애로호 사건을 도발했던 포함외교의 명수인 이 50대 후반의 외교 베테랑을 이용하겠다는 발상부터가 무모했던 것이다.

파크스는 고베(神戶) 주재 영국영사 애스턴(W. G. Aston)을 시켜 여러 번 조선에 군함을 보내 위압을 가하며 마침내 자신의 뜻을 이루었다. 파크스는 그 뒤 직접 조선으로 달려와 1883년 11월 26일 민영목(閔泳穆)과 이른바 한영신조약 [Parkes 조약]에 서명했다. 그리고 12월 4일자 서한을 통해 '대단한 고역과 인내를 겪은 후 26일에야 마침내 조인을 마쳤지만 우리는 원하는 모든 것을 얻었다'고 했다.

실로 한영신조약은 파크스의 언급으로도 알 수 있듯이 조선에게는 너무나도 불리한 것이었다. 우선 신조약은 관세율부터 윌리스 조약의 거의 절반 정도로 인하시켜놓았다. 세밀하기 이를 데 없는 관세율표(關稅率表)를 조약 원문과 별도로 부속시켜 농기구 등 10여 종은 무관세로 하고 수입세율을 종가 5퍼센트·7퍼센트·10퍼센트·20퍼센트 등 4종으로 구분해놓았다. 특히 눈에 띄는 점은 일반 상품과 자국 수출 품목의 대종을 이루는 면직물의 세율을 각각 5퍼센트와 7퍼센트로 정한 것이다. 이는 영국 상품의 80~90퍼센트의 물량을 파격적으로 저렴한 세율로 적용시켜놓은 것이다.[35]

그런데 더 큰 문제는 이 저렴한 세율이 영국 한 나라에만 적용된 것이 아니라는 데 있었다. 같은 날짜로 체결된 한독 신조약[Zappe 조약]으로 독일에게는 물론 최혜국대우조관(最惠國待遇條款)에 따라 기왕에 수교를 맺었거나 장차 수교하게 될 모든 유럽 열강에도 같은 세율이 적용된 것이다. 한미조약에 비준한 미국도 그리고 일본도 세율은 영국과 같은 혜택을 받았다. 모든 열강의 조선과의 수교가 이후 관세율을 비롯한 대부분의 내용에서 한미조약이 아니라 한영신조약을 규범으로 했음은 너무나도 분명하다.

따라서 한영신조약은 이후 우리의 관세 수입에 엄청난 손실을 안겨줌으로써 이후 조선의 재정을 악화시킨 결정적 요인으로 작용했다. 그렇다고 해서 영국이 우리에게 청의 대한종주권(對韓宗主權)을 배제하는 데 협력해준 것도 아니었다. 그들은 엄청난 이득만을 챙겼을 뿐, 자국의 주청 공사(駐淸公使)에게 주한 공사를 겸직하게 하고 서울에는 대리총영사를, 제물포에는 영사를 두어 각각 북경에 종속시켰다. 이는 청의 대한종주권을 외교적으로 지원해준 조치였다. 영국은 청을 이용해서 러시아의 한반도 침략을 막기 위해 그 보답으로 청에게 대한종주권을 인정해주어야 했던 것이다.

(5) 미국의 대한관심 감퇴와 '인아거청'·'인아거일'

미국은 예정대로 한미조약에 비준했다.(1883. 1. 9). 그리고 콜롬비아공사 푸우트(Foote) 장군을 초대 주한 전권공사로 임명하고(1883. 2. 27), 이어 그 지위를 특명전권공사(Envoy extraordinary and Minister plenipotentiary)로 높여 북경 및 도쿄 주재 공사와 격을 같이했다. 이는 조선에 대한 미국의 대단한 호의로서 주한 공사를 주청 공사에 종속시킨 영국의 경우와는 완전히 대조되는 조치였다.

따라서 고종은 푸우트의 내한을 누구보다도 반갑게 맞이했다. 그가 조선에 도착했다고 하자 춤을 추기까지 했다는 것이다. 그리고 청의 속박이 가중될수록 그는 미국에 대한 의존도를 높여갔다. 1883년 7월 16일 민영익 일행을 미국에 특별사행(特別使行)시킨 목적이 그들의 선진 문물을 받아들이는 데 있었다고 하지만 그 내면적인 목적은 묄렌도르프에 대체할 미국인 외교고문과 군사교관의 파견 요청에 있었다.

당시 조선은 '조중통상장정'과 묄렌도르프의 압제에 억눌려 외교 및 재정권이 사실상 청의 수중에 들어 있었다. 그리고 해관(海關)도 설치하지 못해 강화도조약 체결 이후 7년간이나 일본에게 무관세 통상을 허용해주고 있는 상황이었다. 따라서 조선은 청의 압제와 일본의 무제한 경제 침투에 내맡겨진 판국이었다.

이런 판국에 조선의 개화파가 자진해서 파크스를 찾아가 거꾸로 이용당함으로써 설상가상으로 한영신조약까지 체결되었다. 이로써 조선의 시장으로서의 가치 하락은 피할 수가 없었다. 이것이 미국정부로 하여금 조선을 점차 그들의 관심 밖으로 밀어내게 했다. '외교 및 영사법(Diplomatic and Consular Act)'(1884. 7. 7)에 따라 주한 공사의 지위를 전권특명공사에서 총영사급의 변리공사(Minister resident and Consular general)로 강등시켜 방콕의 경우와 그 지위를 같게 한 것이 그 증거이다. 요컨대 '상인들의 도매 물량의 다과(多寡)에 따라 외교관의 위계가 결정'되었던 것이다.

그러나 조선으로서는 미국이 어째서 이렇게 갑자기 냉담해졌는지 그 연유를 알 길이 없었다. 조선은 이제 영국에도 의존할 수 없었고 미국에도 기댈 수 없었다. 그러자 이들 영·미 접근에 나섰던 김옥균 등 급진개화파의 처지도 자연히 흔들리게 된 것이다.

더욱이 지금까지 급진개화파와 행동을 같이해온 당시의 실세 민영익도 미국에서 귀국하자(1884. 5. 31) 이들 진영에서 이탈했다. 그는 급진개화파와 더불어 군란의 수신사로 일본을 방문했고, 보빙사의 정사(正使)로 미국을 방문한 바도 있어 그의 이탈은 급진개화파에게는 일대 타격이 아닐 수 없었다. 뿐만 아니라 그는 서울의 치안 책임자의 하나인 우영사(右營使)로 임명되자 서슴없이 급진개화파 인사들을 위압하기까지 했다.[36]

따라서 급진개화파는 문제 해결의 방법을 쿠데타에서 찾을 수밖에 없었다. 그러나 일본의 지원을 등에 업은 급진개화파의 거사는 3일 천하로 끝장나고 말았다. 여기서 민씨정부는 왕후 주도 아래 〈조선책략〉에 따른 영·미 일변도 외교를 수정하게 된 것이다.

임오군란 이후 청은 조선에 대한종주권을 크게 강화했고, 갑신정변을 부추겨 일본은 조선에 대한 야욕을 다시 분명하게 드러냈다. 따라서 조선의 처지에서 청과 일본은 다 같이 배제해야 할 대상이었다. 그러나 기대했던 영국과 미국은 조선의 청·일 견제에 전혀 도움을 주지 않았다. 미국은 조선의 시장으로서의 가치가 떨어지자 우리의 요구를 묵살해버렸고, 영국은 한영신조약을 강압함으로써 자기네 이익만을 챙겼을 뿐 오히려 청을 도와주었다.

따라서 실망한 민씨 정부로서는 일본의 압제를 물리치기 위해 이제 어느 나라와 제휴해야 할지 분명해진 것이다. 다름아닌 러시아가 그 대상이었다. 즉 '인아거청'과 '인아거일'이 왕후의 대외 정책의 목표일 수밖에 없었다. 이에 구미의 열강, 일본, 청이라는 3각의 세력 균형을 계획했던 개화파의 대외 정책은 자연히 폐기되기에 이른 것이다. 한러수교는 왕후의 주도로 이루어진 최초의 작품이라고 말할 수 있는 것이다.

제2장

일본의 조선보호국화 정책과 민 왕후의 '인아거일'

〈민 왕후가 '거청'과 '거일'을 결심하게 한 청·일의 주한 대표〉

원세개(袁世凱, 1859~1916)
조선에 대한 청의 종주권 강화를 위해 이홍장이 파한한 청국 대표 민씨정부에 대한 혹심한 내정
간섭으로 왕후로 하여금 '인아거청'을 결심하게 한 장본인.

오오이시 마사미(大石正巳, 1885~1935)
방곡령사건을 전담 처리하기 위해 특별히 부임시킨 주한 일본공사. 원세개를 능가하는 횡포를 자행
함으로써 민 왕후로 하여금 '거청'보다 '거일'의 필요성을 실감하게 한 장본인.

〈민 왕후의 지지 세력〉

민영익(閔泳翊, 1860~1914)

청의 속박을 벗어나기 위해 처음에는 급진개화파와 행동을 같이 했으나, 미국사행에서 귀국(1884.
5. 31)한 뒤로 이들 진영을 이탈함으로써 민 왕후가 외교를 주도하게 되었다.

이범진(李範晋, 1853~?)
아관파천을 주도한 친러파(위).

이용익(李容翊, 1854~1907)
임오군란 당시 왕후와 고종과의 연락을 맡은 공로로 내장원경 군부대신으로 승진한 친러파 정치인
(아래).

1. 민씨 정권의 '거청' 정책과 한러수교

(1) 한러수교와 갑신정변의 여파

　미국에 대한 기대가 환멸로 바뀌고, 한영신조약의 체결로 영국에 대한 불신도 한층 더 그 골이 깊어졌다. 조선은 이들 양국을 이용하여 청의 속박에서 벗어나려다 거꾸로 영국에게 역이용을 당하고 말았다. 청이 미·영을 이용하려다 실패한 전철을 조선도 그대로 다시 밟은 셈이 된 것이다.

　이에 조선으로서는 종래의 외교노선을 전면 수정, 거꾸로 영·미의 적성국인 러시아와 수교를 적극 고려하게 되었다. 천진(天津) 주재 러시아영사 웨베르(Karl Ivanovich Waeber)가 내한하여(1884. 6. 24) 조선정부와 수교 교섭을 벌인 것은 바로 이런 상황에서 빚어진 일이었다. 여기에는 당시 이홍장과 관계를 끊고 반청(反淸)으로 변신한 묄렌도르프의 주선이 있었다. 그는 러시아가 프랑스를 돕지 못하도록 "러시아라는 곰[熊]을 동아시아 목장으로 유인하라는 독일 외무성의 암시를 받았던 것이다."

　그리하여 한러수호통상조약(韓露修好通商條約)은 이후 겨우 2주일 만에 웨베르와 김병시(金炳始)가 서명함으로써 전격적으로 성립되었다(1884. 7. 7).[37] 실로 한러수교는 미·영에 대한 배신감에서 비롯되었다고 해도 과언이 아니다. 물론 조선도 공러의식(恐露意識) 때문에 러시아가 두렵지 않은 것은 아니었다. 그렇지만 조선은 청처럼 그들에게서 직접 피해를 입은 사실은 없었다. 더욱이 조선의 처지에서 러시아는 강력한 대청 견제 세력으로서 유용할 뿐만 아니라 앞으로는 영·일에 대한 견제 세력으로서도 쓸모가 있었다.[38]

반면에 러시아측은 조선과의 수교가 더 절실했다. 1884년초 코르프(B. A. N. Korf)가 프리아무르 총독으로 부임하며 이미 동아시아에 대한 적극 진출책을 폈지만 영국을 비롯한 열강의 견제에 부딪혀 한반도 진출을 강행하지 못하고 있었다. 더욱이 당시는 청불전쟁이 예견되던 시기였다. 러시아로서는 일본이 그 혼란을 틈타 조선의 어느 항만을 점취하지 않을까 우려하지 않을 수 없었던 것이다.

따라서 한러조약은 이처럼 두 나라가 다 같이 수교의 필요를 느끼게 됨으로써 성립되었다. 영국의 경우는 파크스와 애스턴이 상당한 각고 끝에야 얻은 권익을 러시아는 묄렌도르프의 도움으로 별반 수고도 없이 얻어냈다. 러시아가 청·일 및 미·영에 뒤이어 조선의 정치 무대에 등장하여 민씨 정권과 특별한 관계를 가지게 된 것은 바로 이 무렵의 일이다.

실로 한·러 수교는 민 왕후 외교의 첫 작품으로서, 〈조선책략〉이라는 그때까지 외교노선의 전면 청산을 의미하는 것이었다. 이는 이홍장식의 대러 견제용 '이이제이'가 아니라, 조선의 대청(對淸) 견제용 '이이제이'였다. 그것도 영·미를 이용해서가 아니라 러시아를 이용해 청의 속박에서 벗어나기 위한 것이었다. 이는 〈조선책략〉이라는 개국 원리를 겨우 2년 만에 정반대 방향으로 전격 전환한 조치였다.

다른 한편 이 무렵, 정치권에서 밀려난 김옥균 등 급진개화파는 자구책으로 일본을 이용해 정변을 계획하게 되었다. 당시의 한반도 정세는 러시아가 영국 등과 대등한 여건에서 패권 경쟁을 벌이게 됨으로써, 우리는 이제 청·일의 대립과 영·러의 대립이 겹쳐지는 이중의 대립 구도 속에 휘말린 형세였다.

그런데 바로 이런 상황에서 인도차이나에서 청불전쟁(淸佛戰爭)의 위기가 고조되었다(1884. 8.). 그리고 이 위기가 다시 조선 정황에도 영향을 미치게 된 것이다. 즉 일본은, 청이 프랑스와의 전쟁에 여념이 없어 조선 문제에 관심을 가질 수 없는 틈을 이용해, 한반도에서 청을 누르고 기선을 장악하려 했던 것이다. 이는 청이 이리분쟁으로 러시아와 대결하느라 조선에 종주권을 고집할 여념이 없는 틈을 타서 그들이 조선에 개방을 강압했던 8~9년 전의 경우와 비슷한 상황이었다.

여기서 주한 일본공사 다케조에 신이치로(竹添進一郞)는 김옥균 등 개화파에게 지금이야말로 청의 속박을 벗어날 수 있는 절호의 기회라며 정변을 부추겼다(1884. 12. 4). 그러나 주지하는 바와 같이 갑신정변은 '3일 천하'로 끝나고 말았다. 물론 갑신정변이 '우리 나라 최초의 부르주아 개혁의 시도였다'고 높이 평가하는 견해도 있다.

그러나 이는 〈갑신일록(甲申日錄)〉이나 〈갑신정강(甲申政綱)〉만을 통한 분석이다. 〈갑신일록〉은 정변에 실패한 김옥균이 도쿄로 망명한 후 자신들의 행동을 정당화하기 위해 쓴 회상록이고, 〈갑신정강〉은 그들이 집권을 위해 내걸었던 공약(公約)이다. 물론 개화파의 사상과 의지는 선진적이고 훌륭한 면이 있다. 그렇다고 해서 갑신정변이라는 역사적 사건까지 높이 평가할 수는 없는 것이다. 갑신정변이라는 역사적 사건은 그것을 일으킨 개화파의 기록에 의해서가 아니라 그 결과에 따라 평가되어야 하기 때문이다.

특히 정변을 통해 그들은 대원군 세력과 연합해 새 내각을 조직했다. 이는 그들의 진보적 혁신 의지와 정면 상충되는 것으로 개혁 정치로서의 정당성을 내세우기 어렵게 하는 일면이다. 뿐만 아니라 그들은 정변 이전에도 영·미라는 외세를 이용하려다 실패한 경험을 가지고 있다. 그럼에도 그들은 정변을 계획하면서 또다시 일본이라는 외세에 의존하려 한 우(愚)를 범했다. 갑신정변을 민씨 정권의 사대성과 보수성에 반발한 진보적 성격의 정변으로 정의하기 어려운 일면도 바로 여기에 있다.

물론 당시 김옥균 등의 처지에서 제국주의를 똑바로 이해한다는 것이 실제로 불가능했을 수도 있다. 그러나 새로운 세계 질서에 호응해야 한다며 청의 간섭을 배제하기 위해 정변을 일으켰다는 그들도 정권욕에 혈안이 되기는 민씨 정권과 다를 것이 없었다. 그들의 사상이나 동기가 훌륭했다는 점만을 내세워 그들을 높이 평가하고 그들이 일으킨 갑신정변에까지 싸잡아 의미를 부여할 수는 없다. 갑신정변은 그 결과, 즉 그것이 우리 역사에 미친 영향을 중심으로 평가되어야 하는 것이다.

정변의 결과는 우선 반청 세력이던 자신들의 참담한 몰락으로 이어졌다.[39] 그리고 이 친일적 개화파의 몰락은 한반도에 친청 수구 세력만을 남게 했던 것이 사실이다. 정변 뒤 청의 대한종주권이 무한정 강화되었던 것도 바로 이런 배경에서의 일이었다. 일부 역사가들은 흔히 청·일 양군이 다 물러난 상황에서 왜 민씨 정권이 개혁을 단행하지 못했던가 하며 당시 집권층의 무능을 탓하기도 한다.

물론 민씨 정권이 유능했다고는 말하기 어렵다. 그러나 당시는 사실상 그럴 계제가 되지 못했다. 청의 대한종주권이 크게 강화되어 원세개가 이른바 '감국대신(監國大臣)'으로 우리의 일거수 일투족을 감시하고 있었고, 영국이 이를 지원하고 있었던 것이다. 이를 벗어나기 위한 민씨 정권의 몸부림이 '한러밀약'으로 이어졌던 것이다.

(2) '한러밀약'설과 청의 속박 강화

청의 압제를 벗어나기 위해 러시아를 끌어들인 민씨정부는 갑신정변을 거치며 러시아에 더욱 밀착·의존하게 되었다. 청의 속박이 더욱 가중되었기 때문이다. 독립의 유지를 더 이상 영·미에 의존할 수 없게 된 민씨 정권으로서는 그래도 기대어볼 수 있는 나라는 러시아밖에 없다고 판단했던 것이다. 그리고 러시아의 보호가 절실했던 조선정부의 이러한 사정은 러시아에게는 오히려 한반도 침투를 위한 절호의 기회가 되었다.

그렇지 않아도 러시아는 영·일이 정변의 혼란을 틈타 한반도에서 항만(港灣)을 획득할까 두려워 '청·일이 충돌할 때는 이 틈을 이용해서 러시아도 조선의 항만을 차지한다'는 원칙을 이미 세워놓은 상태였다. 조선과 국경을 접하고 있는 러시아의 처지에서는 영·일이 한반도에서 항만을 획득하게 되면 이것이 곧 자기 나라에 대한 직접적인 위협이

된다는 사실을 알고 있었기 때문이다. 따라서 러시아로서
도 이런 절호의 기회를 결코 놓칠 까닭이 없었던 것이다.

　이른바 '한러밀약'은 바로 이런 상황에서 제기되었다. '밀
약'은 1884년 12월 권동수(權東壽)와 김용원(金鏞元)이 왕명
에 따라 블라디보스토크로 코르프 총독을 찾아가 보호를
요청함으로써 비롯되었다고도 하고, 묄렌도르프가 주일 공
사관 서기관 스페이르(Alexis de Speyer)와의 면담(1885. 1. 7)을
통해 이루어졌다고도 한다. 그리고 뒤이어 왕의 밀명을 받
은 묄렌도르프가 서상우(徐相雨)와 더불어 갑신정변의 수신
사로 도쿄를 방문, 일본주재 러시아공사 다비도프(Aleksandre
Petrovich Davydov)와 일련의 회담을 가짐으로써 이루어졌다고
도 한다.[40]

　이 만남에서 조선이 군사교관의 파한과 청·일 충돌 시
러시아의 보호를 요청하자 러시아는 이를 응낙하는 대가로
영흥만(永興灣)의 조차를 요구했다는 것이다. 요컨대 이 '밀
약'을 통해 러시아로서는 오랜 숙원이던 부동항을 해군 기
지로 확보함으로써 영·일을 견제할 수 있는 길이 열렸을
뿐만 아니라 나아가 군사교관의 파한(派韓)을 통해 조선의
내정마저 좌우할 수 있게 되었다는 것이다.[41]

　따라서 그 결과는 한반도에서 패권을 다투던 청·일에 버
금가는 확고한 지위를 러시아가 구축하게 되었다는 것이

다. 그러나 러시아의 영흥만 조차는 어디까지나 한·러 두 나라 사이의 빈번한 접촉을 못마땅하게 생각한 영·일의 추정에서 비롯된 풍문에 불과했다. 러시아 역사가들은 이 '밀약'의 존재 자체를 부인하고 있다.

그러나 러시아의 부동항 획득은 비록 그것이 풍문에 불과하다고 할지라도 엄청난 파장을 불러일으켰다. 청은 러시아와 급격하게 밀착된 민씨정부에 대해 노골적으로 견제를 가했고, 영·일도 한가롭게 밀약의 진위나 따지고 있을 처지가 아니었다. 일본은 이제 청보다 훨씬 강대한 러시아와의 한판 대결이 불가피해져서 청과 이견(異見) 조정을 서둘러야 했고, 영국은 거문도(巨文島) 점령으로 대응했던 것이다.

그렇지만 무엇보다 특기해야 할 사실은 민씨 정권에 대한 청의 감시가 크게 날카로워졌다는 점이다. 이홍장은 대원군을 보정부에서 석방·귀국시켜 왕후를 비롯한 척족들을 감시하게 하기로 작정한 것이다(1885. 7. 6). 민씨 정권은 크게 당황했다. 그렇다고 해서 왕의 부친을 귀국시킨다는 데 그들로서는 이를 정면으로 반대할 수도 없는 일이었다.

이에 민종묵(閔種黙) 등을 우선 청에 보내 대원군의 출발을 지연시킨 뒤 이홍장의 진의를 파악하기 위해 민영익(閔泳翊)을 천진으로 파견했다. 여기서 민영익은 이홍장을 만나 본색을 드러냈던 것이다. 즉 양부 민승호의 폭사가 운현 궁에 의한 것이어서 대원군과의 화합은 불가하며 따라서 그의 귀국에 절대 찬성할 수 없다는 논리였다.

그러나 대원군의 귀국은 이미 예정된 것이었다. 여기에 는 민씨 척족을 견제하기 위해 대원군의 석방 환국을 건의 한 일본의 이노우에 가오루의 제안도 한 몫 했다. 이에 이홍 장은 원세개 등을 호환위원으로 삼아 대원군을 청국 군함 편으로 귀국시켰다. 그가 서울에 도착해 운현궁에 자리잡 은 것은 예정보다 늦어진 1885년 10월 5일의 일이었다.

그가 제물포에 상륙했을 때 7~8,000명의 백성들이 그를 환영했다고 한다. 그리고 그가 운현궁에 도착하자 그 부근 일대는 10여 일 동안이나 인파로 들끓었다고 한다. 대소 관리들은 대원군을 찾아가 그동안의 고생을 위로했으며 일 반 시민은 멀리서 운현궁을 향해 절을 했다는 이야기도 있 다. 그러나 남대문까지 나가 그를 맞이한 국왕은 돌아온 부친과 한 마디의 말도 나누지 않았다는 것이다.

대원군은 이튿날 입궐해 왕을 정식 알현하고 이어 다음 날에는 외교 사절을 접견했다. 그리고 며칠 뒤에는 각국 공사관을 직접 예방하기도 하여 지난날과는 판이하게 다른 사교적인 모습을 보였다. 그러나 이와는 달리 민씨 척족의 태도는 너무나도 경직되어 있었다. 그들은 노골적인 대원군 반대 시위를 벌였던 것이다.

　대원군이 귀국한 바로 그날 임오군란의 죄수 김춘영 등을 군기사 노상에서 모반 대역죄로 능지처참한 것이 그 예라 하겠다. 대원군을 받들면 이렇게 된다는 경고였다. 정부 관리와 일반인의 운현궁 출입을 엄금한 것도 그 또 다른 예이다. 따라서 대원군은 이후 유폐 생활과 다름없는 반(半) 감금 상태로 10년 동안의 칩거에 들어갈 수밖에 없었다. 귀국은 했지만 그는 민씨 척족의 견제로 자신의 정치 세력을 키울 수 없어 청의 기대에는 크게 미치지 못했다.[42] 그가 민씨 척족에 복수할 날을 기다리며 나날을 보내게 된 것은 당연한 일이었다.

　그리고 이런 상황에서 이홍장은 묄렌도르프를 이미 해임한 데 이어 청의 외교 대표도 무능한 진수당(陳壽棠)을 대신해 27세의 '담력과 지략을 갖춘' 원세개(袁世凱)로 교체했다. 그리고 그에게 '주차조선총리교섭통상사의(駐箚朝鮮總理交涉通商事宜)'라는 직함을 주어(1885. 11. 17) 민씨 정권의 대러 접근을 감시하게 했다. 따라서 민씨 정권은 청의 내정 간섭이 가중된 가운데 안으로는 대원군의 적의에 찬 감시도 받게 된 셈이었다.

(3) '한러밀약'설과 영·일·청의 대러 견제

'한러밀약'설이 나돌자 일본은 즉각 이에 대응했다. 이노우에 가오루(井上馨)는 조선과 한성조약을 체결하고(1885. 1. 9), 이토 히로부미(伊藤博文)는 청의 이홍장과 만나 천진조약을 맺어(1885. 4. 18) 한반도에 대한 두 나라의 이견을 조정했다. 그리고 영국은 러시아에 더욱 적극적으로 대응하기 위해 거문도를 점령했다(1885. 4. 15).[43]

천진조약이란 이홍장과 이토의 외교 담판의 결과로서 청·일 양군이 조선으로부터 동시 철병하고, 만일 조선에 다시 군대를 파견할 필요가 있을 때에는 서로 상대에게 사전에 문서로 통고하기로 결정한 것이다. 아직까지는 청만이 종주국으로서 조선에 파병권을 가진 상황이었지만, 일본에도 파병권이 인정됨으로써 이 조약으로 한반도에 대한 양국의 권리가 대등해진 것처럼 보이게 된 것이 사실이다.

그러나 이것만으로 '천진조약이 일본외교의 일방적 승리였다'고 말할 수는 없다. 이것은 일본 외교의 승리가 아니라 오히려 청의 외교적 승리였다고 할 수 있다. 왜냐하면 일본은 이 회담에서 마땅히 제기했어야 했던 청의 대한종주권 문제를 이홍장의 완강한 발언 저지에 부딪쳐 거론조차 못했기 때문이다. 이홍장이 청불전쟁의 강화까지 서둘러 조인하며(1885. 4. 4) 담판을 유리하게 이끌어갔기 때문에 청의 대한종주권을 제거하려던 일본의 계략은 실패로 끝나고 말았던 것이다.

더욱이 당시는 친일적이던 개화파의 몰락으로 조선 땅에는 친청 세력만 남은 상황이었다. 이런 판국에서 양군이 동시에 철병한다면 이는 분명 일본 세력의 상대적 감퇴를 의미하는 것이다. 이는 일본이 종주권 문제를 제기하지 못한 것으로 끝난 것이 아니라, 오히려 청의 대한종주권만을 일방적으로 더 강화시켜놓은 것이었다.

그렇다면 거문도사건은 또한 청의 대한종주권을 강화시키는 데 어떻게 작용했던 것일까. 거문도는 영국 해군상의 이름을 따서 '해밀튼 항(Port Hamilton)'이라 명명하게 된 섬으로, 일찍부터 영·러 양국이 다 같이 탐을 냈던 군사적 요충지였다. 영국인들은 이 섬이 대한해협으로 들어갈 수 있는 '열쇠'인 동시에 블라디보스토크 봉쇄 작전을 위한 전진 기지라고 믿었다.

거문도사건이란, 러시아가 1885년 3월 아프가니스탄 국경의 판데(Pandjeh)를 침공해 인도의 국경을 위협하는 상황에서 그들이 다시 조선의 영흥만을 얻게 되었다는 풍문이 돌자, 영국이 거문도를 점령한 사건을 말한다. 즉 도웰(William Dowell) 제독은 자국 해군본부의 훈령에 따라 1885년 4월

15일 돌연 이 섬을 무단 점령한 것이다. 이는 '국제법을 정면 위배한' 사건임에 틀림없었다.[44]

여기서 영국이 자기 나라 군대의 철수 조건 확보를 위한 러시아와의 교섭을 청에 일임하자 청은 천진조약의 경우와 마찬가지로 거문도사건을 통해서도 다시 그들의 대한종주권을 강화할 수 있게 되었다. 즉 청은 러시아에게 자국은 조선을 병합하지 않을 것임을 시사하고, 대신 그들로부터 '조선령의 어느 부분도 차지할 생각이 없다'는 확약(리–라디젠스키[李–Ladyzhenskii] 구두합의, 1886. 10.)을 받아냈던 것이다. 이는 영국의 조건을 충족시킨 동시에 러시아로부터 다시 한·청 사이의 전통적인 종속 관계의 유지를 인정받은 것이었다.

물론 그렇다고 해서 영국이 즉각 철수를 시작한 것은 아니다. 거문도에 대한 자국 해군 당국의 부정적인 재평가가 있은 후에야 그들은 비로소 1887년 2월 27일 군대를 철수시켰다. 따라서 거문도사건은 천진조약과 함께 청의 대한종주권만을 결정적으로 강화시켜놓은 셈이 되었다. '리–라디젠스키 구두합의'를 전후한 약 1년 반 동안 일본과 러시아가 다 같이 한반도에서 청의 우위를 인정하지 않을 수 없었던 것도 이때문이었다.

원세개가 보정부로부터 귀국한 대원군을 지지하며 민씨

정권을 억압하고 조선의 정국을 독단할 수 있었던 것도 모두 이런 배경에서 가능한 일이었다. 따라서 민 왕후 중심의 조선정권으로서는 청의 강화된 압제를 벗어나기 위해 웨베르에 접근, 러시아의 원조를 기대할 수밖에 다른 도리가 없었다. 이것이 민씨 정권이 더 친러적 성향을 띠게 된 배경이다.

2. 일본의 대청 개전 압박과 민씨 정권의 '거일' 감정

(1) 시베리아 철도의 착공과 러시아의 대한정책

거문도사건은 청의 대한종주권을 결정적으로 강화시켜 놓았을 뿐만 아니라 러시아의 동아시아 정책을 크게 바꾸어놓았다. 먼저 러시아는 영국의 거문도 점령으로 말미암아 자국의 동아시아령에 대한 방위 정책을 전면 수정할 수밖에 없는 처지가 된 것이다. 강력한 영국함대가 거문도를 점령한 이상 블라디보스토크의 해군 기지로서의 가치가 크게 떨어졌을 뿐만 아니라 러시아함대는 사실상 동해를 벗어날 수가 없게 되었기 때문이다.

더욱이 전쟁이 시작될 경우 러시아는 교전국으로서 중립

국 항구를 사용할 수 없도록 되어 있어, 저탄기지(貯炭基地)
를 별도로 확보하지 않는 한 그들의 함대는 방어로 시종할
수밖에 없었다. 실로 거문도사건은 러시아정부에게 그들의
아시아 해군이 지니는 전략적 약점을 분명하게 명시해주었
던 것이다. 그리고 여기에 더해 1880년대에 크게 증강된
일본 해군도 러시아함선의 해상 통로를 바로 대마도(對馬
島)에서 차단함으로써 러시아 해군의 문제점을 알려주는
데 일조했다.

따라서 러시아로서는 자국의 동아시아령 방위를 더 이상
해군력에만 의존할 수가 없는 형편이 되었다. 이제 그들로
서는 해군력 대신 육군력에 의존하는 새로운 정책의 채택
이 불가피해진 것이다. 그리고 이 새로운 방위 정책의 실현
을 위한 구체적 방법으로서 그들은 1886년경부터 시베리아
철도의 부설 계획을 논의하지 않을 수 없었다. 자국과 아시
아를 항로로 연결한 영국에 맞서 러시아는 자국과 아시아
를 더욱 견고한 육로로 연결하겠다는 발상이었다.

그러나 러시아 중심부에서 동아시아에 이르는 9,300킬로
미터나 되는 이 엄청난 거리를 철도로 연결한다는 것은 당
시로서는 그야말로 몽상과도 같은 일이었다. 총 35억 루블
이 소요될 것이라는 이 방대한 사업은 그 절실한 필요만을
내세워 착공을 서두를 수가 없는 문제였다. 실제로 러시아

는 크림 전쟁과 러·터전쟁으로 말미암은 막대한 재정 지출과 1870~80년대의 만성적 농업 위기 때문에 재정난이 겹쳐 해외로부터 차관이 없이는 해마다 예산 편성조차 하기 어려운 실정이었다.[45)]

그렇지만 동아시아 정황의 긴장과 더불어 러시아정부의 분위기는 점차 철도 착공으로 바뀌어갔다(1887년 6월경). 프랑스로부터 차관을 도입하게 됨으로써 사업 추진의 전망이 밝아졌던 것이다. 그 결정적 계기는 어디까지나 비테(Sergey Yulyevich Witte)의 관계(官界) 진입에 있었다(1889). 먼저 비테는 동아시아에 대한 러시아 외무성 실무자들의 무지를 일깨워주는 역할부터 시작했다. 일본과 협조해 조선에 대한 청의 위협을 저지한다는 그들의 계획이 전혀 실현성 없는 몽상임을 그는 똑바로 알려주었던 것이다.

재무성 철도국장으로 시작한 그는 운수상(運輸相)으로 승진하면서(1892. 2. 27) 정부의 분위기를 철도 착공으로 이끌어갔다. 그리고 재상(財相)으로 자리를 옮기며(1892. 9. 11) 이 사업을 본격 추진했다.[46)] 이는 당시 그들이 진행하고 있던 산업혁명으로 생산한 철강 제품으로 철도를 깔고, 그것을 타고 다시 자국의 또 다른 산업혁명 제품인 면직물 등을 아시아 시장으로 이송해 팔려는 경제적 목적이 담긴 계획이었다. 이는 군사적인 목적으로 한정된 것이 아니라 이 같은 경제적 목적과 아울러 실업자를 멀리 동아시아에 식민하겠다는 사회적 목적도 함께 담긴 계획이었다.

뿐만 아니라 철도 부설 공사 착공까지 결정한 이상 러시아는 동아시아에 대한 그들의 외교 정책도 함께 수정할 수밖에 없었다. 즉 '철도가 완성될 때까지는 그들의 명예가 지켜지는 한 조선의 현상 변경을 꾀하는 청의 어떤 기도에 대해서도 소극적인 반대에 머무를 수밖에 없었다.' 청의 태도가 기존의 한·청 관계를 그대로 유지하는 선에서 머문다면 구태여 이에 이의를 제기할 필요가 없다는 것이었다. 이러한 한·청 관계가 어느 시기까지는 오히려 다른 열강의 조선 병합 야욕을 막아주는 구실을 할 수도 있기 때문이었다.

그러나 이 같은 러시아의 기대와는 반대로 청은 이미 이 한계를 넘고 있었다. 원세개는 조선의 국정을 마음대로 농단함은 물론 이른바 제2차 '한러밀약'을 조작해, 이를 구실로 조선을 병합하려는 움직임마저 보였던 것이다. 그럼에도 열강은 이를 외면한 채 청과 우호 관계 유지에만 부심하고 있었다. 특히 영국은 러시아를 막는 데 청을 이용하기 위해 청의 조선에 대한 야욕을 오히려 부추기기까지 했던 것이다.

따라서 이런 상황에서 러시아가 만일 조선을 병합하려 든다면 러시아와 영·청 양국의 관계가 악화될 것이고 이는 결과적으로 이 두 나라를 단합하게 만들 것이 분명했다. 그리고 이 같은 영·청의 단합은 일본에게만 위협이 되는 것이 아니라 러시아에게 더 직접적인 위협이 될 수밖에 없는 일이었다. 러시아가 '리-라디젠스키 구두합의'를 통해 청과의 관계를 원만하게 끌고 가면서도, 다른 한편으로 '조선에서 러·일의 이해가 일치됨에 비추어…… 필요하다면 일본의 도움을 얻어 우리의 뜻을 이루어야 한다'는 내용의 (청을 겨냥한) 대한정책을 세웠던 것도 바로 이때문이었다.

그러나 러시아가 대한정책 수행에서 이처럼 일본이 자국과 이해를 같이한다고 믿은 것은 그야말로 그들 외교 실무진의 '놀라운 정보의 결핍과 오해'에서 비롯된 결과가 아닐 수 없었다. 물론 이 상황에서 러·일 양국이 다 같이 청으로부터 조선의 '독립'을 바랐던 것은 사실이다. 그러나 조선에 대한 이들의 이해가 실제 같아서 그랬던 것은 결코 아니다. 단지 자국의 조선 침략에 방해가 되는 청을 먼저 제거해야 한다는 데 견해가 같았을 뿐이었다.

러시아가 조선 지배의 야욕을 버리지 않는 한, 그리고 일본 역시 같은 야욕을 가지고 있는 한, 이들 양국의 조선 침략을 위한 기본 전제가 같다고 해서 두 나라가 협조한다는 것은 당초 있을 수 없는 일이었다. 따라서 일본으로서는 언젠가 시작하게 될 러시아의 조선 침략을 예의 주시하며 경계하지 않을 수 없었다. 즉 일본이 표방하는 '조선의 독립'이란 바로 대러 적대의 첫 단계를 의미하는 것이기도 했다. 조선 문제를 둘러싸고 양국이 협력한다는 것은 러시아의 헛된 꿈이었을 뿐, 일본으로서는 처음부터 상상조차 해본 일이 없었다.[47)

1888년 5월 8일(러력, 4. 26)의 프리아무르 총독 코르프(A. N. Korf)와 외무성 아시아국장 지노비예프(I. A. Zinoviev)의 회담 결과를 러시아정부가 받아들임으로써 확정된 러시아 최초의 대한정책은 동아시아 정세에 대한 그들의 그릇된 판단에 따른 것으로, 우선 그 전제부터가 잘못된 것이었다. 그렇지만 이것은 당시 아시아주재 외교 대표들과 지방 관리들의 줄기찬 현실적 요망에 부응해 이루어진 것으로서, 이 두 사람의 결정은 이후 청·일 개전 직전까지 러시아정부의 일관된 대한반도 정책의 기조가 되었다.

물론 이나마 거문도사건 이후 3년이나 경과한 뒤에야, 그것도 각료급도 아닌 국장급에 의해 이루어졌다는 사실은 당시 러시아 당국이 조선의 비중을 어느 정도로 평가하고 있었는가를 극명하게 드러내준 것이다. 이전에는 이 정도의 기본 정책도 세워놓지 못한 상태에서 사태 변화에 따라 임기응변으로 대처해왔을 뿐이었다. 두 국장급 관료의 합의 내용도 '러시아의 조선 병합은 바람직하지 않다'는 요지

였다.[48]

요컨대 러시아에게 조선은 경제적·군사적으로 그들의 침략 대상에서 제외해서는 안 될 만큼 중요한 나라가 아니라는 것이었다. 조선이 지니는 경제적·군사적 가치가 이 나라의 획득을 위해 그들이 다른 강국과 무력 대결까지 무릅써야 할 만큼은 중요하지 않다는 결론이었다. 따라서 조선이 정치적으로 독립을 유지하기만 한다면 러시아로서는 당장 문제될 것이 없었다. 조선은 군사력을 갖고 있지 못해 그 자체가 러시아에 위협이 될 것이 없었기 때문이다.

그렇지만 이 나라가 어느 특정 강국의 지배 아래 들어간다면 '러시아에 대한 적대의 도구'로 이용될 위험성은 충분히 있다는 것이었다. 그리고 한반도를 둘러싸고 경쟁을 벌이고 있던 청·일 양국 가운데서, 러시아는 천진조약과 거문도사건 이후 조선에서 우위를 점한 청측에 의심을 두고 있었다. 물론 그렇다고 해서 러시아가 직접 나서서 조선에서 반청 세력을 지원하며, 한반도에 대한 야욕을 드러낼 수는 없었다.

만일 그럴 경우 러시아는 청과의 관계 악화는 물론 세계 최강의 해군국인 영국과의 관계에도 나쁜 영향을 미침으로써 결과적으로 영·청의 반러 제휴를 재촉하는 결과가 될 것이 분명했기 때문이다. 따라서 러시아는 '리-라디젠스키 구두합의'에 입각하여, 이후 조선의 영토 보전을 꾀하며 청과의 마찰을 되도록 피하는 외교 노선을 펴나갈 수밖에 없었던 것이다.

(2) 야마가타의 '대외정략론'과 방곡령사건

러시아는 한반도를 둘러싼 청·일 사이의 대립에서 일본이 청보다 훨씬 열세라고 판단했다. 조선 문제에 관한 한 러시아가 일본과 협조가 가능하다고 생각했던 것도 이때문이다. 그리고 일본도 이에 호응하기라도 하듯 천진조약 체결 뒤 한반도에 대해 마치 야심을 포기한 듯한 자세를 취했다. 일본정부는 주일 러시아공사에게 '우리는 청과의 관계 개선을 위해 조선에 대한 우리의 모든 권익을 방기했다'고 부언했다.

그렇다고 해서 일본이 청의 조선 지배를 용인한 것은 물론 아니었다. 일본은 조선을 포기한 것처럼 가장함으로써 우선 청을 안심시키며 안으로 착실하게 군비 증강에 총력을 기울였다. 그리고 러시아에게는 이 같은 일본의 조선 포기가 곧 청의 한반도 완전 병합이 될 것이라고 우려하도록 유도하는가 하면, 이홍장에게는 러시아 남침에 대해 위기의식을 느끼도록 함으로써 러·청의 대립을 은근히 부추

겨나갔다. 러시아가 청의 한반도 병합을 저지하는 데 일본과 협력한다는 정책을 확립한 것은 바로 이런 정황에서 나온 일이었다.

그러나 러시아의 일본 이용 계획은 일본에 대한 심각한 '정보 부족'에서 비롯된 발상이었다. 일본은 조선에 대한 야욕을 버린 것처럼 가장했고, 러시아의 움직임에 대해서도 무관심한 것처럼 처신했지만 실제 속내는 전혀 달랐다. 1889년을 기해 그들의 군사력은 1885년보다 뚜렷하게 증강되어 이미 청과의 전쟁에 대비할 수 있게 되었는가 하면, 해군력도 6개년 동안의 함선 건조 계획을 성공적으로 끝마침으로써, 완벽하다고는 할 수 없지만, 이전보다는 크게 증강된 것이 사실이었다.

이런 상황에서 러시아의 시베리아 철도 건설 움직임이 활기를 띠자 일본에서는 반(反)러시아 세력이 함께 뿌리를 내려갔다. 1889년 1월에 발표된 야마가타(山縣)의 대정부 〈군사의견서〉는 러시아에서 시베리아 철도 건설이 한참 논의되고 있던 1887년에 이미 기초된 것으로 알려져 있다. 여기서 그는 "…… 시베리아 철도가 완성되면 필연적으로 그들이 부동항을 조선 땅에서 구하게 될 것이니 철도의 준공일이 바로 러시아가 조선 침략을 시작하는 날"이 될 것이라고 지적하고 있다. 러시아의 철도 건설은 아시아에서 일대 파란을 불러일으킬 것인즉, 일본은 이 위기에 대응해 군비 증강을 서둘러야 한다는 것이었다.

러시아 정부가 일본과의 협력을 내용으로 하는 최초의 동아시아 정책을 수립했을 때(1888. 4. 26[러시아력, 양력으로 5. 8]) 일본의 야마가타는 이처럼 러시아를 이미 자국의 주적(主敵)으로 확정했다. 러시아는 일본을 우방으로 믿고 있는데, 바로 그 시점에 야마가타는 러시아를 일본의 주적(主敵)으로 겨냥, 군비를 증강해야 한다는 것이었다. 그리고 이 강경론자가 1889년 12월 14일을 기해 수상이 되어 집권하게 된 것이다. 여기서 러시아가 몽상했던 이른바 러·일의 '호감의 시대'는 그야말로 종말을 고하게 되었던 것이다.

야마가타는 1890년 3월 이른바 《외교정략론(外交政略論)》을 저술해 위의 1889년의 〈군사의견서〉와 함께 각료들에게 회람시켰다. 이 저술에서 그는 고유 영역을 말하는 주권선(主權線=일본 국토)의 방위는 물론 조선을 자국의 이익선(利益線=적성국의 지배 하에 들어가면 일본의 안전을 위협하게 될 지역, 곧 조선)으로 규정, 그 방호의 필요성을 역설했다. '국가의 독립을 유지하려면 주권선 방어만으로는 부족하다.…… 이익선을 방호할 수 없다면 그 나라는 완전한 독립국가이기를 바랄 수 없다'는 것이 그 요지였다.[49]

요컨대 그는 영국이 아니라 러시아가 자국의 이익선을

침해할 나라라는 판단 아래 청과 협력, 러시아의 한반도 지배를 저지해야겠다는 것이었다. 일본의 적은 이제 더 이상 청이 아니라 러시아라는 것이다. 이는 러시아의 반청 친일 노선과는 내용상 전면 상반되는 것이었다.

러시아는 청이 조선의 독립을 침해할 것으로 본 데 반해 일본은 러시아가 그럴 것으로 확신했다. 그러므로 양 대국이 내세우는 '조선의 독립'이란 자국이 한반도를 차지할 수 있을 때까지 상대를 견제하겠다는 이야기밖에 안 되는 것이다. 이들이 주장하는 '조선의 독립'은 강화도수호조약 당시에 일본이 주장했던 그것과는, 상대를 견제하려는 목적에서, 이미 그 의미가 크게 달라져 있었던 것이다.

따라서 이러한 일본의 대러 강경론은 이후 그들의 군비 확장 정책에도 크게 영향을 미칠 수밖에 없었고, 이 군비 확장 노선은 다시 시베리아 철도의 착공 소식이 전해지면서 더욱 확고해져갔다.[50] 그리하여 러시아를 겨냥한 군비 확장 노선은 마침내 제2차 이토 내각(1892. 8.~1896. 9.)에 이르러 일본의 공식 정책으로 정착되기에 이른 것이다. 그리고 이어서 일본은 러시아와의 전쟁에 효과적으로 대처하기 위하여 먼저 청과의 전쟁을 서둘러야만 했다. 이른바 방곡령(防穀令)을 둘러싼 한·일 사이의 분쟁은 바로 이런 상황에서 일본이 대청 전쟁을 도발하기 위하여 일으킨 사건이었다(1892~1893).

방곡령사건이란 원산에 주재하던 일본영사(久水三郎)의 항의로 제기된 것으로, 1889년 함경도와 황해도의 지방관들이 일본 상인의 곡물 매점 행위에 대응해 흉년이라는 구실을 내세워 곡물의 대일 수출을 금지시킨 데서 발단되었다. 이는 한일통상장정(韓日通商章程) 제37관에 따라 시행하기 1개월 전에 상대에게 사전 통고하도록 되어 있는데, 이 규정을 조선측이 위반했다는 것이다. 이로 말미암아 자국의 함경도 재류상인이 손해를 입게 되었으니 이를 배상하라는 것이었다.

따라서 사건의 본질은 배상액에 한정된 것으로, 더 이상 확대될 여지가 없는 것이었다. 그럼에도 일본정부는 이 문제 처리를 위해 우익 강경파의 수령이던 오오이시 마사미(大石正巳)를 이 사건의 전담을 위한 주한 공사(1892. 12. 16~1893. 7. 26)로 특별히 부임시켜 군사력을 과시하며 사태를 전쟁으로 몰고갔다. 유명한 일본의 우익 강경파(佐佐友房·林有造·大江卓·竹內綱)가 속속 서울로 몰려왔는가 하면, 정부에서도 대청 주전파 가와가미(川上操六) 참모차장이 서울을 방문, 군사적 시위를 벌였던 것이다.

여기서 한·일 사이의 충돌을 막기 위한 조정을 맡고 나선 사람이 바로 이홍장이었다. 그는 원세개를 시켜 문제를 평

화적으로 해결하라며 일본측 안의 수용을 조선에 권고했
다. 그리고 조선측도 당시 동학란의 징후가 나타났기 때문
이라고는 하지만 어쨌든 11만 엔의 배상금을 주기로 하고
이를 수락했다(1893. 5. 19).[51)]

　이 같은 결정에는 이홍장에 대한 이토의 영향력 행사가
그 주된 원인이었다. 따라서 이것은 외형상으로는 조선의
굴복이었지만, 사실은 일본에 대한 청의 굴복에 다름아니
었다. 여기서 청의 약세를 파악하게 된 일본은 더욱 노골적
으로 대청 전쟁 도발을 추진해갔던 것이다.

(3) 민 왕후의 '인아' 정책 강화와 '거청'에서 '거일'로의 전환

　천진조약과 거문도사건 이후 조선에 대한 청의 압제가
날로 강화되었음은 이미 위에서 말한 바 있다. 원세개는
마치 식민지 총독처럼 군림하며 조선에 내정 간섭을 일삼
았다. 그가 조선의 궁중 법도를 무시하는 것쯤은 다반사였
다. 궁궐 출입을 위해서는 그 규정에 따라 내외국인을 막론
하고 대궐 밖에서 하마해야 하는데, 그는 이를 무시하고
교자를 탄 채 광화문을 통과해 편전 계단까지 무상 출입하
는 무례를 서슴지 않았다.

　더욱이 그가 이홍장으로부터 주차(駐箚)조선 '총리교섭

통상사의'라는 직책을 맡은 1885년 이후는 조선 왕의 권위를 송두리째 무시하는 행태까지 보였다. 그야말로 조선의 상왕(上王)이었다. 이른바 '제2차 한러밀약' 사건을 조작해 조선의 병합을 시도하기까지 한 것도 바로 그의 횡포였다.

여기서 민 왕후와 고종의 반청 감정이 극에 달하게 되는 것은 너무나도 자연스러운 일이었다. 그렇지 않아도 왕후는 '한러밀약'설이 퍼지자 청이 대원군을 보정부로부터 환국시켜 자신의 세력을 견제하려 한 데 반감을 품어왔다. 따라서 왕후의 친러적 경향은 반청 감정이 커짐에 따라 더욱 짙어질 수밖에 없었던 것이다.

원세개의 횡포가 이처럼 혹심해졌을 때 러시아공사 웨베르가 서울로 부임해온 것(1885. 10.)은 결코 우연한 일이 아니다. 웨베르와 그 부인의 외교관으로서의 예절 바른 자세와 친절은 왕과 왕후의 호감을 사기에 충분했다. 원세개와 달리 웨베르는 궁궐 출입의 규정을 충실하게 지켰을 뿐만 아니라 다른 나라 공사들처럼 이권을 요구하지도 않았다. 오히려 국왕과 왕후를 도와 세계 정황을 설명해주고 조선의 안위를 걱정해주기까지 했다.

특히 웨베르 공사의 가족과 함께 내한한 손탁(Antoinette Sontag)의 활약은 왕후의 환심을 사는 데 괄목할 만한 역할을 했다. 그녀는 웨베르의 처형으로 알려져 있지만〈윤치호

일기〉에 따르면 처형이 아니라 처남의 처제였다.

그러나 초점은 그녀의 러시아공사와의 혈연 관계가 아니라 그들 사이의 긴밀한 유대에 있었다. 웨베르와 인척 관계로 가깝든, 인간 관계로 가깝든 그것은 문제될 것이 없다. 요컨대 그녀가 얻게 된 왕후의 환심이 곧 러시아공사에 대한 환심으로 이어졌고 그것이 다시 러시아에 대한 환심으로 변해 왕후가 점차 친러적 경향을 더해가는 데 그 중요성이 있었던 것이다.

손탁은 알자스로렌 출신으로 그곳 사람들이 흔히 그러했듯 프랑스어와 독일어를 상용했고, 다시 주변 환경이 자연스럽게 영어와 러시아어를 습득하게 함으로써 조선어와 함께 5개국어를 구사할 수 있었다. 당시의 조선 땅에서는 누구도 따를 수 없는 어학의 귀재였다. 따라서 그녀의 존재는 서양인들과 접촉을 필요로 하고 있던 당시의 조선정부로서는 더 바랄 수 없는 적임자였다. 더욱이 그녀는 웨베르가 추천한 사람이어서 누구보다도 믿을 수 있었다.

궁내부의 외국인 접대 업무를 맡으면서 그녀는 왕후와의 친밀한 인간 관계도 맺게 되었다. 미모에 세련미까지 갖추었을 뿐만 아니라 왕후보다 나이도 세 살이나 아래여서 대하기도 편했다. 그리고 그녀는 시간이 나는 대로 서양 각국의 풍속과 습관은 물론 세상 돌아가는 이야기도 들려주었다.

그녀는 여성의 세심함도 유감없이 발휘했다. 궁궐 안의 외인 접대용 응접실을 서양식으로 꾸몄는가 하면, 국왕의 침실에도 침대를 비롯해 서양식 가구를 들여놓았다. 그리고 외국 귀빈을 위한 만찬에는 언제나 그녀의 요리 솜씨가 발휘되었다. 궁중에서 서양 요리와 함께 커피를 애용하게 된 것도 이때부터였다.[52] 따라서 원세개의 횡포가 극에 달했던 시기에 웨베르 부부와 손탁이 베푼 이 같은 애틋한 배려는 국왕과 왕후를 감동시키기에 충분했던 것이다.

그런데 이런 상황에서 방곡령사건(防穀令事件)을 빌미로 일본의 협박과 압제가 다시 가해진 것이다. 방곡령사건의 처리를 위해 새로 부임한 일본공사 오오이시 마사미의 조선정부에 대한 오만 불손함은 원세개를 오히려 능가할 지경이었다. 그도 원세개처럼 궁궐 출입 규정을 무시하고 편전 계단까지 가마를 타고 드나드는 무례를 서슴지 않았음은 물론 청의 기세마저 꺾으려는 듯 원세개에 대해서도 모욕적인 언동을 서슴지 않았다. '마치 비복(婢僕)을 다루듯 원세개를 비하하고 자기의 권위를 높이려 했다'는 것이다.[53]

그동안 군비 증강에 힘써온 일본이 러시아가 시베리아 철도를 착공하자(1891. 5. 31) 먼저 청과의 전쟁을 서둘렀음은 이미 위에서도 말한 바 있다. 이제 러시아와의 한판 대결이 불가피하게 된 이상, 이 전쟁을 더 효과적으로 치르기

위해서는, 하루 빨리 청을 제거함으로써 더 많은 준비 기간
을 확보해야 했기 때문이었다.

오오이시의 언동은 대청 전쟁을 이미 기정 사실화하고
유리한 개전 날짜 선정 문제만을 남겨놓고 있던 당시 일본
의 처지를 반영하고 있었다. 이토가 이홍장에게 방곡령 문
제의 해결을 조선에 권고하라는 서신을 보냈고, 이홍장은
이를 받아들여 조선에 주재하던 원세개에게 그렇게 하도록
훈령했다. 그러나 원세개와 조선정부가 이를 그대로 따르
려 하지 않자 이미 말한 대로 일본은 최후통첩까지 발하고
2척의 군함을 보내 위협했다. 이것이 배상금을 6만 엔이
아니라 일본의 요구대로 11만 엔으로 정하게 된 배경이다.

따라서 왕후의 친러적 성향은 더욱 짙어질 수밖에 없었
다. 왕후로서는 청의 속박뿐만 아니라 이제 일본의 압제를
벗어나기[拒淸·拒日] 위해서도 러시아를 끌어들일[引俄] 필
요가 더욱 절실했다. 특히 방곡령사건 이후에는 '거청'을
위한 '인아'와 마찬가지로 '거일'을 위한 '인아' 또한 절실해
졌다. 오히려 '거일'을 위한 '인아'가 더 절실해진 것이다.
이제 왕후로서는 '인아'가 무엇보다도 긴요한 과제가 된 것
이다.

그런데 왕후는 웨베르 부부와 손탁 등의 친절과 배려가
바로 '인아'의 성취라고 믿었다. 오늘의 관점에서 본다면

이는 물론 왕후의 한계가 아닐 수 없다. 그러나 조선이 처했던 당시의 국제 환경과 구중궁궐 속에서 세상을 살아온 왕후의 처지를 참작한다면 그 한계는 어쩔 수 없는 것이었다. 오늘날의 이미지를 가지고 19세기의 민 왕후를 평가해서는 안 된다는 것이 저자의 생각이다.

왕후의 감각이 기민했음은 누구도 부인할 수 없다. 아무런 정보가 없이도 그녀는 방곡령사건 이후에는 청보다 일본의 위험을 더 심각하게 생각했다. 당시 러시아 외상 기어즈(Nikolai Karlovich Giers)는 청·일 사이에 전쟁이 임박한 시점에서도 이런 사실을 간파하지 못했던 것이 분명하다. 주일 공사 히트로보(Mihkail Aleksandrovich Hitrovo)와 주청 공사 카시니(Arthur Pavlovich Cassini)로부터 '아시아의 평화를 위협하는 나라는 청이 아니라 일본'이라는 보고를 받고나서도 그는 '이것이 러시아를 아시아 전쟁에 끌어들이려는 이홍장의 간계'라고 했던 것이다.[54]

3. 민 왕후와 청일전쟁

(1) 청·일 개전과 대원군의 세번째 집권

시베리아 철도의 착공을 계기로 일본이 러시아와 벌일

전쟁에 앞서 먼저 대청 전쟁을 서둘렀음은 이미 위에서 말
한 바와 같다. 그래서 일본이 청과 전쟁을 시작하기 위해
가장 유리한 기회를 노리던 바로 그런 상황에서 때마침 조
선에서 동학란이 발발한 것이다. 대원군이 칩거 생활을 한
지 10년이 지난 1894년 4월의 일이었다. 따라서 동학란은
일본에게 전쟁 도발의 원인이 아니라 구실로 이용된 것이
다. 영국이 태평천국의 난을 틈타 애로호 사건을 도발했듯
일본은 동학란을 틈타 청일전쟁을 도발했던 것이다.

먼저 청이 조선정부의 요청에 따라(6. 2) 동학란 진압을
위해 아산만에 병력(3,000명)을 파견하자, 일본은 전쟁 도발
을 위해 압도적으로 우세한 대병력(총 1만 3,800명)을 서울
진입을 위해 동학란과 직접 관련이 없는 제물포에 상륙시
켰다(6. 12). 이는 처음부터 청의 기세를 꺾겠다는 일본의
의도를 분명하게 드러낸 것이었다. 그러나 일본은 즉각 전
단을 열 수가 없었다. 천진조약에 따라 병력의 파한을 청에
게 통고한(6. 6) 뒤에도 거의 50일이나 경과한 7월 25일에야
비로소 군사 행동에 돌입한 것이다.

당시 한반도에는 청·일의 이해만이 존재했던 것이 아니
다. 영·러와 미국을 비롯한 제국주의 열강이 들어와서 이미
저마다 권익 신장을 획책하고 있었다. 따라서 일본으로서
는 이들 열강, 특히 영·러의 이해를 고려함이 없이는 개전

에서 종전까지 어느 것 하나 독자적으로 결정할 수 있는 것이 없었다. 일본이 이처럼 전쟁 도발을 늦추었던 것도 이들 열강의 의향부터 먼저 확인해야 했기 때문이었다. 특히 중국에서 가장 방대한 권익을 가졌던 영국과 러시아의 전쟁 반대는 일본의 최대 난관이었다.

그렇지만 영·러가 서로 협조해 일본에 개입하기에는 그들 사이가 너무나 적대적이었다. 그리고 영국도 단독으로 일본의 전쟁 도발을 막을 생각은 없었다. 러시아가 새로 성립된 러불동맹의 해군력을 이용해 아시아로 밀어닥칠 사태를 우려했기 때문이다. 그럴 경우 영국은 아직까지 누려온 아시아의 제해권을 침해당함은 물론 그 여파가 인도에까지 미치게 되는 것이다. 이것이 영국의 처지에서 일본의 전쟁 도발을 단독으로 저지할 수 없는 연유였다. 그리고 그들로서는 신흥 일본 해군력을 이용할 필요가 너무나도 절실했다.

여기서 일본은 주미 공사 다테노 고조(建野鄕三)가 국무장관 그레셤(Walter Quintin Gresham)과 면담하고 '미국은 어떤 경우에도 다른 열강과 공동 개입하지 않는다'는 언질을 받자(7. 7) 마침내 개전에 자신을 얻었다. '공명하고도 엄정한 중립(strict and impartial neutrality)'을 지켜야 하기 때문에 조선 공사[李承壽]의 개입 호소가 있었지만 끝까지 '수동적 방관

자'로 남겠다는 것이 미국의 태도였다.[55]

한편 일본은 이처럼 열강의 움직임을 예의 주시하는 가운데 한반도에서는 이미 계획대로 독주(獨走)를 시작하고 있었다. 동학군이 전주성에서 이미 자진 해산했음(6. 11)에도 불구하고, 조선의 내정 개혁이 선행되어야 한다며 그들은 철군을 거부했다. 그리고 그들이 제의한(6. 16) 조선 내정 공동 개혁안을 청이 거부하자(6. 21) 일본은 '금후 청의 의향과 상관없이 조선에 병력 주둔을 계속할 것이고 일본 단독으로 조선의 내정 개혁을 단행하겠다'는 뜻을 청에 통보했다.

동시에 외상 무쓰 무네미쓰(陸奧宗光)는 조선주재 오토리 게이스케(大鳥圭介) 공사에게 '어떻게 해서든 개전의 구실을 찾으라'고 지령하기도 했다(6. 22). 이로 보아 일본으로서는 러시아의 청·일 양군의 동시 철병 요구를 이미 받아들일 수가 없는 처지가 되어 있었다. 그리고 그들은 미국의 불개입 원칙을 간파했을 뿐만 아니라, 7월 16일 영국과의 '영일통상항해조약'의 체결로 영국의 간섭도 우려할 필요가 없어졌다.

이에 일본은 7월 23일 새벽에 경복궁을 점령하고 반일적인 민씨 정권을 타도한 후 대원군을 '섭정'으로 하는 친일정부를 수립했다. 그리고 이 친일정부가 일본에게 '청군을 구축해달라'고 의뢰하도록 만듦으로써 자기들의 전쟁 도발을 정당화했다. 일본공사관의 오토리 공사와 스기무라 서기관 등은 조선 침략의 편의를 위해서는 먼저 반일적인 민 왕후 세력을 타도해야만 하고 이를 위해서는 대원군을 이용하는 것이 가장 효과적이라고 판단했던 것이다.

이에 이미 75세의 고령이 된 대원군은, 철종 서거와 임오 군란 때에 이어, 세번째로 정권을 잡게 되었다. 처음에는 대원군도 일본의 힘으로 집권한다는 것이 싫어서 그들의 제의를 거절하기도 했다. 그러나 일본의 집요한 설득과 그의 노욕 때문에 끝내 권력의 유혹을 뿌리치지 못했다.

대권을 장악한 대원군은 우선 오랫동안 권력을 남용해온 민씨 척족 세력의 제거 작업부터 착수했다. 그리고 민 왕후의 폐서(廢庶) 조치를 서두는 한편 고종을 폐위시키고 애손 (愛孫) 이준용(李埈鎔)을 새 왕으로 내세울 계획도 세웠다. 그러나 왕과 왕후를 폐하려는 대원군의 계획은 일본공사관 측의 반대로 좌절되었다. 일본이 러시아 및 미국공사관 측의 반대를 우려했기 때문이었던 것으로 보인다.

이에 대원군은 계획을 바꿔 이준용에게 정치의 실권을 안겨주려 했다. 관리의 인사권과 병권을 함께 주기 위해 그를 내무대신 서리와 신식군대인 통위영 사령관에 임명한 것이 그것이다. 그러자 이번에는 군국기무처가 곧바로 반발하고 나섰다. 이 결과 그의 계획은 다시 좌절되었고 이준용도 관직에서 물러나게 되었다.

대원군은 처음부터 일본의 이용물에 불과했다. 조선 땅
에서 전쟁을 도발하며 일본측은 대원군에게 일언반구의 언
급조차 하지 않았다. 그의 존재 따위는 처음부터 안중에도
없었다. 뿐만 아니라 그들은 국왕의 권능을 능가하는 군국
기무처(軍國機務處)라는 개혁 기구를 만들어(7. 27) 대원군의
의사와는 전면 상반되는 급진적 개혁안을 남발했다. 이것
이 대원군을 격분하게 한 것이다. 대원군이 집권 후 일 주일
도 안 되어 반일 감정이 격해져 일본에 항거할 계략을 꾸몄
던 것도 이때문이다.

대원군은 겉으로는 친일을 가장하며 내면적으로는 평안
도 관찰사 민병석에게 평양의 청군과 내통해 서울의 일본
군을 소탕해 달라는 내용의 비밀 서찰을 보냈다. 그리고
동학 지도자들과도 접촉해 항일 의병을 일으켜 북진함으로
써 청군과 함께 일본군을 협공하라고 독려하기도 했고 서
울에서는 김홍집·김학우 등 친일 개혁파 관료의 암살을 계
획했다.

그러나 이 같은 대원군의 계략은 9월 중순 일본군의 평양
점령으로 그 밀서가 일본군의 수중으로 넘어가면서 들통나
고 말았다. 그리고 이 항일 음모 사실이 빌미가 되어 그와
이준용은 11월 18일을 기해 은퇴를 강요당했다.[56] 결국 대원

군은 정권을 4개월도 유지하지 못한 채 물러나 다시 기약 없는 연금 생활로 들어간 것이다. 그리하여 반일의 책무는 대원군을 대신하여 이제 권좌를 되찾게 된 고종과 왕후가 떠맡게 된 것이다.

(2) 일본의 조선보호국화 정책과 이노우에의 주한 공사직 자천

일본이 청일전쟁을 일으켜 추구한 대한정책의 목표는 조선을 자국의 보호국으로 만드는 것이었다. 경복궁 점령(7. 23)과 개전(7. 25) 직후 외상 무쓰는 오토리 공사에게 보낸 7월 28일자 훈령을 통해 '대원군 정권에 일본인 고문관을 고빙케 하라'고 지시함으로써 이미 그 뜻을 나타낸 바 있었다. 그리고 일본 내각은 8월 17일 무쓰가 제시한 조선보호국화안을 확정했다.

이에 오토리는 조선과 '잠정합동조관(暫定合同條款)'(8. 20)이라는 경부·경인철도 및 전신 등의 이권 관계 조약과 '조일맹약'(8. 26)이라는 군사 동맹을 강압했다. 이 결과 고문관의 고빙과 군사교관의 배치 문제 등을 해결함으로써 일본은 일단 조선을 보호국화할 수 있는 최소한의 기틀을 마련하게 되었다.[57] 그리고 그는 전쟁의 추이를 보아가며 조선정부에 대한 강압의 수위를 조절해가려 했다. 이는 전황의 변화에 따라 태도가 달라질 조선 관리들의 반발을 우려했기 때문이었다.

그러나 오토리의 신중한 태도는 주한 일본공사관의 젊은 관리와 군인들의 불만을 샀다. '늙은 이'의 지나친 신중함이 조선의 내정 개혁을 지연시켰다는 것이다. 그리고 이런 불만이 본국 정부에 반영되어 9월 15일~16일의 평양전투와 17일의 황해해전의 승전을 계기로 마침내 오토리의 해임으로 이어진 것이다. 그가 오오이시로부터 바통을 이어받은 지 1년 여 만의 일이었다.[58]

이에 이토가 당시 일본 제일의 조선통이던 이노우에 가오루 내상에게 오토리의 후임 문제를 상의했다. 그러자 이노우에는 국회와 마찰도 있어 이를 피할 겸 그 뒷자리를 자신이 맡겠다고 자천하고 나섰다(9. 27). 이것이 계기가 되어 그는 주한 특명전권공사로 임명되었고(10. 15) 마침내 10월 27일 서울로 부임했다. 현직 내무대신이 일개 국장급에 불과한 주한 공사직을 자진해서 맡고 나선 것부터가 너무나도 이례적이었다. 이는 전황이 유리해진 기회를 살려 유능한 공사를 보내 자국의 조선보호국화 정책을 차질 없이 수행하겠다는 일본정부의 의지가 담긴 조치였다.

따라서 그는 임명과 동시에 외상 무쓰로부터 조선 문제에 관한 전결권(專決權)을 위임받았다. '교전의 국면이 의외

로 확장되어 구미 각국이 간섭을 시도해오게 될 경우에 대
비해 서울에 주재하는 우리 공사는 내·외에 명망과 세력을
가진 사람으로서 당해국(조선)에 관한 사무를 전결 단행(專
決斷行)케 할 필요를 느꼈기 때문'이었다.[59]

그가 위임받은 권한 속에는 조선과 조약을 협상하고 체
결하는 일체의 권한은 물론 조선에 대한 차관(借款) 주선권,
고문관 선발권 그리고 주한 일본 수비대의 지휘권까지 포
함된 것이었다.[60] 한 마디로 조선에 관한 전권(全權) 바로
그것이었다. 그가 고종을 처음 알현하는 자리에서 말했듯
이, 그는 '일반 공사'가 결코 아니었다. 그야말로 조선 문제
에 대해 일본정부의 '백지위임장'을 받았던 것이다.

이에 주한 공사로 부임한 이노우에는 처음부터 마치 식
민지 총독처럼 군림하며 자국의 조선보호국화 정책에 장애
가 되는 반일 세력의 제거 작업부터 시작했다. 앞에서 말한
대원군의 은퇴 강요가 바로 그것이었다. 그렇다고 해서 이
것이 고종과 왕후의 완전한 정권 회복을 의미하는 것이 아
니었음은 두말할 필요도 없다.

왕후가 왕의 친권회복을 확인하기 위한 첫 시도로서 4아
문의 협판(탁지부 한기동, 법부 이건창, 공부 이용직, 농상부 고영
희)을 의정부와 상의 없이 임명하자, 이노우에가 이를 월권
행위라고 협박, 고종으로부터 왕후의 정치 관여를 엄금하

겠다는 약속을 받아냈던 사실로도 알 수 있다. 뿐만 아니라 이노우에는 왕후의 정치 관여를 막기 위해 실각한 대원군을 계속 궁중에 머물게 함으로써 왕후를 감시하게 하는 정략을 구사하기도 했다. 대원군과 왕후의 갈등을 그는 교묘하게 이용했던 것이다.

그는 11월 20일 고종과 왕후에게 20개조의 '내정개혁강령(內政改革綱領)'을 강압, 조선정부를 그들이 지배하기 편리하게 재편성하는 한편 망명 정객 박영효와 서광범을 내무대신과 법무대신으로 각각 임명하도록 작용함으로써 이른바 김(홍집)·박(영효) 연립 내각이라 불리는 의정부를 출범시켰다(1894. 12. 17 : 1895. 1. 11 이후 '내각'으로 개칭). 그리고 이 정부에 일본인 고문관을 배치한 다음 이들을 앞세워 조선의 내정 개혁에 박차를 가했다.

먼저 군국기무처와 같은 초(超)정부적 기구를 없애고 행정을 궁중(宮中)과 부중(府中, 내각)으로 분리해, 부중에 권력을 집중시킴으로써 왕권을 축소하려 했다. 이는 왕의 국정 관여를 배제시켜 왕후의 정치 관여도 함께 견제하겠다는 뜻이었다. 뿐만 아니라 그는 경제의 실질적 독점을 획책했다. 경부 및 경인철도 부설권과 50년간의 관리권을 비롯해 25년간의 전신 이권 및 5년간의 우편 이권 요구가 바로 그것이었다. 그리고 심지어는 조선정부에 대해 워싱턴의

조선공사관의 업무를 그 곳의 일본공사관에 위임해달라는
요구까지 서슴지 않았다.

따라서 일본은 이 단계에 이르러 사실상 조선에 대한 자
국의 지배권을 어느 정도 확립했다고 말할 수 있다. 그러나
일본의 야욕은 한반도에서의 우위 확보나 청으로부터 배상
금을 받는 정도로 만족하는 것이 아니었다. 일본은 교전의
범위를 한반도 안으로 국한시키지 않고 압록강 너머 청국
영토로 확대시켰다. 그들은 사태를 이미 청국 분할로 몰고
가려 했던 것이다.

(3) 청·일 강화와 러시아의 대일 간섭

강화의 필요성은 전세가 불리해진 청측에서 태동했다.
일본군이 산해관(山海關)을 돌파하기 전에 먼저 강화를 성
립시켜야겠다는 생각에서였다. 이에 청은 총리아문대신 장
음환(張蔭桓)과 대만순무 소우렴(邵友濂)을 일본에 보내 교
섭을 시도했다. 그러나 일본정부는 히로시마(廣島)에 도착
한(1895. 2. 1) 이들과의 강화 교섭을 거부했다. 이들이 그들
정부로부터 전권을 위임받지 못했다는 것이 그 구실이었다.

일본으로서는 시기적으로 아직 강화를 서두를 필요가 없
었고 자국의 교섭 상대는 이들과 같은 차관급의 관리가 아

니었던 것이다. 영토 할양의 재량권까지 가진 이홍장과 같
은 실권자여야 한다는 것이었다. 이는 일단 회담이 열린
뒤에 청국 대표가 자국 정부와 협의해야 하는 구차스러운
절차 없이 속전속결로 청국 땅을 빼앗음으로써 다른 열강
에게 간섭할 기회를 주지 않겠다는 계략이었다.

따라서 이 같은 일본의 강경 자세는 그들이 제기할 강화
조건이 얼마나 가혹할 것인가를 이미 예고하고 있었다. 그
리하여 러시아가 이런 일본의 야욕을 제약하는 데 앞장섰
다. 그러나 영국은 일본 해군을 이용할 필요 때문에 일본에
대해 아무런 제약도 가할 수 없었다. 그러자 청은 영국의
대일 접근에 배신감을 느낀 나머지 그때까지와는 반대로
러시아를 끌어들였다. 실로 종전기의 국제 정황은 대체로
러·청 대 영·일이라는 양대 진영으로 갈린 것이다.

러시아가 제2회 각료회의(1895. 2. 1)를 열어 대책 강구를
서두른 것은 이런 시대 배경에서 빚어진 일이었다. 물론
일본측 강화 조건의 구체적 내용은 아직 알 수 없었지만
러시아는 일본이 얻는 만큼 얻는다는 대상(代償) 정책이 아
니라 필요시에는 열강의 협조를 얻어 일본에 압력을 가해
야 한다는 재상 비테의 주장을 채택했다.[61] 주일 공사 히트
로보는 이 방침에 따라 2월 14일 일본 외상 무쓰를 방문해
일본의 강화 조건을 따져 물었다.

그리고 2월 24일 그는 무쓰를 재차 방문하여 조선의 독립 보장을 요구했다. 일본이 조선의 독립을 침해하는 행위가 자국의 한반도 진출 기회를 빼앗는 결과가 되므로 좌시하지 않겠다는 협박이었다. 무쓰 외상이 2월 26일 이노우에에게 러시아에 간섭할 구실을 주는 일이 없도록 하라고 지시한 것도 이때문이었다. 여기서 일본의 조선보호국화 정책은 일단 제동이 걸린 것이다.

조선에 대한 일본의 태도가 갑자기 온유해질 수밖에 없었다. 물론 웨베르 공사는 본국 정부나 자국의 주일 공사로부터 그 연유를 통고받았을 것이다. 그리고 이 무렵(1895년 3월경)부터 민 왕후의 친러적 경향이 현저하게 짙어졌던 점으로 미루어 웨베르가 이 사실을 왕후에게 과장해 자랑했을 것이 분명하다.

그러나 청은 1895년 4월 17일 일본의 요구대로 이홍장을 전권대표로 삼아 이토와 청일강화조약[下關條約]을 체결하도록 했다. 우선 '청은 조선이 완전 무결한 자주독립국임을 확인한다'고 한 제1조가 눈에 띈다. 이는 청만이 조선의 독립을 승인할 뿐, 일본은 승인하지 않는다는 뜻이다. 바꾸어 말하면 청은 조선에 대한 종주권을 포기했으니 한반도로부터 물러나고 이후 조선은 자국 일본의 진출 대상으로 남겨둔다는 뜻이었다.

다음으로 대만과 요동반도를 모두 차지하겠다는 제2조이다. 이는 일본정부가 해군측의 주장과 육군측의 주장을 조정하지 못함으로써 비롯된 일이었다. 이는 열강의 간섭을 받게 되는 원인을 제공한 그들의 '과욕'으로, 일본으로서는 '브레이크를 밟아야 할 곳에서 제때에 브레이크를 밟지 못한 실수'였던 셈이다.

이 밖에도 제4조는 배상금을 2억 냥으로 정했고, 제6조는 기왕의 청일조약을 청이 구미 열강과 맺은 정도로 더 불평등하게 개정하려 한 것이었다. 어쨌든 시모노세키 조약은 열강의 간섭이 목전에 다다른 형세에서 일본이 조선에 대한 지배권을 확립한 것처럼 보이게 한 것이다. 그리고 청에 대해서도 일본은 마치 구미 열강과 같은 자세로 군림한 것이다.[62]

그러나 일본이 이처럼 한반도뿐만 아니라 청국 분할에 앞장섰다는 사실은 아직 그런 준비를 갖추지 못했던 열강을 크게 당혹하게 했다. 특히 일본의 요동반도 점령이 자국의 이해를 정면으로 침해한 것으로 여겼던 러시아는 이를 더욱 용납할 수가 없었다. 이는 러시아에게는 북경 및 만주 침투의 관건을 잃는 것이며 조선에 심으려던 자국 세력에도 장애가 되었기 때문이다.[63]

이에 일본의 이 같은 강화안이 청측에 전달되고(4. 1) 러시아가 이를 입수하자(4. 4) 비테는 곧바로 대일 간섭을 주도하고 나섰다. 러시아의 공동 간섭 제의에는 먼저 독일이 동조해왔고 곧 이어 프랑스도 마지못해 간섭 참가를 통고해왔다. 그리고 러·불·독 3국은 이제 영국마저 끌어들이기 위해 영국에게 간섭 참가를 제의했다. 그러나 영국은 이미 무력해진 청보다 일본을 이용할 필요에서 끝내 이들의 제의에 응하지 않았다.

따라서 러시아로서는 영국을 제외한 3국의 협동만으로 간섭을 하든가 아니면 대상(代償)의 길을 찾든가 하는 문제만이 남게 되었다. 그러나 이 대응 방법을 둘러싸고 러시아 정부 안에는 차르를 중심으로 하는 그룹과 비테 그룹이 갈려 있었다. 전자는 일본의 만주 진출을 묵인하고 그 대상으로 '프랑스의 동의를 얻어 황해 연안의 청국령이나 조선령에서 우리가 바라는 부동항을 획득하자'고 한 데 반해, 비테는 '열강과의 협조를 통해 일본에 모든 외교적 압력을 가함으로써 일본을 만주로부터 몰아내야 한다'는 주장을 내세우고 있었다.

여기서 육군참모총장 오브르체프(Nikolai Nicolaevich Obruchev)가 비테에 동조함으로써 마침내 비테 안의 채택을 보았던 것이다. '영국에게 영토 획득의 구실을 주지 않기 위해서라도 우리는 어떤 영토의 획득도 삼가야 한다'는 것이 오브르

체프의 주장이었다.

그러나 이 같은 간섭을 결정한 러시아의 각료회의(제3회 각료회의, 4. 11)도 사실은 독일과 프랑스의 동참 통고를 받은 후에야 비로소 열렸다.[64] 따라서 러시아가 간섭을 결정하는 데는 그 배후 세력으로 독·불 양국의 협조가 있었음을 결코 간과할 수가 없었다. 그렇지만 여기에는 자국이 준비를 갖추기 전에 일본이 청국령 분할의 선두주자가 되지 못하게 하겠다는 독·불의 책략도 함께 내포되어 있었다. 실로 대일 간섭은 동아시아에 대한 러·독·불 3국의 최초의 정책 표현이었다.

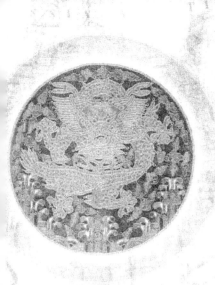

제3장

민 왕후의 '인아거일'책과
일본정부의 왕후 시해

이토 미요지(伊東巳代治, 1857~1934)
이토 히로부미 문하의 정치가. 제2차 이토 내각의 서기관장으로 수상의 재가를 얻어 6,000엔을
내각으로부터 빼내어 《뉴욕해럴드》 특파원 코커릴(John A. Cockerill)을 매수하는 등 공작을 서슴지
않았다.

사이온지 긴모치(西園寺公望, 1849~1940)
제2차 이토 내각의 문부상. 외상 무쓰의 폐환으로 1895년 6월 5일을 기해 외상 임시대리를 겸임.
일본인에게는 기밀의 발설을 금하고, 모든 외교진을 동원해 일본정부의 사건 관련을 부정했다.

민 왕후가 시해된 옥호루(玉壺樓, 왕후의 침전)

민 왕후 시해 당시의 일본공사관

민 왕후의 장례식 광경(1897)

민 왕후의 시신이 불태워진 곳

1. 3국 간섭과 일본의 굴복

러·불·독 3국의 일본주재 공사는 4월 23일 마침내 일본 외무성을 방문해 간섭을 정식 통고했다. 일본이 요동반도를 점령할 경우 조선의 독립은 유명무실해지고 유럽 각국의 통상상의 이익이 저해될 뿐만 아니라 청국의 수도가 위태롭게 되며 동양의 평화에 장해가 된다는 것이 그들의 명분이었다.

일본에 요동반도 반환을 권고하는 자세를 보면, 러시아의 히트로보(Mikhail A. Hitrovo)와 프랑스의 아르망(Jules Harmand) 공사는 '친밀한 우호 정신(in a spirit of cordial friendship)에 의해 할양지의 환부를 권고한다'고 한 데 반해 독일공사 구트슈미트(Felix von Gudtschmid)는 '일본은 3국을 상대로 싸운다고 해도 승산이 없기 때문에 권고를 받아들여야 한다'며 위압했다.

반면 일본정부도 유럽에 주재하는 자국 공사들의 보고를 통해 열강의 간섭이 있을 것이라는 예상은 이미 하고 있었다. 그렇지만 3국의 공동 간섭이 이루어졌다는 사실은 일본으로서는 일대 충격이 아닐 수 없었다. 이에 그들은 4월 24일 어전회의(御前會議)를 열어 우선 대책 강구에 나섰다. 여기서는 (1) 권고 거부, (2) 국제회의에 의한 해결, (3) 권고

수락 등 세 가지 방안 중에서 답을 찾기로 했다.[65]

그러나 제1안은 전쟁을 각오해야 하기 때문에, 그리고 제3안은 너무 굴욕적이어서 여론의 반발이 두려워 결국 제2안이 채택되었다. 그리고 이 제2안에 대해서도 이튿날의 마이코(舞子) 회담에서 무쓰 외상은 이의를 제기했다. 즉 '국제회의를 소집하는 데는 오랜 시일이 걸릴 것이고, 또한 열강이 저마다 자국의 이해를 주장할 것이 분명하며, 문제를 요동반도 한 가지로 국한시키지 않아 시모노세키 조약 전체를 파기시킬 위험이 있다'는 것이 그 이유였다.

그리고 이어 3국의 권고 가운데 전부 또는 일부를 받아들여야 하겠지만 강화조약까지 백지화시켜서는 안 되며, 간섭 3국에 대해서는 양보하더라도 패전국 청에 대해서는 일보도 양보할 수 없다는 주장을 피력했다. 강화조약과 3국 간섭이라는 두 이슈를 분리해서 처리해야 한다는 주장이었다.[66] 이럴 경우 일본이 요동반도를 양보한다고 해서 한반도에서 자국의 지위가 약화되는 것은 아니라는 것이다.

여기서 무쓰는 난국 타개를 위한 방책을 이토와 상의했다. 이대로 간다면 '일본은 조만간 러시아와 일전을 결할 수밖에 없다.' 그러나 이것은 피해야 한다. '그러면 조선에서 전면 후퇴할 것인가.' 이 역시 안 된다. '전면 포기할 것이라면 청일전쟁은 도대체 무엇 때문에 치렀는가' 하는 문제가 제기되기 때문이다.[67] 여기서 그들은 고립에서 벗어나기 위해 먼저 대미, 대영 접촉부터 시작했다.

그러나 미국은 당초부터 관심이 없었다. 그리고 영국도 러시아와 대립하고는 있었지만 3국의 간섭이 있었다고 해서 즉각 일본을 돕기 위해 대일 정책을 바꿀 수가 없었다. 영국의 정책은 어디까지나 일본을 이용한다는 선으로 한정된 것이었다. 더욱이 영국정부는 당시 이 같은 일본의 간곡한 요청만을 받고 있었던 것이 아니다. 반대로 대일 간섭 참여를 촉구하는 러시아의 끈질긴 압력도 함께 받고 있었다.[68]

그렇지만 영국 외상 킴벌리(John W. Kimberley)는 일본에 협력할 생각도 없었지만 동시에 러시아를 도와 3국의 대일 간섭에 동참할 생각도 없었다. 영국은 자국을 서로 끌어들이려는 러·일 사이의 치열한 경쟁을 오히려 즐기려는 것 같았다.[69] 따라서 일본으로서는 3국의 권고를 더 이상 버텨낼 수가 없었다. '영국에게 조력을 기대할 수 없다'는 영국 주재 가토 공사의 보고를 받자 일본정부는 간섭 수락을 결정할 수밖에 없었던 것이다.

더욱이 당시 일본의 처지로는 3국이 해군력을 동원해 일본 본토와 대륙 사이를 차단함으로써 대륙으로 출전한 자국 군대를 고립에 빠뜨리게 되는 사태만은 막아야 했다. 여기서 더 이상 버틸 수 없게 된 일본은 5월 5일을 기해

마침내 요동반도의 전면 환부를 통고하고 말았다(조칙 발포
는 5월 10일).[70]

이에 러시아 외상 로바노프(Lobanov-Rostovskii)는 일본의
철수 및 보상금 지불 원칙을 불·독과 협의한 후 5월 30일
주일 3국 공사를 통해 무쓰 일본 외상에게 정식으로 제시했
다.[71] 뿐만 아니라 그는 일본에 대해 조선의 독립 보장도
함께 강압했다. 조선 내정에 대한 간섭을 중지하고 철도
및 광산 이권을 독점해서는 안 된다고 주러 일본공사 니시
에게 압박했던 것이 그 표현이었다(5. 15). 심지어 주일 프랑
스공사 아르망은 무쓰에게 일본은 조선 문제를 러시아와
협의해야 한다고까지 한 정도였다.

따라서 일본정부는 미·영의 협조를 기대할 수 없는 상황
에서 이를 정면으로 거부할 수도 없었다. 그리하여 6월 4일
에 소집된 각의에서는 무쓰의 안을 채택하여 (1) 보상금은
1억 냥을 넘지 않을 것이고, (2) 일본군의 요동반도 점령은
그 보상금의 완불 또는 청으로부터 만족할 만한 보장을 받
을 때까지 지속되며, (3) 대만해협을 공로(公路)로 인정한
다고 하는 등 내용적으로는 이미 3국에 대해 자세를 굽힌
상태였다.[72]

그리고 대한정략(對韓政略)도 '될수록 간섭을 그만두고
조선으로 하여금 자립하게 하는 방침을 취하기로 했다.' 즉

그들의 표현대로 '타동(他動)의 방침을 택하기로 한다는 것이었다.' 여기에는 일본이 조선에 대해 침략적 내정 개혁을 더 이상 강압하지 않고, 이권 침탈도 추구하지 않겠으며, 조선 문제에 관한 한 러시아와 상의하겠다는 의미마저 담긴 것이었다. 시노부 세이사부로(信夫淸三郎)의 지적대로 일본의 대한정책은 이날의 각의 결정으로 "러시아와의 대결에서 러시아와의 협상에 의한 조선 분할까지의 사이를 오가는 것이 되었다."[73]

일본이 조선을 명실상부한 완전 독립국가로 인정해 보호국화 기도 자체를 전면 포기하거나 군대를 철수한다는 뜻은 결코 아니었다. 간섭을 잠시 보류하고 상황에 따라서 하겠다는 뜻이었다. 러시아의 간섭과 일본의 일시 굴복은 이후 한반도에서의 러·일 대립 시대의 본격 개막을 알려주는 것이기도 했다.

2. 간섭 3국 사이의 이해 대립과 일본의 간섭 극복

일본정부는 이처럼 6월 4일자로 내각 결의를 하고도 그 내용을 곧바로 3국 공사에게 전달하지 않았다. 그들은 이후 45일 동안이나 시간을 끌며 거듭 수정을 가한 뒤 외상임시대리로 부임한 사이온지(西園寺)가 7월 19일에 이르러서야 비로소 답변을 전달했다. 무쓰는 과로로 폐병이 악화되어 외상의 명의만을 가진 채 모든 업무는 사이온지에게 넘겨주고(6. 5) 오오이소(大磯)에서 요양을 시작한 상태였다. 3국 공사에 대한 사이온지의 답변 내용은 다음과 같다.

(1) 요동반도 환부 보상금은 5,000만 냥으로 하되, (2) 일본군은 배상금의 1회분과 상기 액수의 보상금을 받는 즉시 금주(錦州)로부터, 그리고 배상금의 2회분을 받고 청일통상조약의 비준 즉시 요동반도로부터 철수하겠으며, (3) 대만해협을 공로(公路)로 인정하고 대만 및 팽호열도를 제3국에 양도하지 않는다는 것 등이었다.[74)

그러나 이 7월 19일자 회답은 위의 6월 4일자 각의 결정과는 그 내용에서 너무나도 현격한 차이가 있었다. 보상금 액수는 1억 냥에서 5,000만 냥으로 줄었지만 요동반도로부터의 철수 시기가 '위의 보상금을 받는 즉시에서' '위의 보상금은 물론 배상금의 1·2회분을 모두 받고 청일통상조약 비준 즉시로' 바뀐 점이 바로 그것이었다. 이 45일 동안에 간섭 3국에 대한 일본의 태도가 너무나도 대담하게 바뀐 것이다.

이는 3국이 이해 대립으로 결속력이 약화된 틈을 탄 일본 외교 전략의 결과였다. 3국이 분열 기미를 보이자 일본은 이들 공사와 협의는 계속하면서도 되도록 협상 타결을 지연시켰다. 자기들의 요동반도 점령 기간을 계속 연장시키려는 계략이었다. 실제로 간섭 3국간의 이해대립은 일본이 이용하기에 알맞도록 전개되어 갔다.

따라서 7월 19일자 회답은 일본이 이 정도의 조건이면 3국의 간섭을 막아낼 수 있다는 자신감의 표현이기도 했다. 그리고 이 자신감은 이 45일간에 생겨난 것이 분명했다. 6월 4일의 각의 결정을 불과 45일 뒤인 7월 19일을 기해 뒤집을 수 있을 만큼 그들은 이제 힘이 생겼다는 이야기가 된다. 그렇다면 일본에게 이처럼 굴복에서 대응으로 자세를 바꾸게 한 간섭 3국 사이의 이해 대립이란 과연 어떤 것이었을까. 그리고 일본은 이 기회를 어떤 식으로 이용했던 것일까.

먼저 3국 사이의 이해 대립은 독일이 6월 7일을 기해 자국의 주러 대사 라돌린(Hugo L. Radolin)으로부터 미구에 체결될 러청차관협정(露淸借款協定)에 대한 정보를 접한 후부터 시작되었다. 물론 이런 3국 사이의 갈등이 일본에 알려진 것은 이로부터 약 1개월 뒤의 일이지만 이는 일본이 굴욕적인 각의 결정을 한 지 불과 3일 뒤의 일이었다. 러청차관협정은 4억 프랑을 청에 차관으로 제공하는 것인데, 러시아가 1억 5,000만 프랑, 그리고 프랑스가 2억 5,000만 프랑을 제

공하기로 함으로써 차관 공여를 통한 중국에서의 이권 분
할에서 독일의 몫이 박탈됨에 따라 문제가 발단된 것이다.[75]

　여기서 자국의 몫을 박탈당했다고 판단한 독일은 대청차
관문제는 러·불에 맞서 영국과 협력하는 한편, 요동반도 반
환문제는 전과 반대로 일본의 주장을 변호 내지 지지하는
방향으로 입장을 급선회했다. 독일 외상 마샬(Adolf Hermann
Marschal)은 구트슈미트 주일 공사에게 '이런 상황에서는 일
본에게 요동반도 철수를 권고할 수 없다'며 '다음 훈령이
있을 때까지 신병(身病)을 빙자하고 요동반도 반환 협의에
참석하지 말라'고 지시했다.[76]

　따라서 이 같은 노골적인 3국 사이의 대립 분위기는 곧바
로 일본정부에 감지될 수밖에 없었다. 일본대표가 3국 공사
를 상대로 회담하고 또 그 회담 장소가 바로 도쿄였기 때문
에 이런 사정은 숨겨질 수도 없었다.

　그리고 이런 분위기는 베를린에서도 감지되었다. 독일주
재 아오키 슈조(靑木周藏) 공사는 7월 5일자로 본국에 '동아
시아에서의 3국 연합은 이미 과거의 일이다. 그것은 아직
매장까지는 안 되었지만 이미 시체(屍體)에 불과하다'고 보
고한 형세였다.[77] 6월 4일의 각의에서는 그렇게도 저자세였
던 일본정부가 불과 45일 후인 7월 19일에 이르러 대담하게
그 자세를 돌변시킨 것도 바로 여기에 그 원인이 있었다.

그러나 7월 19일자 사이온지의 회답 이후에도 독일과 러시아 사이의 대립은 보상 금액과 철수 조건을 둘러싸고 다시 2개월 동안이나 계속되었다.[78)

그렇지만 러·불의 배신에 격분하여 일본 지지로 방침을 바꾼 독일도 러시아와의 대립을 계속 고집할 수만은 없었다. 러시아를 동아시아로 진출하도록 유도하려는 비스마르크 외교의 기본 틀을 손상시킬 수가 없었기 때문이다. 3국 간섭 참여를 통해 러·불 사이로 끼어들어 그 사이를 갈라놓음으로써 러불동맹을 불구화시키고, 러시아의 동아시아 진출을 유도함으로써 영·러의 대립을 조장하는 한편, 자국의 동방 국경의 안전을 기해 그 여력으로 중동 진출의 기회까지 얻는다는 것이 바로 독일의 전통적인 기본 정책이었기 때문이다.

대청 차관을 둘러싼 러시아와의 이 같은 갈등은 독일로서는 어디까지나 지엽적인 문제였다. 이것이 그들의 기본 정책까지 변색시키도록 방치할 수는 없는 일이었다. 카이저가 8월 19일 주러 라돌린 공사를 시켜 러시아에게 요동반도 반환 보상금을 3,000만 냥으로 감액하는 데 동의한다고 전한 것이 그 표현이었다. 여기서 히트로보는 9월 11일 일본정부에 대해 다음과 같은 내용의 각서를 제기하게 되었다. 즉 (1) 보상금을 3,000만 냥으로 감액한다. (2) 보상금

수령 즉시 요동반도로부터 철병한다. (3) 철병과 청일통상
조약의 체결을 연계시키지 말아야 한다는 것 등이었다. 이
는 요동반도를 반환하고 그 보상금을 받았으면 그만이지
보상금과 함께 배상금의 1·2회분을 수령할 때까지 군대를
철수시킬 수 없다는 7월 19일자 일본측 답변에 대한 러시아
측의 반박이었다.

　그러나 이미 여유가 생긴 일본정부는 이의 수용 의사를
밝히는 데도 다시 1개월 동안이나 시간을 끌었다. 그리고
일본은 민 왕후 시해 바로 전날인 10월 7일에 이르러서야
(1) 보상금은 3,000만 냥으로 하고, (2) 청일통상조약과는
별개로 보상금을 받은 후 3개월 이내에 철병한다고 답변했
다.[79] 이 3,000만 냥 보상금 수용은 일본이 3국과의 마찰을
최종 마무리한 조치였다.

　위의 9월 11일자 협상안은 3국이 제기했으니 먼저 이 안
을 이행하겠다는 청의 보장부터 받아야 한다는 것이 일본
이 내세운 수용 지연 이유였다.[80] 어쨌든 일본은 민 왕후
시해 계획과 보조를 맞추어가며 3국의 대일 간섭을 성공적
으로 극복해냈던 것이다.

3. 민 왕후의 '인아거일책'과 그 문제점

일본은 3국 사이의 이해 대립을 기화로 간섭 당시의 곤경에서 벗어나 자국의 주장을 펼 수 있게 되었다. 그러나 왕후로서는 이런 사실을 감지해낼 방법이 없었다. 제 나라도 아닌 일본 땅에서 그것도 3국의 공사와 일본 외상만이 참석하는 도쿄회담의 내막을 서울 궁궐 속의 민 왕후가 알아냈다면 그것이 오히려 이상한 일일 것이다.

3국 간섭에 굴복한 일본이 내면적으로 독일의 지원을 받는다는 것은 민 왕후로서는 상상도 할 수 없는 일이었다. 그리고 이 시점의 일본이 한반도에서 그 지위가 강화되어 있었다고 믿을 수는 더욱 없었다. 왕후의 눈에는 러시아의 위압에 못 이겨 엄청난 희생을 치르며 얻은 요동반도와 같은 전략 요충까지 속절없이 청에 돌려준 일본의 곤경만이 보였을 뿐이었다.

여기서 '일본의 조선 지배는 더 이상 허용되지 않을 것'이라는 왕후의 속단이 나왔던 것이다. 그리고 이 속단에 대해 러시아계 미국학자 렌슨(George A. Lensen)은 "왕후의 조심성마저 잃게 하여 마침내는 일본이 마치 조선에서 전면 철수라도 한 것처럼 행동하게 했다"고 평하고 있다.[81] 즉 왕후는 일본이 러시아의 일갈에 굴복해 요동반도를 청에 되돌려주는 외형만을 보고 이노우에의 조선보호국화 정책에 정면 도전했다는 것이다.

일본에 대한 왕후의 도전은 일찍이 3국 간섭 직후인 5월 부터 본격적으로 시작되었다. 앞서 말한 '합동조관'에 따라 이노우에가 목포와 진남포 항을 새로 개항하고 인천의 거류지 확장과 아울러 실속 있는 광산을 모두 독점하려 들자 5월 4일을 기해 먼저 영·미·러·독 등이 제동을 걸고 나섰다. 이들은 외부대신 김윤식을 찾아가 '최혜국조관에 비추어 나라에 따라 차별을 두지 말아야 하는데, 어느 특정국에만 이권을 주어서는 안 된다'는 것이 바로 항의 내용이었다(英美俄德公使聯合照會).

이런 분위기에서 왕후는 자연스럽게 친일파의 두목 격인 군부대신 조희연의 파면으로 사태를 몰고갔던 것이다(5. 13). 이것은 일본에게는 결정적인 충격이었다. 더욱이 이노우에가 내상으로 천거한 박영효마저도 일본의 의도대로 움직이지 않았다. 이제 그의 개혁 방식은 일본식이 아니라 구미 각국의 양식을 따르려는 경향을 보이기까지 했다. 특히 그가 남대문에서 동대문에 이르는 '일본조계확장안(日本租界擴張案)'에 극력 반대한 사실은 일본을 크게 당황하게 했다.[82]

그리하여 왕은 마침내 "지난해 6월(음력)부터 시작된 이른바 경장(更張)은 자기의 자유의지가 아니라 일본의 위협과 강압으로 친일파가 시행한 것이므로 자신은 전혀 책임이 없기 때문에, 칙령이나 재가를 전면 취소할 생각"이라고 했다. 이야말로 일본 세력에 대한 전면 부정이었다. 그리고 이 것이 7월 9일자 국왕의 친재(親裁) 결의로 이어졌던 것이다.[83]

그 방법으로 왕후는 먼저 러시아가 한반도에서 물러난 청의 특권을 물려받도록 함으로써 이 나라가 일본에 대한 강력한 견제 세력으로 자리잡도록 지원했다. 한반도에서 본격적인 러·일 대립 시대가 전개되는 데는 이 같은 왕후의 '인아거일책(引俄拒日策)'에서 연유된 바가 적지 않았다. 왕후가 이 정책을 실행하고자 계획할 수 있었던 것은 어디까지나 간섭 초에 보였던 일본의 약세에 있었음은 재론할 필요도 없다. 그리고 그 배경에는 웨베르 등이 일본 견제를 위해 민 왕후를 이 방향으로 유도했을 뿐만 아니라 그와 생각을 같이하는 앨런 등의 호응이 있었기 때문에 비로소 가능했다.[84]

그러나 앞에서도 언급한 것처럼 일본의 약세는 2개월도 지속되지 않았다. 간섭 3국의 긴밀했던 협력 관계가 깨지고 독일이 거꾸로 일본을 도왔기 때문에 일본은 심각한 고립에서 이미 벗어난 상태였다. 실제로 한반도에서의 일본의 국제적 지위는 왕후의 생각과는 반대로 조금도 손상된 것이 없었다.

즉 일본은 3국의 간섭에 굴복했다고는 하지만 그것은 요동반도의 반환에 한한 것이었고 그것도 대신 보상금을 받게 되어 있었다. 청에 대해서는 손톱만큼의 양보도 거부함으로써 그들은 전승국으로서의 우월한 지위를 변함 없이 고수해냈던 것이다. 일본은 간섭 3국에 굴복해 요동반도만을 포기했을 뿐, 조선에 관한 조규 등 시모노세키 조약의 원안을 수정 없이 비준시켰던 것이다. 그야말로 '일본의 힘에 의한 평화[Pax Japonica]'라고도 할 만한 것이었다.[85]

그러나 민 왕후는 이런 국제 환경의 변화를 감지하지 못하고 '인아'뿐만 아니라 친미(親美)도 추구함으로써 거침없이 '거일'을 실현하려 했다. 왕후는 우선 주한 미국공사관의 서기관이던 앨런(Holace N. Allen)의 도움을 받아 친일색이 짙었던 제2차 김홍집 내각을 무너뜨리고 각료를 박정양·이범진·이완용 등 정동파(친미·친러파) 중심의 인물로 대폭 교체했다(제3차 김홍집 내각).

앨런이 왕후를 도운 것은 일본이 미국의 이권 획득 기회를 봉쇄할 것이라고 의심했기 때문이다. 일본 배척이라는 점에서 두 사람의 생각이 같았던 것이다. 주한 미국공사실(John B. Sill)도 1895년 5월 그레셤 국무장관에게 '일본의 조선 지배는 마땅히 저지되어야 한다'고 강조한 바 있었다.[86] 주한 미국 외교관들이 웨베르와 더불어 왕후의 '거일책'을 적극 지원한 것은 사실이었다.

　그러나 이것은 어디까지나 이들 현지 외교관들의 견해였을 뿐, 미국정부 당국의 견해가 아니었다. 우선 미국의 경우, 실 공사는 디트로이트 공립고등학교 교장 출신의 순박한 노교육자로서 본국 정부의 아시아 정책이 이미 어떻게 바뀌었는지 감조차 잡지 못하고 있었다. '조선의 평화와 질서 유지를 위해 가능한 모든 노력을 다하라'는 그레셤 국무장관의 1894년 6월 22일자 '알맹이 없는' 각서만을 그는 철석같이 믿고 있었던 것이다.

　그레셤의 뒤를 이어 국무장관이 된 올니(Richard B. Olney)는 일본이 조선을 정복하려 한다는 비난을 거침없이 일축하고 '그들의 목적은 어디까지나 조선의 독립에 있다'고 선언한 정도였다. 심지어 국무성에서 한때 가장 영향력이 컸다고 알려졌던 국무장관 서리 에이디(Alvey A. Adee)는 '그대가 일본에 대한 비난을 중지한다면 서울에 있는 미국인에 대한 위험은 크게 감소될 것'이라고 훈령한 정도였다.[87]

　그리고 이런 사정은 러시아의 경우도 정도의 차이는 있었지만 거의 다를 것이 없었다. 실상 민 왕후는 '거일'을 단행할 수 있을 만큼의 '인아'가 조선에서 이미 확고하게 이루어졌다고 착각하고 있었다. 러시아공사 웨베르의 세련된 외교관으로서의 친절, 그 부인과 손탁의 왕과 왕후에 대한 세심하고도 친절한 배려 등을 왕후는 '인아'가 완성된 증거라고 오해하고 있었던 것이다.

그리하여 왕후는 '왕실은 계속 보호받게 될 것'이라는 러시아공사의 확약만을 철석같이 믿었다. 그러나 미국정부로부터 그러했듯 왕후는 러시아 정부로부터도 실제로는 아무런 구체적인 보장을 받은 것이 없었다. 공사 부부와의 친분을 러시아 정부의 호의라고 굳게 믿었던 것이다.[88] 이는 당시 왕후의 입장으로서는 오히려 자연스러운 일이었다.

그러나 러시아정부는 시베리아 철도가 완공되기 전까지는 일본이 만주를 침해하지 않는 한 어떤 방법으로든 그들과의 충돌을 피한다는 것을 기본 정책으로 하고 있었다. 따라서 러시아는 일본과의 충돌을 무릅쓰며 조선 문제에 개입할 생각은 추호도 없었다. 물론 청일전쟁기로 접어들며 러시아정부도 조선 문제가 1888년에 그랬던 것처럼 그들의 국장급에게만 맡겨둘 정도로 사소한 것이 아님을 이미 깨닫고는 있었다.

3국 간섭 이후 러시아의 주된 정책 노선이 비테에 의해 '만주로의 평화적 침투' 정책으로 확정된 이상 그들의 최우선 과제는 동청철도 부설권 획득에 집중될 수밖에 없었다. 그들의 입장에서 조선 문제는 어디까지나 장차의 과제에 내재된 2차적 의미밖에 없었던 것이다.[89] 그런데 왕후는 '인

아'를 하면서도 이런 러시아 정부의 만주 우선 정책을 파악
할 길이 없었다. 왕후의 '거일'은 '인아'와 '친미'가 전제되어
야 하는 것인데, 바로 이 '인아'와 '친미'에서 문제가 발생했
던 것이다.

거듭 강조하거니와 왕후는 러시아정부로부터는 물론 미
국정부로부터도 아무런 구체적 보장을 받은 것이 없었다.
왕후는 '친미'를 위해 모스(Morse)에게 운산금광 채굴권을
주기도 했지만 그것은 미국정부와는 아무런 상관이 없는
일이었다. 왕후는 러·미의 주한 공사들을 '거일'의 버팀목
으로 굳게 믿었지만 실제로 이들 주한 외교관들은 그런 힘
을 갖고 있지 못했다.

4. 일본 정황의 변화와 이노우에의 민 왕후 시해 주도

민 왕후의 '인아거일책'은 우리가 일반적으로 알고 있는
사실과는 달리 심각한 문제점을 내포하고 있었다. 흔히 '인
아거일'은 왕후가 3국 간섭에 굴복한 일본의 약세를 틈타서
실행에 옮긴 기민하고도 빈틈 없는 조치였다고 평가되고
있다. 그렇지만 러·미의 아시아 정책과 국제 정황의 급격한
변화는 결과적으로 그녀의 이 조치를 하나의 허상으로 만

들고 말았다.

위기에 처했던 일본의 국제적 지위가 3국 간섭 이후 2개월도 지나기 전에 원위치로 회복되었기 때문이다. 러시아의 대청차관협정에 반감을 품게 된 독일이 거꾸로 일본을 지원함으로써 왕후의 판단과는 달리 그들의 지위가 실제로는 불리할 것이 없게 되었던 것이다. 요동 반환 문제를 제외하고는 청에게 시모노세키 조약을 일본의 강화안대로 비준하게 함으로써 한반도에서 일본의 지위는 약화되기는커녕 오히려 강화되었던 것이다.

다만 일본의 부담은, 조선을 둘러싸고 이후에는 청이 아니라 청보다 훨씬 강대한 러시아와 대결해야 할 시점이 박두했다는 사실에 있었다. 더욱이 러시아는 민 왕후의 도움을 받아 한반도에서 청이 누렸던 권익을 그대로 물려받게 될 처지였다. 물론 일본도 일찍이 1880년 말경부터 러시아와의 대결을 각오하고는 있었다. 그렇지만 일본은 한반도를 얻기 위해 청과 싸우느라 막대한 희생을 치른 데 반해, 러시아는 부전승(不戰勝)으로 올라와 민 왕후의 지원을 받으며 조선에 대한 독점적 지배권을 넘보게 되었던 것이다.

그러나 당시의 일본으로서는 러시아와 직접 대결하는 사태만은 우선 피할 수밖에 없었다. 어떻게든 간접적인 방법을 쓸 수밖에 없었던 것이 그들의 사정이었다. 여기서 그들

은 한반도에서 전개될 러·일의 대결 구도 속에서 우선 왕후
라는 러시아와의 연결고리부터 절단하는 방침을 택했던 것
이다. 그 방법은 일본이 저자세를 보인 6월 4일자 각의 직후
부터 이노우에에 의해 모색되었다.[90]

　이미 언급한 바와 같이 이날의 각의 결의는 3국의 위압에
못 이겨 조선 내정에 대한 직접 간섭과 고압적인 이권 요구
를 잠정 중단한다는 것이었다. 그렇다고 해서 조선의 내정
개혁과 이권 요구를 전면 포기한다는 것은 물론 아니었다.
여기서는 이토가 무쓰의 '영일연합안'을 부정함으로써 러
시아와 협상의 길을 열어놓은 것이다. 이는 러시아와 직접
충돌은 피한다[91]는 원칙이었다.

　따라서 조선 문제는 이제 민 왕후 대책을 위주로 한다는
뜻이 된다. 이에 이노우에는 이 문제를 협의하기 위해 6월
7일 서울을 떠나 6월 20일 요코하마(橫濱)에 도착하여 7월
14일까지 토쿄에 체류했다(조선 귀임은 7월 19일). 즉 그는 24
일간(6. 20~7. 14) 도쿄에 머물며 정부 당국과 대책을 협의했
던 것이다. 6월 21일에는 우선 천황을 배알하고, 6월 25일에
는 각의에 참석했다. 그런데 우리의 주목을 끄는 것은 그의
24일간의 토쿄 체류가, 위에서 말했듯이 일본이 약세에서
강경으로 자세를 돌변한 45일 동안(6. 4~7. 19)에 이루어졌
다는 사실이다.

이는 일본정부가 약세에서 강경으로 변신하는 데 그가 어떤 중대한 역할을 했을 것이라는 추정을 가능하게 한다. 3국에 대한 일본의 강경으로의 변신(7. 19)과 이노우에의 귀임(7. 19, 인천 도착)은 물론 미우라를 주한 공사로 내정한 날짜(7. 22)가 모두 이 무렵의 일이었기 때문이다. 이 45일 동안에 이노우에가 24일간이나 도쿄에 체류한 사실은 결코 우연한 일일 수가 없는 것이다.

먼저 이노우에는 6월 4일의 각의 이후 자국의 고립 상태를 우려하여 민 왕후를 기증금으로 회유하려는 '문치'적 방략으로 일관했다. 그는 도착 당일(6. 20) 출영한 사법상 요시가와(芳川顯正)로부터 이토에게 미봉책을 단연 포기하고 결행 방침을 채택하도록 건의해야 한다는 강권을 받았다.[92] 그렇지만 그는 7월 2일까지도 내각에 조선에 대한 재정 원조와 요구 완화를 내용으로 하는 의견서(〈장래의 대한방침[對韓方針]〉)를 제기했다.[93] 각의의 조속한 결정을 촉구한 이노우에의 '대한방침'이란 기증금이라는 미끼로 민 왕후의 '인아거일책'을 차단한다는 대한방략이었다.

그러나 이 방략은 이토나 무쓰의 생각과는 차이가 있었다. 그동안 최신 정보를 접하지 못했던 이노우에와는 달리 이들은 이미 국제 환경이 3국 간섭 당시와는 달리 자국에 유리해지고 있다는 사실을 감지하고 있었기 때문이다. 더욱이 이노우에의 방략은 여론의 호응도 받지 못해 사실상 실행될 수도 없었다.

따라서 "누구보다도 일본 국내의 속사정에 정통했던 그는 자신의 7월 2일자 제안이 받아들여질 것이라고 믿지는 않았다. 그는 이를 구실 삼아 자기가 공사직을 사임하는데 필요한 명분을 마련하고 대한방략을 바꾸고자 했던 것이다."[94] 그러므로 이노우에가 7월 2일자로 제기한 '문치'적 대한방략도 사실상 처음부터 거짓이었다고 할 수밖에 없는 것이다.

그런데 바로 이런 단계에서 일본은 국면을 타개할 수 있는 국제 환경의 호전을 맞게 된 것이다. 일본정부는 7월 5일자로 '3국 연합은 아직 매장까지는 안 되었지만 이미 시체에 불과하다'는 주독 공사 아오키 슈조의 보고를 받았다.[95] 이는 이미 대한정책의 일대 전환을 가능하게 해주는 계기였다. 그리고 바로 이튿날인 7월 6일자로 그들은 서울에서 박영효(朴泳孝) 실각 사건이 벌어졌다는 소식을 접했다.[96] 이노우에가 내상으로 천거한 박영효의 실각은 조선정부에서 일본 세력이 전면 거세당한 것으로 볼 수밖에 없는 사건이었다.

그러나 박영효의 실각 역시 사실은 이노우에가 미리 짜놓은 계략이었다. 실 공사가 올니에게 보낸 7월 9일자 보고도 같은 내용을 전하고 있다. 이노우에는 그동안 내정 개혁을 표방하며 대원군과 민 왕후의 갈등을 이용하고 왕실과 내각을 분리시킴은 물론 박영효와 김홍집 같은 친일 각료 상호간의 사이까지 이간시키는 등 고도의 모략을 한껏 구사해왔다. 이노우에야말로 분열과 대립을 조장함으로써 조선의 왕실과 정부를 마음껏 농락한 노회한 대 정략가였다.

그리하여 박영효가 이 같은 일본의 행태에 반발하자 이노우에는 자신이 천거한 박영효를 희생시키기로 결정했다. 박영효는 외형상으로는 민 왕후와 김홍집의 계략으로 민 왕후 암살을 음모했다는 혐의를 받아 실각되었지만 '실은 그를 사다리에 올려놓은 이노우에가 그 사다리의 밑을 잡아당겨 떨어뜨린 격이었다.' 이노우에가 일본으로 출발한 지 꼭 1개월 후에 일어난 사건이었다.

따라서 조선에서는 이노우에의 계획대로 김홍집이 등장하게 되었다. 그러나 일본에서는 이노우에가 연출한 이 같은 박영효 실각 사건을 최악의 사태로 받아들일 수밖에 없었다. 따라서 이노우에는 자연스럽게 위기의식을 조장해 자신의 비상 대책을 마련할 수 있는 정지 작업을 한 셈이었다.

그리하여 그는 3국 사이의 불화로 자국에 유리해진 국제정황과 자신에 대한 국내의 비판 여론으로 말미암아 회유와 같은 '문치'적 방법으로는 조선 문제 해결이 어렵다는 점을 정부에 인지시키기 시작했다. 7월 2일까지만 하더라도 그는 자신의 진퇴를 분명히 하지 않은 상태에서 짐짓 후임을 선정할 경우에는 왕후와의 교제에 능한 자를 임명해야 한다고 했었다.

그런데 그가 태도를 바꾸어 자신과는 정치적 성향이 전혀 다른 '무단'적 이미지의 미우라를 추천했다.[97] 이 천거야말로 일본정부로 하여금 문제를 '무단'적 방법으로 해결하도록 유도한 이노우에의 결단이었다. 그리고 이노우에의 이 같은 정책 결정은 대체로 7월 5일 이후에 이루어졌다고 할 수 있다.

특히 7월 11일을 기해 이노우에의 7월 2일자 제안에 조건이 붙여졌고, 7월 14일을 기해 이노우에는 귀임을 위해 일본을 떠났다.

5. 이노우에의 미우라 천거와 그 의미

일본 내각은 이노우에의 '대한방침'이라는 7월 2일자 요청에 대해 7월 11일부로 다음과 같은 결정을 내렸다. 즉 기왕에 대여한 300만 엔에 대해서는 상환 기간을 본래 5년에서 20년으로 연장해주고, 이와 별도로 조선정부에 300만

엔을 기증금(寄贈金)으로 주되 이 문제는 조만간 열리게 될 의회의 동의를 받아야 한다는 조건을 달았다.

따라서 이노우에는 외형상으로는 이 같은 7월 2일자의 '문치'적 방안과 미우라 천거라는 7월 11일경의 '무단'적 방안이라는 두 안을 제기해놓은 셈이었다. 이는 일본의 관행대로 정부 당국이 양안(兩案) 가운데서 하나를 택하라는 뜻이기도 했다.

그러나 이것은 어디까지나 외형상으로 그렇다는 것이고 자신의 사임을 전제로 한 그의 미우라 천거는 '무단'적 방법으로 생각이 바뀌었음을 뜻하는 것이다.[98] 그리고 이 무단적 방침을 내리는 데 일본 각의의 결정이 있었음을 알 수 있다. 야마가타가 무쓰에게 보낸 1895년 7월 8일자 서신의 다음과 같은 내용으로 볼 때 이는 분명한 일이다.

"귀하의 서한을 잘 읽었습니다. 별첨지를 일독하고 실로 경악해 마지않았습니다. 이 일보(一報)로써 확실한 것은 세외백(世外伯, 이노우에 가오루)을 즉각 도한(渡韓)시키는 방법밖에 없다고 생각합니다. 보내주신 가르침과 같이 내·외상황에 대해 방관좌시하는 것은 도저히 불가능한 일이니 묘의(廟議, 각의)에서 결정되는 대로 단행하기를 희망하는 바입니다."[99] 거듭 강조하거니와, 강경책으로 전환하는 데 야마가타는 물론 오오이소에서 요양 중인 무쓰까지도 의기가 투합되었음을 웅변해주고 있는 것이다. 아울러 '무단'적 방안 제기와 동시에 내각은 '문치'적 방안을 위해서는 의회의 동의를 받아야 한다는 조건을 붙여놓았다. 야마가타와 무쓰 등 일본정부 당국이 이노우에 주도로 완전히 일체가 되어 민 왕후 회유의 길을 전면 봉쇄해버린 것이다.

당장에 전면전을 도발할 수 없는 상황에서 일본이 취할 수 있는 방법으로는 협상을 통해 러시아를 저지하거나, 아니면 러시아와의 연결고리(민 왕후)를 제거하는 길밖에 없다. 일본은 이런 처지에서 미우라를 주한 공사로 내정한 것이다. 사정이 이러하므로 미우라 같은 '칼잡이'가 할 수 있는 일은 너무나도 자명한 일이다.

미우라는 외교와는 전혀 무관한 순수 무골이었다. 이노우에가 이 무골을 천거한 지 불과 10여 일 만에 일본정부는 그를 주한 공사로 내정했다(7. 22). 이는 일본정부가 대한방략을 '무단'적인 방향으로 내정했음을 입증하는 것이다.

그리고 이 같은 정부의 내정이 있기 8일 전인 7월 14일에 이노우에는 이미 일본을 떠나 19일 인천에 도착했다. 그런데 그가 선상에 있던 이 5일 사이에 미우라의 변심으로 인해 일시 상황 변화가 일어났다. 즉 이노우에는 7월 19일 인천에 도착하자 내상 노무라 야스시(野村靖)로부터 뜻밖의 전보를 받았다(18일 오후 2시 45분발).[100] 미우라가 자기를 찾

아와서 '17일자로 주한 공사 취임 승낙을 번복했다'는 내용
이었다. 그러나 노무라는 곧 뒤이어 미우라가 야마가타(山
縣有朋)와 천황의 측근이자 궁내차관 다나카 미쓰아키(田中
光顯)의 간곡한 만류로 공사직을 다시 수락했다고 알려왔다
(19일 오후 4시 25분발 전보).[101]

　그런데 이런 일련의 상황 속에는 그 이면에 몇 가지의
중대한 사실이 함축되어 있음을 알 수 있다. 실상 미우라
자신도 처음 주한 공사직을 교섭받았을 때는 상식적으로
납득할 수 없는 인사라 여겨 거듭 사양했다. 독선적이고
저돌적인 군인인 그도 자기가 타협과 합리적 판단이 요구
되는 외교관으로서는 전혀 어울리지 않는다는 사실을 모를
까닭이 없었다.

　그러나 끈질긴 주위의 강권에 못 이겨 그는 결국 이를
응낙했다. 대신 그는 정부 당국에 조선 문제에 대한 세 가지
방안——(1) 일본의 독력 지배, (2) 공동 보호국화, (3) 러·
일의 분할 점령——가운데 하나를 선택하도록 촉구했다.
그리고 그는 위험 부담이 되더라도 제1안을 택하도록 은근
히 촉구하며 '비장한 결심'까지 표명한 바 있었다.

　그럼에도 정부 당국은 어느 것을 택할지 아직 그 대 원칙
을 확정하지 못했다. 미우라의 불만은 바로 여기서 비롯되
었고 이것이 그가 17일자로 주한 공사직 내락을 번복한 이

유이기도 했다. 그리하여 미우라는, 위에서 말했듯이 공사 직을 재내락하며 이 문제를 다시 촉구한 것이다.

이는 일본정부가 7월 5·6일의 정황 변화를 기화로 대한 야욕(對韓野慾)을 되살려놓기는 했지만 이를 어떻게 실현해 야 할지 그 구체적 실현 방법까지는 아직 정하지 못했다는 이야기가 된다. 미우라로서는 '정부가 방침을 제시해주지 않는 한 나침반 없는 항해를 할 수 없다'는 불평을 충분히 할 만했다.[102] 공사직을 내락한 뒤 그는 나름대로 조선 사정 에 대한 정보도 수집했고 일본정부의 분위기도 읽었다. 여 기서 그는 조선에서 떠맡게 될 자신의 악역(惡役)을 감지할 수 있게 되었던 것이다.

따라서 미우라가 단독으로 민 왕후 시해를 결정, 수행했 다는 주장은 이상의 사실로 미루어 보더라도 당초 성립될 수가 없는 것이다. 이는 모든 관련 자료를 인멸·왜곡한 후 일본정부의 무관함을 강변하기 위해 꾸민 일본인들의 계획 적인 조작이다. 물론 미우라가 내락을 번복하자 '무단파'의 수장 야마가타 등은 '어떤 결정'을 내리기 위해서라도 하루 빨리 조선으로 건너가야 한다며 달랬다.

그리고 이 과정에서 미우라에게 상당한 재량권을 인정했 을 개연성도 없지는 않다. 또한 그로서도 당시는 정부 당국 의 정책이 아직 구체적으로 결정되지 않은 상태여서 자신이 조선에서 모든 결정을 임기응변으로 결정할 수 있다고 마음먹었을 수도 있다. 그러나 야마가타가 '어떤 결정' 운운한 점으로도 알 수 있듯이 일본정부는 조속한 시일 내에 방침을 정할 것을 시사하고 있는 것이다.

그러므로 미우라의 자유 재량권은 어디까지나 정부가 결정하는 방침에 따라 그 범위 안에서 한계적으로 허용되는 것이라고 볼 수밖에 없다. 미우라는 정부의 결정과 관계없이 자유 재량권을 행사할 수 있었던 것이 아니다. 그럴 자격도 능력도 없는 야인이었다. 다시 강조하지만 그는 러시아에 대한 정부의 방침이 아직 확정되지 않은 내정(內定) 상태에서 공사직을 수락했다. 그 뒤에 정부의 방침이 확정됨으로써 그의 재량권은 정부가 정한 정책의 범위 내로 한정된 것이다.

그리고 이노우에가 미우라의 공사직 재수락을 촉구한 19일자 인천에서의 회답 전보는 거의 질책에 가까운 것이었다. '지금 곤란하다고 한다면 아무 것도 처리할 수 없다. 남의 말을 듣고 자기의 결심을 바꾸는 것은 정당하다고 할 수 없다. 국가를 위해 이바지할 때다. 아무쪼록 약속한 대로 결행하라고 감히 충고한다'는 것이 그 내용이었다.[103]

이는 미우라를 공사로 천거한 자가 바로 이노우에 자신이었음을 재차 분명하게 밝혀주며 동시에 두 사람의 뚜렷한 격(格)의 차이를 보여준다. 그리고 이 회답 전보는 자신의 사의(辭意)가 굳어졌음을 의미하는 것으로 이미 '문치'적 대한방략을 포기했다는 의미도 된다.

여기서 일본정부는 3일 뒤인 7월 22일자로 미우라를 주한 공사로 내정하고 8월 17일자로 정식 임명했다. 이는 일본정부의 대한정책이 이노우에가 이끄는 방향대로 '문치'적 방략에서 이미 '무단'적 방략으로 전환되었음을 말해준다.

6. 이토 내각의 임시의회 불개최 결정과 그 의미

일본정부의 대한정책이 이렇게 바뀌어가던 상황에서 카이저는 1895년 8월 19일자로 러시아에게 요동반도 반환 보상금을 3,000만 냥으로 감하는 데 동의해주었다. 이로써 일본으로서는 3국과의 갈등을 완전히 해소할 수 있는 길이 열린 셈이었다. 뿐만 아니라 이토는 천황의 재신임까지 받았다. 그러자 8월 24일의 각의에서는 마침내 임시의회 자체를 열지 않기로 의결하고 말았다.[104]

이 각의 결의야말로 이노우에가 민 왕후에게 약속한 기증금을 줄 수 있는 길을 일본정부가 원천 봉쇄한 조치였다. 이노우에가 7월 11일경에 제기한 이른바 '무단'적 방략을

일본 내각이 채택한 최종 조치이기도 했다. 러시아와 당장
에 전면전을 벌일 수 없는 상황에서 채택한 이 방략은 민
왕후 제거 이외에 다른 길이 없다는 뜻이었다. 일본 내각의
임시의회 불개최(臨時議會 不開催) 결정이 이것이며, 이보다
1주일 앞서 8월 17일을 기해 이미 미우라를 주한 공사로
정식 임명했던 것이다.[105]

   즉 이노우에가 '무단'적 대한방략을 제기하자(7. 11) 정부
는 이에 호응 미우라를 주한 공사로 내정한(7. 22) 뒤 이
방략을 실행할 '칼잡이'로 그를 주한 공사로 정식 임명했다
(8. 17). 그리고 내각은 1주일 만에 임시의회 불개최를 결의
함으로써 이 방략을 자국의 대한정책으로 확정했다(8. 24).
재론하거니와 일본정부가 이노우에의 7월 11일자 '무단'적
대한방략을 내정한 것은 7월 22일이고, 확정한 것은 8월
24일이었다.

   여기서 우리는 그 사이의 일본 국내 사정을 살펴볼 필요
가 있다. 3국 간섭 이후 이토는 요동반도를 되돌려줌으로써
국가의 위신을 크게 손상시켰을 뿐만 아니라 전쟁의 승리
마저 무위로 끝나게 했다는 대외강경파(對外强硬派)의 지탄
을 받고 있었다. '전쟁에는 이겼지만 외교에서는 졌다'는
것이 그들의 불만이었다. 그래서 내각이 국정의 책임을 천
황에게만 지는 이른바 '초연주의(超然主義)'를 지양하고, 의

회에 책임을 지는 책임내각론이 제기된 것이다. 요컨대 '이
토 내각은 임시의회를 소집해 여론에 따라야 한다'는 것이
그들의 주장이었다.

그러므로 이토의 처지에서 임시의회를 개최한다는 것은
이들 대외 강경파에게 내각의 대외 정책 실패의 책임을 추
궁당할 무대를 스스로 마련해주는 꼴이 되는 것이다. 더욱
이 당시는 일본의 입장이 상당히 호전되기는 했지만 아직
3국과의 갈등이 완전히 해소되지는 않은 상태여서 임시의
회 소집이 사실상 어렵게 되어 있기도 했다. 그런데 이런
상황에서 만일 이토가 임시의회를 열어 군비 확장의 조속
한 성취〔軍擴速成〕와 조선의 내정 개혁이라는 전후 경영의
2대 정책이 의회의 동의를 받게 될 경우 일본은 우선 러시
아와의 충돌이 불가피해지는 것이다.

따라서 내각의 임시의회 불개최 결정은 그 자체가 군비
증강을 조속히 예산으로 뒷받침하려 했던 재무상 마쓰가타
(松方正義)의 요구를 물리침으로써 러시아와의 전면 충돌을
피하자는 의미를 지닌 것이었다. 동시에 조선에 대한 기증
금 제공 약속을 위배하는 것으로 민 왕후의 회유가 사실상
불가능해지게 됨으로써 조선에 대해서는 '무단'적 방법을
쓰겠다는 의미가 되는 것이다.[106]

거듭 강조하지만 일본은 내각의 임시의회 불개최 결정으

로 러시아와는 전쟁을 피하고 이노우에가 제기한 '문치'적
대한방략과 '무단'적 대한방략 중에서 후자, 즉 민 왕후 제
거를 그들의 대한정책으로 결정한 것이다.《일청전쟁(日淸
戰爭)》의 저자 후지무라 미치오(藤村道生)도 '이 쿠데타[민
왕후 시해]는…… 그 대강에 있어 정부[일본]의 방침과 모순되
는 점이 없다'고 평하고 있다.[107]

　더욱이 일본정부는 요동반도 반환 보상금을 3,000만 냥
으로 한다는 3국 합의에 따른 9월 11일자 히트로보의 제의
를 고의로 1개월이나 끌다가 왕후 시해 바로 전날인 10월
7일에야 이를 수락했다. 이는 3국과의 갈등 요인의 완전
해소를 의미하는 것으로 거사를 위해서는 반드시 필요한
절차였다.[108] 일본정부가 3국의 제안을 일부러 이날을 택해
수락한 사실로 보아 그들은 3국과의 관계까지 왕후 시해
준비와 시종 보조를 맞추어갔다고 볼 수밖에 없는 것이다.

　뿐만 아니라 일본정부는 이 수락 사실을 즉각 미우라에
게 통고했다(10월 7일 오후 2시). 일반적인 경우라면 요동반도
보상금 최종 결정과 같은 조선 문제와 직접 관계가 없는
사안일 경우, 결정과 동시에 이를 주한 공사에게 즉시 알려
야만 할 필요까지는 없는 것이었다. 따라서 이 같은 일본정
부의 긴급 통고는 이제 3국과의 골치 아픈 문제는 모두 해
결되었으니 준비되는 대로 결행해도 좋다는 뉘앙스가 담긴

일종의 허가 훈령이었다고 판단되는 것이다.

역사에서 우연한 일이 여러 번 되풀이될 수는 없는 것이다. 6월 4일의 굴욕적인 각의 결정 이후 3국에 도전적인 회답을 한 것이 7월 19일로 45일 만의 일이었음은 이미 언급한 바 있다. 그런데 이노우에가 미우라를 자신의 후임으로 천거함으로써 '무단'적 대한방략을 제기한(7월 11일경) 뒤 내각이 임시의회 불개최 결정(8. 24)을 통해 이를 확정짓는 데도 45일이 걸렸다. 그리고 이 결정 뒤 실제로 민 왕후를 시해한 것도 또한 45일 만의 일이었다. 일본이 문제를 제기한 지 한결같이 45일 만에 확정지은 정확한 이유는 자료가 없어 알 길이 없다.

7. 이노우에의 서울 귀임과 기만 행각

이노우에의 도쿄 체류 24일간의 행적에 뒤이어 그의 서울 귀임(7. 19) 후의 행태도 우리의 주목을 끈다. 이미 자국 정부를 '무단'적 방략으로 이끌어놓은 그는 서울로 귀임하자 돌연 가면을 바꾸어 썼다. 전과는 달리 이번에는 조선 왕실에 대해 최대의 호의를 보였다.

7월 25일 그는 부인과 동반 왕과 왕후에게 귀임 인사를

한 후 주변의 인사를 물리치고 무려 5시간 동안이나 장광설
을 늘어놓았다. '우리 정부는 조선의 독립을 공고히 하고
조선 왕실의 안전을 도모하는 데 성심성의를 다하기 때문
에 앞으로 조선 왕족이나 신민으로서 왕실에 대해 불온한
행동을 할 때는 병력을 동원해서라도 왕실을 보호한다'는
정도였다.[109]

뿐만 아니라 그는 아직 자국 정부가 확정하지도 않은 기
증금을 서슴지 않고 제공하겠다며 생색을 냈다. 당대 정계
최고 실력자이자 일급의 재정통이던 그가 내각이 임시의회
를 열지 않을 수도 있다는 자국 정부의 동향을 전혀 몰랐을
리가 없는 것이다.

민 왕후에게 먼저 기증금 제공을 약속해놓은 뒤에 내각
이 임시의회를 열지 않기로 결정했기 때문에 결과적으로
거짓말이 된 것이 아니다. 이로 미루어 본다면 기증금 제공
은 처음부터 연막이었다는 생각도 든다. 자신의 '무단'적
대한방략을 호도하기 위한 교활한 연극이었다고 볼 수밖에
없는 것이다.

그는 부임 초에 제시했던 내정 개혁안도 번복해 왕후의
정치 관여의 길도 열어주었고, 일본 내각이 임시의회를 열
지 않기로 결정한 바로 이튿날(8. 25)에는 김홍집의 친일·친
러 내각도 성립시켰다. 조선 왕실과 정부에 대해 최대의

호의를 보인 것이다. 이는 왕후를 시해하기에 앞서 조선 왕실과 정부를 안심시키려는 그의 간교한 계략이었다. 비숍은 왕후가 일본의 살의(殺意)에 방심하게 된 원인을 여기서 찾고 있다.[110]

이처럼 그는 조선 왕실에 대해 사기극을 벌이는 한편 자국 정부에 대해서도 한 토막의 연극을 벌였다. 임시의회를 조속히 개최해서 자신의 기증금 안을 의회에 조속히 회부할 것을 거듭 촉구한 것이 그것이다(7. 27, 8. 6). 그러면서 그는 '재무상[藏相]이 교체되더라도 기증금 정책에 변화가 없겠는가'를 짐짓 물었고, 이에 대해 사이온지 외상 임시대리는 9월 4일자로 '의회를 통과하지 않은 이상 정부 단독으로는 실행 불가능하다'는 사실을 알려왔다.

그런데 그는 같은 날짜(9. 4)로 사이온지에게 보낸 전문을 통해 '기증금 제공을 이미 왕과 왕후에게 약속한 이상 이것이 성사되지 않으면 후임자(미우라)는 설 자리를 잃게 된다'는 사실을 통고해두었다.[111] 미우라로 하여금 상황 타개를 위해서는 최후 수단밖에 남지 않았음을 은연중에 알아차리도록 하기 위해서였을 것이다. 미우라가 서울로 부임한 것은 9월 1일이었다. 이로 미루어 이노우에는 미우라가 부임한 뒤 3일 만에 위의 전보를 통해 앞으로 그가 수행해야 할 책무를 자연스럽게 적시해준 셈이었다.

물론 미우라도 부임 이전에 이미 기증금 제공 문제가 성사될 수 없다는 사실을 알고 있었다. 그는 이 사실을 오히려 이노우에에게 알려주기까지 했다. 임시의회를 열지 않기로 한 각의 결정이 내려진 것은 8월 24일이었고, 이보다 하루 앞서(8. 23) 미우라는 주한 공사로 부임하기 위해 일본을 떠났다. 그가 대한정책이 강경으로 바뀐 일본정부의 분위기를 감지하지 못했을 리가 없다. 7월 11일부로 이노우에가 자신을 주한 공사로 천거한 이유 역시 미우라가 몰랐을 리 없는 것이다.

이노우에는 자국 정부의 대한정책을 이미 '무단적' 방략으로 이끌어놓은 후에 서울로 귀임했다(7. 19). 그리고 7월 25일, 국왕과 왕후에게 각종 진귀한 물품을 진상하며 무려 5시간에 걸친 장광설을 늘어놓았다.[112] 따라서 이노우에가 서울로 귀임한 뒤에 조선 왕실에 한 약속과 호의는 처음부터 사기극이었다는 이야기가 된다. 그는 24일간의 도쿄 체류 후 7월 14일 일본을 떠나며 앞으로 1개월도 안 되어 일본으로 귀국할 것이라고 했는데, 이러한 그의 말로도 당시의 기만적인 상황을 알 수 있다.

8. 이노우에 가오루와 '칼잡이' 미우라 고로

민 왕후 시해를 주모한 자는 미우라라고 알고들 있지만 그는 당초 이 사건을 주모할 수 있는 능력도 없었고 또 그럴 위치에 있지도 않았다. 조선에 대한 지식이 전무했고 외교 관으로서의 경륜도 전혀 없었다. 이토·야마가타 등과 더불 어 집권 세력인 조슈(長州) 출신이기는 하지만, 그의 입지는 이들과는 전혀 달랐다. 이토가 '문치'적 정치 세력의 수령이 고 야마가타가 '무단'적 정치 세력의 수장이었다면, 미우라 는 야마가타와 같은 '무단'파이기는 했지만 그와는 달리 정 치권 밖의 재야의 '무단'파였다.

1878년에 육군 중장까지 승진하기는 했지만, 그는 야마 가타 등 육군의 주류와 대립해 1888년에 예편되었다. 그 뒤 그는 궁중고문관과 학습원장을 지낸 것이 전부였고 관 계(官界)나 정계와는 처음부터 관련이 없는, 그야말로 순수 한 무골이었다. 외교 문제에는 문외한이었고 특히 당시 일 본의 최대 관심사였던 조선 문제에는 전혀 관여한 사실이 없었다. 심지어 미우라 스스로도 주한 공사로 내정되자 자 신이 적임자가 아니라고 여겨 거듭 사양한 정도였다.[113]

물론 '무단'파든 '문치'파든 간에 다 같이 조선의 식민 지 배를 기본 방침으로 했다는 점에서는 다를 것이 없었다.

다만 조선 침략의 방법과 시기만을 달리했을 뿐이었다. 더욱이 그들의 사이는 상호 대립적인 관계가 아니라 상호 보완적이고 협력적인 관계를 유지했다. '문치'적 방법으로 일을 추진하다 여의치 않으면 '무단'적 방법으로 바꾸고, '무단'적으로 일을 치르고 나서는 '문치'적으로 사태를 수습하는 방식이었다. 이노우에와 미우라의 관계도 바로 그런 유의 것이었고, 민 왕후 시해 이후 고무라를 보내 수습한 것도 그 일례였다.[114]

무쓰로부터 외상의 직무를 인계받은 사이온지는 9월 4일 미우라에게 '두 사람의 공사가 함께 주재하는 것은 예규에도 없을 뿐만 아니라 외국 공사들의 비판도 있을 것이니 가능하면 빨리 관무(館務) 인계를 마치고 귀국할 것을 이노우에에게 전하라'고 지시했다.[115] 그러나 일본을 출발하기 전부터 이미 자신의 임무를 알아차렸던 미우라도 물론 그러했지만, 이 같은 재야 '무단'파를 주한 공사로 추천한 이노우에에게 이런 외교 관례 따위는 문제될 것이 없었다. 일본 정계에서 차지하는 비중으로 보아도 그러려니와 8월 24일의 각의 결정으로 일본정부의 대한방략이 이미 '무단'으로 확정된 이상 이들에게 사이온지와 같은 풋내기 외상 임시 대리의 명령이 통할 까닭이 없었다.

이에 미우라는 이를 묵살하고 부임해왔고(9. 1) 이노우에는 외교 관례를 무시하고 무려 17일간이나 미우라와 남산의 공사관에서 함께 지냈다. 그러고나서도 그는 인천에 가서 다시 4일간을 더 머물며 서울과 연락을 계속한 뒤 21일에야 시라가와 마루(白川丸) 편으로 조선 땅을 떠났다.[116] 서울에서 전개될 상황을 끝까지 점검하기 위해서였다.

따라서 미우라는 공사직을 단독 수행한 지 불과 17일 만에 민 왕후를 살해한 것이 된다. 그 기간은 이노우에가 서울을 떠난 날짜부터 계산하더라도 고작 20일밖에 안 된다. 그렇다면 재야로 밀려난 일개 군인이 불과 17일이라는 짧은 기간에 자국의 국운이 걸린 막중한 사건을 그것도 러시아라는 상대가 있어 주시하는 상황에서 계획부터 실행까지 혼자서 모두 주모할 수가 있었을까.

미우라는 우선 국운이 걸린 사건을 계획할 위치에 있지도 못했고, 이 짧은 기간으로는 조선의 내부 사정조차도 제대로 파악하기 어려웠다. 더욱이 그는 부임 후 '독경공사(讀經公使)'를 자처하며 공사관에 은거하고 외부 출입도 삼갔다. 대원군과는 한 번도 대면한 적이 없으며, 왕과 왕후에게도 이노우에의 안내로 부임 인사만을 겨우 했을 뿐이었다.[117]

생소한 땅에 부임해서 이 짧은 기간에 정부나 전임자로부터 아무런 지시나 시사도 받음이 없이 국가의 중대 정책을 전면 뒤바꾸는 계획을 단독으로 세우고, 나아가 정규군·

영사경찰·낭인 등을 두루 동원해 이를 실행까지 했다고 믿을 사람은 아무도 없다. 재차 강조하지만, 더욱이 그는 군에서 밀려난 재야의 '무단'파로서 그럴 위치에 있지도 못했고 또 그럴 능력이나 권한도 없었다.

따라서 주모자는 미우라가 아니라 어디까지나 이노우에였다. 민 왕후를 시해한다는 대원칙은 이노우에가 세워 정부를 주도했고, 정부는 그의 방침에 따라 결정을 내렸다. 미우라는 이 대원칙에 따라 그 한계 내에서 그것도 이노우에와의 협의를 거쳐 구체적인 시해의 결행 일시나 방법 등 세부 진행 계획만을 담당했을 뿐이었다.[118]

미우라는 이노우에의 정책을 수행한 하수인 내지는 현지 책임자 정도에 불과했다. 입헌정우회 창립시 이토의 보좌역이던 와다나베 히로모토(渡邊洪基)도 이노우에가 미우라를 추천한 무렵인 7월 11일 주일 영국공사 새토우(Ernest Mason Satow)를 만나 "미우라는 오로지 이노우에의 정책을 수행할 뿐"이라고 언급한 바 있다.[119] 그리고 앨런도 올니 국무장관에게 보낸 보고(10. 10)에서 "…… 이런 가공할 일이 미우라에 의해 계획된 것이라고는 믿을 수 없다"[120]고 했으며, 이보다 앞서 영국영사 힐리어(Walter C. Hillier)도 북경의 오코너(N. R. O'Conor) 공사에게 "…… 미우라는 최근에 도착했기 때문에 그 스스로가 어떤 견해를 가질 수도 없고 행동 노선을

채택하거나 제안을 기대하는 것도 불가능하다"고 언급한
바 있다(9. 17).[121]

　뿐만 아니라 11월 21일자 《노스 차이나 해럴드(North China
Herald)》는 "이노우에가 민 왕후 시해의 주모자이며 미우라
는 희생양에 불과하다"고 곧바로 적시하고 있다.[122] 사태의
전모가 드러날 경우 사무라이 기질을 발휘해 책임을 떠안
고 자살하는 것이 바로 미우라의 역할이라고 이 신문은 지
적하고 있다.

9. 이노우에 가오루와 그의 일본정부 내 위상

　민 왕후 시해를 행동으로 옮기기 위한 세부 계획은 이노
우에가 조선 땅을 떠난 직후인 9월 21일에야 비로소 본격적
으로 드러났다. 미우라가 이노우에의 이 같은 혐의를 은폐
해주기 위해서였을 것이다. 이 사건도 박영효 음모 사건의
경우처럼 이노우에에 의해 사주된 것이고, 두 사건이 모두
이노우에가 잠시 조선 땅을 떠나 있는 사이에 발생했다.
이노우에의 주모가 곧바로 일본정부의 사건 관여로 해석될
까 두려워서 취한 조치였음이 분명하다.

　위에서도 언급했듯이 민 왕후 시해에 일본정부가 관여한

사실은 8월 24일의 각의 결정에 따라 임시의회를 열지 않기로 했던 점 한 가지만으로도 충분히 입증된다. 러시아에 당장 전쟁을 도발할 수 없었던 처지에서 민 왕후를 회유할 수 있는 방법은 왕후에 대한 기증금 제공이었는데, 일본정부가 이를 원천 봉쇄함으로써 이제 남은 길은 민 왕후 제거밖에 다른 방법이 없었기 때문이다.

그러나 이 같은 각의 결정 이외에 그에 앞서 이노우에가 이 사건을 주도했다는 사실만으로도 이미 일본정부의 사건 관여를 부정할 수가 없다. 이노우에의 주도가 곧 일본정부 주모로 등식화될 수 있기 때문이다. 우선 일본 정계에서 차지하는 그의 위상과 경력, 특히 조선과의 외교에서 그에게 허여되었던 '전결권(專決權)' 등을 보면 알 수 있다.

이노우에는 이토나 야마가타 등과 같은 고향[長州] 출신으로 일찍이 이토와 더불어 영국 유학을 한 뒤 메이지 유신에도 함께 참여한 공로자의 한 사람이다. 1871년 9월 대장대보(大藏大輔)라는 경제 관료로서 재정 개혁에 앞장섰고, 1879년 9월부터 1885년 12월 내각제도 성립 시까지는 참의(參議) 겸 외무경(外務卿)으로 대한외교를 비롯한 외교 업무를 주도했다.

제1차 이토 내각(1885. 12.~1888. 4. 30)의 외상으로 그리고 제2차 이토 내각(1892. 8. 8~1896. 9. 18)의 내상으로 활약했을

뿐만 아니라 이토 수상의 유고 기간(1892. 11. 28~1893. 2. 6)에
는 수상 임시대리직을 맡기도 했다. 최고의 내·외 관직을
두루 거친 메이지 정부 최고의 외교 및 재정통으로 청일전
쟁 때는 전시 경제를 통할하기도 한 거물이었다.[123]

그러나 그의 가장 두드러진 특성은 일본 제일의 조선통
(朝鮮通)이라는 점에 있었다. 강화도조약 체결 당시부터 특
명 전권 부대신으로 활약했고, 외상으로서 임오군란 후의
제물포조약 체결을 지휘했을 뿐만 아니라 갑신정변의 뒷처
리를 위해서는 직접 특파 전권대신의 자격으로 조선의 김
홍집을 상대하여 한성조약을 체결하기도 했다. 이토가 청
과 천진조약을 맺기 위해 이홍장을 상대했다면 이노우에는
당시 일본의 최대 현안인 조선 문제를 도맡아 처리했다.[124]

더욱이 그는 이토, 야마가타 등과 더불어 이른바 '겐로(元
老)'이기도 했다. 원래 '겐로'란 메이지 헌법의 결함을 보완
하기 위해 국정 전반에 걸친 '천황의 광범위한 기능을 실질
상 집단적으로 대행하는' 일본 정계의 최고 권력층이었다.
천황은 1892년 이래 내각이 위기를 맞거나 중요 내외 정책
을 결정할 때마다 '겐로'라는 정치가들을 불러 자문을 구하
는 것을 관례화하고 있었다. 이런 과정에서 천황의 하문(下
問)을 받는 인물은 이토·야마가타·이노우에 등 7인으로 고
정되면서 '겐로'라는 '초헌법적' 기관이 성립된 것이다.

비록 헌법에 규정된 기관은 아니었지만 이들은 어떤 중요 국무에도 공적으로 개입할 수 있는 권한을 가진, 말하자면 일본 최고의 정책 결정자들이었다.[125] 고무라 주타로(小村壽太郎)가 1901년 9월 20일 제1차 가쓰라 타로(桂太郎) 내각의 외상으로 취임해 영일동맹을 우선시킴으로써 이토, 이노우에 등 '겐로'들의 대러 교섭 계속론에 제동을 걸기 이전까지는 외교 문제도 외상이 아니라 '겐로'가 좌우했다는 것이 일반론이다.[126]

따라서 조선 문제에 관한 한 그는 주한 공사직을 맡는 것과 관계없이 가히 절대적 권한을 가지고 있었다. 조선 문제에 대한 이노우에의 발언권은 그가 '백지위임되어 조선으로 건너갔다'는 말로도 알 수 있다. 현직 내상으로 국장급에 불과한 주한 공사로 부임한 것도 그의 자원에 따른 것이었고 미우라를 후임으로 추천하고 물러난 것도 모두 그의 뜻이었다.

왕후 시해 결정과 같은 중대 문제는 이런 위치에 있던 이노우에가 아니면 결코 감당해낼 수가 없었다. 미우라 같은 예편된 재야의 군인으로서는 당초 어림도 없는 일이었다. 그러므로 이런 이노우에가 민 왕후 시해를 주모했다는 사실 자체가 바로 일본정부의 개입을 의미하는 것이다.

그리고 8월 24일자 일본 각의가 임시의회 불개최를 의결

한 사실은 이노우에의 미우라 천거에 따른 '무단'적 대한방
략 제기와 함께 왕후 시해를 일본정부가 결정한 움직일 수
없는 증거가 되는 것이다. 재차 강조하거니와 왕후 시해는
이노우에가 선도했고 그에 따라 일본정부가 결정한 것이다.

10. 무쓰 무네미쓰와 이노우에 가오루의 조선 문제 '전결권'

무쓰 무네미쓰(陸奧宗光)는 제2차 이토 내각의 저명한 외
상으로서 청일전쟁과 3국 간섭이라는 미증유의 사건을 담
당한 인물이다. 개전 외교는 물론이고 전시 외교에 이어
강화 및 3국 간섭에 대한 대응에 이르는 그의 외교는 이른
바 '무쓰 외교'라는 이름을 남길 정도로 눈부셨다. 특히 3국
간섭을 처리함에 있어 사태에 대한 객관적 인식을 통해 종
횡으로 발휘된 그의 기지와 전략은 너무나도 절묘했다. 무
쓰야말로 외교에 관한 한 이토 수상을 보좌해 거의 관여하
지 않은 부문이 없는 당대 일본 최고의 외교 당국자였다.

민 왕후 시해 사건도 이런 그의 외상 재직 시(1892. 8. 8~
1896. 5. 30)에 일어났다. 그럴진대 어느 모로 보나 이 사건이
그와 무관할 수가 없음은 당연한 일이다. 주한 공사가 오토

리에서 이노우에로 바뀌고, 다시 미우라로 바뀐 것도 모두 그의 외상 재직 시의 일이었다. 외교 문제에 관한 한 아무도 그를 일본정부 당국자가 아니라고 생각할 사람은 있을 수 없는 것이다.

그러나 그는 이토·야마가타·이노우에 등과는 달리 조슈 출신이 아니었다. "사쓰마(薩摩)·조슈 출신이 아니면 사람이 아니다"라고 할 정도로 집권자 거의가 이 곳 출신이던 세상에서 그는 기슈(紀州, 지금의 和歌山縣)에서 태어났다. "이것이 바로 그의 능력을 더 이상 발휘할 수 없게 한 한계로 작용했다"는 것이다. 그는 이들 집권 세력의 견제를 받았던 것이 사실이다. 주한 공사의 인선에는 이토가 무쓰를 제치고 직접 나섰으며, 이에 이노우에가 호응한 것이다. 무쓰의 제언이 있기는 했지만, 그것의 결정자는 어디까지나 이노우에와 이토였다.[127]

그리고 무쓰에게는 또 다른 결정적인 한계가 있었다. 3국 간섭을 처리하느라 피로가 겹쳤는지 지병인 폐병이 악화된 것이다. 이에 천황은 그의 공로를 인정해 외상의 명의를 그대로 유지하게 한 채 특별 휴가를 주어 오오이소(大磯)에서 요양하도록 조치했다. 외상의 모든 업무와 권한은 1895년 6월 5일을 기해 문부상 사이온지에게 외상 임시대리를 겸직시키면서 모두 넘겨졌다.[128] 따라서 그는 명의만 외상일 뿐 실제로는 외상이 아니었다고도 말할 수 있다.

그러므로 민 왕후 시해 사건은 엄밀히 말해서 무쓰 외상 시대가 아니라 사이온지 외상 시대에 일어났다고 할 수 있다. 내면적으로 민 왕후 시해 음모가 한창 진행되던 무렵, 무쓰는 지병을 치유하는 데 힘쓰며 자신의 외교 인생을 정리하기 시작하고 있었다. 그의 회고록《켄켄로쿠(蹇蹇錄)》는 10월 중순에 집필을 시작해 12월 말에 탈고된 것으로 알려져 있다.

그러나 이 책은 누가 보더라도 병약한 몸으로 2개월 반 만에 완성될 수 있는 것이 아니다. 1895년 5월 말에 간행된 그의 또 다른 저작인《삼국간섭요개(三國干涉要概)》의 집필과 더불어 이미 자료 수집에 들어가 있었던 것이다. 중병 중에도 준비 작업을 게을리 하지 않으며 부분적으로는 이미 집필을 시작하고 있었다. 그리고 집필 방법에서도 비서 아오야마(靑山淺治郎)에게 구술하고 정리하게끔 해나갔던 것이다.[129]

요컨대 그는 집필에 열중하느라 그리고 중병에 시달리느라 외상으로서의 직무 수행은 엄두도 낼 수가 없었다. 수행 비서관 고케이다(吳啓太)에 따르면 정부가 미우라를 주한 공사로 내정했던 7월 초순에서 중순까지는 결핵뿐만 아니라 복통과 설사까지 겹쳐 건강이 극도로 악화되어 있었다

고 한다. 미국 신문에 〈무쓰 위독〉이라는 전보(8월 3일부)가
실릴 정도였다.[130] 8월로 접어들며 좀 호전되기는 했지만,
그렇다고 해서 미우라 임명 문제에 직접 관여할 만큼 건강
이 회복된 것은 아니고 또 그럴 개재도 아니었다.

물론 그는 미우라 공사의 정식 임명(8. 17)이 무엇을 의미
하는지 잘 알고 있었다. 명의상으로는 아직 외상의 지위를
그대로 유지하고 있어 의견을 제시할 자격 또한 있었다.
"나는 조슈 세력〔이토·야마가타·이노우에 등〕에 눌려 그 뜻을
관철시킬 수 없었다는 불평도 했다고 한다."[131]

뿐만 아니라 무쓰는 와병으로 인한 외상의 권한 이양
(1895. 6. 5)과 상관없이 일찍이 이노우에가 주한 공사로 임명
된 시점(1894. 10. 15)부터 조선 문제만은 이미 손을 뗀 상태
였다. 이노우에에게는 그의 주한 공사 임명 동의와 함께
'조선에 관한 사무를 전결단행(專決斷行)'할 수 있는 권한이
주어져 있었기 때문이다.[132]

그에게 주어진 '전결권'이란 조선정부와 체결하게 될 모
든 조약의 협상·체결권을 비롯해, 한 마디로 말해서 조선에
대한 모든 권한을 의미하는 것이었다.[133] 이노우에가 주한
공사직을 수락한 것은 사실상 이토의 종용을 받아들인 것
으로 이해할 수도 있어 이토는 이노우에에게 조선 문제를
통째로 내맡긴 셈이었다.

따라서 무쓰는 건강하게 외상의 직권을 그대로 가지고 있었다고 하더라도 조선 문제에 관한 한 이노우에의 결정에 관여할 수가 없었다. 그리고 정계에서의 위치나 경륜으로 보더라도 그는 외상이라고 해서 이노우에에게 상급자로서의 일방적인 명령을 할 수만은 더욱 없었다. 우선 그는 이노우에처럼 조슈 출신도 아니었고 '겐로'도 아니었을 뿐만 아니라 나이도 8년이나 아래였다.[134]

무쓰는 이노우에 외상의 '호의'로 변리공사 자격의 무임소 외교관으로 처음 등용되었다(1886. 10.).[135] 정무과의 사무를 담당하다가 고속 승진해 이듬해에는 대신과 차관의 부재 시에 각 국·과의 서류를 총람하는 준 차관(차관보)으로 올라갔고 1887년 4월에는 특명전권공사로 임명되었다. 한마디로 무쓰는 이노우에 외상의 그늘에서 외교관으로 성장한 인물이었다.

그러므로 이노우에가 주한 공사로 임명된 날(1894. 10. 15)을 기해 무쓰는 조선 문제에 관한 한 사실상 이미 일본정부 당국자가 아니었다. 그렇지만 모든 정보가 일관되게 그에게 도달되었던 것이 사실이다. 그는 조선 관민의 동향보다도 러시아를 비롯한 열강의 움직임에 관심이 더 컸다.[136]

11. 쓰노다 후사코의 역사 왜곡과 문제점

《민비 암살》을 저술한 일본 여류 작가 쓰노다 후사코(角田房子)는 당시 일본정부의 대한정책의 총수를 외상 무쓰라고 단정하고 자신의 논리를 펴나갔다. 무쓰가 당시 외상의 직위에 있었기 때문에 전혀 이상할 것이 없다고 할 수도 있다. 그러나 폐병으로 요양 중인 무쓰를 일본정부 당국자로 단정하게 되면 민 왕후 시해 사건에 대한 일본정부의 개입 사실은 당연히 밝혀질 수 없게 된다. 쓰노다 후사코는 바로 이 점에 착안해 초점을 흐려놓았다.

"그녀의 집요한 취재력은 이미 정평이 나 있다"는 역자의 평으로 미루어 그녀가 사실(史實)을 모르고 그렇게 했다고는 믿기 어렵다. 그녀도 저자 후기에서 "…… 독선적인 역사를 쓰지 않기 위해서는 역사상의 사실에 대해 양국의 자료를 비교해보지 않으면 안 되었으나, 나는 조선어를 읽을 수 없었다"고 쓰고 있다. 일본 자료만을 주로 이용했다는 이야기이다.

그러나 그녀는 '조선어는 읽을 수 없었고' 일본어 자료는 자기 목적에 맞는 것만 골라서 읽었다는 것이 저자의 생각이다. 《켄켄로쿠》는 1895년 6월 5일을 기해 무쓰가 폐병 치료를 위해 문부상 사이온지에게 모든 직무를 넘겨준 뒤 요양지 오오이소에서 집필한 것임은 너무나도 유명하다. 무쓰를 운위하며 《켄켄로쿠》에 대한 언급을 빼놓을 수는 없다. 《켄켄로쿠》는 이런 사실을 분명하게 밝혀주고 있거 니와 간단한 외교사 사전이나 연보만 찾아보아도 그에 관 한 사실은 얼마든지 발견할 수 있다.

그럼에도 불구하고 쓰노다는 무쓰가 당시 외상의 명의 (名義)를 유지하고 있었다고 해서 그를 곧바로 일본정부 당 국자로 등식화했다. 그리고 무쓰와 왕후 시해에 직접 가담 한 오카모토 류노스케(岡本柳之助)와의 긴밀한 친분 관계를 설명한 후 "전자가 후자로부터 민 왕후 시해에 대해 어떤 보고를 받았을 것이 틀림없다"고 말하고 있다. 오카모토는 무쓰가 조선에 파견한 '사설공사(私設公使)'격이었던 만큼 당연히 그랬을 것이다. 두 사람은 고향의 선후배 사이였을 뿐만 아니라 오카모토는 청년 시절부터 무쓰의 눈에 들어 그의 추천으로 대위의 계급으로 군에 입대했고 그의 조선 에서의 활동도 무쓰의 종용에 따른 면이 컸다.[137]

따라서 쓰노다의 말대로라면 일본정부 당국자는 조선에 있던 오카모토로부터 왕후 시해에 대한 정보를 얻어 듣고 나서야 비로소 사건의 전말을 알게 되었다는 이야기이다. 그러나 무쓰가 정보를 얻는 통로는 결코 오카모토 단선(單 線)이 아니었다. 그는 각계로부터 폭넓게 정보를 얻고 있었으며, 일본정부의 정책 결정에도 자신의 의견을 계속 제시하고 있었던 것이 사실이다. 무쓰의 건강 상태와 이노우에가 조선에 대해 '전결권'을 가졌다는 사실을 알지 못하는 한, 쓰노다에게 현혹당할 수밖에 없는 일이다.

이것이 "일본 근현대사의 은폐되고 왜곡된 부분을 일반 독자에게 정확하게 보여주려는…… 말하자면 우리 나라 독자에게도 유리하리라고 생각해서" 번역하게 되었다는 역자의 변(辯)이 이를 방증해주고 있다. 역자조차도 "민 왕후 암살 결행대의 주요 인물 오카모토 류노스케와 당시 외상 무쓰 무네미쓰와의 관계를 밝혀 일본의 국가범죄일 가능성을 제시한 것은, 종래 우리 학계의 민비 암살=일본 국가범죄설에 기여했다고 볼 수 있다"고 평하고 있는 실정이다.[138]

그러나 쓰노다는 결론으로 "아무리 자유롭게 상상의 날개를 펼쳐도 무쓰 무네미쓰가, 또 이토 히로부미가 민비 암살을 계획했다고는 생각되지 않는다. 민비 암살 사건도 일본정부와의 사이에 직접적인 관계는 없다는 나의 결론은 변하지 않는다"[139]고 못박고 있다. "한마디로 말해서 이 결론은 범법자를 모조리 면소처분시켜준 히로시마(廣島)의 재판보다 훨씬 더 중대한 판정이었다."[140] 진실을 외면하고 '소설'을 쓴 일본 여인에게 독자들은 물론 지식인들까지도 실컷 농락당했다는 느낌을 지울 수 없다.

물론 무쓰는 사건과 직접적으로는 관련이 없었다고 말할 수도 있다. 사건은 이노우에가 주도했고 이토 정부가 이를 확정했기 때문이다.

미우라를 주한 공사로 임명하는 문제에도 그는 직접 관여하지는 못했다. 특히 1894년 10월 15일자로 이노우에가 주한 공사로 임명된 후에는 비록 그가 건강하게 외상의 정상 업무를 수행했다고 하더라도 조선 문제에 한해서만은 이미 일본정부 당국자일 수가 없었다. 일본정부 당국자는 바로 조선에 대한 '전결권'을 허여받은 이노우에 가오루였기 때문이다.

그럼에도 위에서 말한 바와 같이 그는 정부 각계 인사로부터 정보를 얻어 정책 결정에 기발한 아이디어를 제공해주고 있었다. 무쓰는 시모노세키 조약과 3국 간섭을 슬기롭게 처리한 일본의 명 외상이었다.

그러나 그는 이미 모든 업무를 넘겨주고 폐병으로 요양 중인 환자였다. 이런 환자를 쓰노다는 일본정부 당국자로 고정시켜놓고, 그가 시해를 직접 주도하지 않았다는 사실만을 들어 일본정부는 민 왕후 시해와 관계가 없다고 이야기를 끌어나갔다. 이는 분명한 역사의 왜곡이다.

더욱이 그녀는 독자의 시선을 자신이 주장하는 방향으로 이끌어가기 위해 한껏 글재주를 과시했다. "오카모토로부

터의 통고로 무쓰는 사건 발생 전에 미우라의 '결의'를 알고
있었다는 상상을 나는 버릴 수 없으나, 나아가 미우라의
'결의'를 알고서도 무쓰는 아무 것도 하지 않았던 것은 아닐
까 하는 상상이 그에 이어진다. 만약 무쓰가 미우라의 '계
획'을 알고 중지시켜야 한다고 생각했다면 쉽게 그렇게 할
수 있었을 것이다. 그러나 그는 '방관하는 입장'을 계속 취
했던 것은 아닐까? 그렇다고 한다면 묵시인가, 묵인인가,
묵허인가? 어느 것이든 민비가 암살될 것을 알면서 방치하
고 있었던 것이다."

쓰노다는 상상력을 총동원해 자기가 마치 일본정부의 사
건 관련을 줄기차게 파헤친 것 같은 인상을 독자들에게 심
어주고 있다. 무쓰가 오카모토의 보고를 받기 전에 미우라
의 '살의(殺意)'를 알고 있었을지도 모른다는 것, 만약 무쓰
가 마음만 먹었으면 그 계획을 쉽게 막을 수도 있었을 것이
라는 것, 그렇지만 무쓰는 방관했을 수도 있다는 것 등이
그것들이다.

더욱이 그녀는 묵시·묵인·묵과 등 현란한 필치를 구사해
무쓰가 방관했을 가능성을 강조하고 있다. 독자의 시선을
무쓰의 방관에 고착시키기 위해 언어의 상승 효과까지 노
리고 있는 것이다. 일본정부 당국자라는 무쓰 외상이 방관
했을 가능성은 있지만 시해를 주도한 것이 아님을 강조하

기 위한 것이다. 방관은 주도가 아니기 때문이다. 그리고 그의 방관도 당시 일본이 처했던 시대 상황으로 미루어 그럴 수도 있었을 것이라고 변명까지 해주고 있다. 무쓰를 일본정부 당국자로 등식화한 것이 바로 그녀의 재치 있는 속임수이다.

쓰노다는 외상 무쓰가 오카모토의 통보가 없었더라도 미우라의 계획을 충분히 감지하고 있었을 것이라는 말도 하고 있다. 물론 그렇다. 무쓰는 요양지인 오오이소에서도 일본 정계 여러 곳으로부터 위문 편지와 함께 도쿄의 소식을 전해 듣고 있었다. 야마가타가 무쓰에게 보낸 1895년 7월 8일자 서신으로도 알 수 있듯이, 일본 각의의 강경책 결정에서 무쓰의 역할을 읽을 수 있는 것이다. 무쓰는 이노우에 같은 대정략가가 미우라 같은 재야 '무단'파를 자신의 후임으로 추천했다는 사실만으로도 그 뜻을 알 수 있었을 것이다.

그러나 쓰노다의 주장과는 달리 당시의 무쓰는 미우라의 계획을 쉽게 막을 수 있는 처지가 아니었다. 미우라 추천이 있었던 7월 11일을 전후한 약 15일간에 걸쳐 그는 병세가 악화되어 사경(死境)을 헤매고 있었기 때문이다.[141] 뿐만 아니라 그녀 자신도 말하고 있듯 그가 조슈 출신자들의 제약을 받고 있었기 때문이기도 했다. 그럴진대 무쓰가 미우라의 살의를 사전에 알았든 오카모토의 보고를 받고야 알았든 아무 것도 달라지는 것이 없는 것이다. 그야말로 말장난에 불과한 것이다.

재삼 강조하지만 당시 무쓰는 외상의 자리만 유지하고 있었을 뿐 모든 직무를 사이온지에게 넘겨준 상태여서 일본정부의 외교 당국자가 아니었다. 더욱이 조선 문제에 관한 한 그의 외상 업무의 이양과 상관없이 이미 전권이 이노우에에게 넘어가 있었다. 따라서 이런 사실을 모르는 일반 독자, 특히 모를 수밖에 없는 한국 독자들로서는 현직 외상 무쓰가 조선에 와 있던 일본인 오카모토로부터 보고를 받고서야 비로소 왕후 시해 계획을 알게 되었다고 할 때 "적어도 일본정부만은 사건과 관계가 없다"는 그녀의 주장에 설득당할 수밖에 없는 것이다.

12. 미우라의 역할과 낭인

왕후 시해를 실행하기 위한 미우라의 세부 계획은 이노우에가 서울을 떠나고 나서 9월 21일경부터 구체적으로 드러났다. 그렇다고 해서 미우라가 그의 말대로 부임 이후 시해 당일까지 계속 불경이나 외우며 앉아 있었던 것은 물론 아니다. 러시아와의 연결고리인 민 왕후를 제거하기 위한 구체적인 실행 계획을 짜고 있었다. 그리고 이 문제를 이노우에와 상의했던 것이 분명하다.

국회의원에 출마하기 위해 이노우에를 따라 귀국하려던 오카모토 류노스케를 이노우에와 미우라가 함께 간곡하게 만류해 민 왕후 시해에 활용한 사실이 이를 입증해준다.[142] 그는 대원군과 가장 친분이 두터운 일본인이었고, 이 때문에 당시 민씨 정부에게는 기피되던 인물이었다. 따라서 미우라의 입장에서 오카모토는 대원군 이용에 내세울 수 있는 최적임자였다.

당시 서울에는 미우라와 성향을 같이해 의기 투합되던 이른바 낭인(浪人)들이 많았다. '국면 타개의 방책은 민 왕후 제거뿐'이라는 이들의 외침이 미우라의 살의에 상승 작용을 불러일으킨 것이다. 낭인은 일반적으로 깡패나 부랑배쯤으로 알려져 있지만 이는 사실과 다르다. "…… 근대에 와서 낭인이라는 말은 '비정치적 민간인'으로서 국내 및 대륙에서 정치적 활동을 행하는 자를 일반적으로 일컫는다. 그중에서 특히 조선을 위시해 대륙에서 활동하는 자가 그 정수이고 핵심이라고 할 수 있다. 때문에 우익의 핵으로서는 전형적 아시아주의자인 '조선 낭인', '대륙 낭인'을 들수가 있다." "…… 우익으로는 국수주의자, 일본주의자, 아시아주의자를 들 수 있는데, 이중 특히 대륙침략론자인 아시

아주의자가 근대 우익의 정통파로서 그 본류를 형성하고
있다. 그 대표적 단체가 현양사(玄洋社), 흑룡회(黑龍會)라고
할 수 있다.”[143]

　거듭 강조하지만 낭인은 깡패나 부랑자가 결코 아니었
다. 그들은 대륙침략주의자들이었다. 미우라와 함께 조선
에 건너와 왕후 시해에 기획·자문뿐만 아니라 낭인 동원까
지 맡았던 시바 시로(柴四郎)는 하버드 대학을 마친 뒤 다시
펜실베이니아 대학에서 경제학을 전공한 일본 최고의 지성
인이었다. 1885년 12월 12일 발족된 제1차 이토 내각의 농
상무상 다니 간죠(谷干城) 밑에서 차관을 지내기도 했고,
1892년에는 중의원 의원을 지내기도 했다. 메이지 시대의
정치가 및 소설가로 활약하기도 한 거물이었다. 그런데 차
관까지 지낸 이 일본의 고관이 10년 뒤에 미우라와 같은
배를 타고 한국으로 건너와서 궁중으로 난입했던 것이다.

　뿐만 아니라 궁성 침입과 살해를 담당했던 낭인 출신의
영사관보 호리구치 구마이치(堀口九萬一)도 도쿄대학 법학
부를 졸업한 일본의 대표적 지성으로 사건 후 브라질과 루
마니아에서 전권공사를 역임했다. 한성신보사 사장으로 낭
인의 집결을 담당했던 아다치 겐조(安達謙藏)는 후일 가토
다카아키(加藤高明) 내각의 체신상, 하마구치(濱口) 내각의
내상을 역임했다.[144] 다만 대원군을 시해 현장으로 끌고 가

는 역할을 맡았던 오카모토 류노스케만이 후원자(무쓰)가 없어진 탓인지 출세하지 못하고 조선 낭인에서 대륙 낭인으로 변신해 1912년 상해에서 객사했다.

이 밖에도 낭인 중에는 여러 명의 식자층이 있었다. 한문에 조예가 깊은 한성신보사 주필 구니토모(國友重章), 편집장 고바야가와(小早川秀雄), 영어를 구사할 수 있었던 야마다(山田烈盛), 후일《근대조선사》등을 저술한 기쿠치(菊池謙藏)·사사기(佐佐木正)·히라야마(平山勝熊) 등의 기자와 히라야마(平山岩彦)·마쓰무라(松村辰喜) 등 사족(土族) 출신의 지식인이 많았다.

미우라는 바로 이들 낭인들을 왕후 시해의 선봉에 세웠다. 확실하게 믿을 수 있는 자는 이들밖에 없었기 때문이다. 그리고 이들을 무뢰배(無賴輩) 내지 깡패쯤으로 부른 것도, 당시의 외국 신문들이 지적하고 있듯, 깡패들이 흔히 저지를 수 있는 하찮은 소란으로 이 시해 사건의 의미를 축소하려는 일인들의 잔꾀였다.[145]

여기에 미우라는 자기의 직속 부하인 공사관 서기관 스기무라 후카시(杉村濬)에게 자문을 담당하며 일본인과 조선인 관련자와의 연락을 총괄하게 했다. 부산 영사관 시절부터 시작해서 조선에 온 지 10년이 넘는 그의 경력을 높이 샀던 것 같다. 그는 같은 일본인이라고 해서 아무나 사건에 가담시키지 않았다. 비밀 유지를 위해 가담자 선정에 엄격했다. 직책만으로 본다면 마땅히 가담해야 했던 공사관의 우치다 사다즈치(內田定搥) 영사가 배제되었는가 하면 조선정부의 일본인 고문관 중에서도 오카모토[궁내부]와 시부야 가토오지(澁谷加藤次, 내부)만을 가담시켰을 뿐, 호시 토호루(星亨, 법부), 이나오 고레시게(仁尾惟茂, 탁지부) 등은 끝까지 소외시켰다.[146]

물론 직접 행동은 사복으로 위장한 바로 이들 낭인이 담당했지만 이를 수행할 수 있도록 지원한 무력 배경은 바로 일본군 수비대였다. 후일 야마모토 곤노효우에(山本權兵衛) 내각의 육군상이 된 쿠스노세(楠賴幸彦, 공사관 부 무관 겸 군부 고문) 중령이 미우라의 군사 관계 자문에 응하며 수비대를 총괄했다. 그리고 바야바라(馬屋原務本) 소령이 일본 수비대 및 조선의 훈련대 동원을 책임 맡아 지휘했다.

그 휘하의 제1중대[藤戶與三 대위]는 공덕리로 가서 대원군을 호송해 그를 훈련대와 함께 궁성 침입 때 끌고 들어가는 임무를, 제2중대[村井右宗 대위]는 궁성 동북쪽 경계를, 제3중대[馬來政輔 대위]는 궁성 서쪽의 경계와 공사 호위를, 그리고 별동대[鯉登行之 대위 등]는 시해 확인 및 현장 감독 책임을 각각 맡았다.[147] 그리고 오기하라 히데지로(荻原秀次郎, 공사관 부 경부)에게는 순사를 사복으로 변장시켜 대원군과 함께 입궁하게 하는 역할이 맡겨졌다.

이렇게 각 책임자에게 역할이 분담된 것은 10월 2일 전후였다. 그러나 이것은 계획이 확정된 뒤에 시달된 날짜였다. 미우라 부임 직후부터 이미 이런 움직임은 보이기 시작했고 이노우에가 서울을 떠난 직후에는 더욱 구체적으로 드러났다.

아다치가 9월 21일경 미우라의 '결의'를 알아보기 위해 방문하자 미우라는 "아무래도 한 번은 '여우사냥'(민 왕후 시해)을 하지 않을 수 없다. 자네 밑에 젊은 놈이 몇 명이나 있나?"라고 물으며 그에게 임무를 맡겼던 점, 미우라와 함께 내한한 시바 시로 등이 조선인 가담자 이주회(李周會)와 빈번하게 만난 점, 호리쿠치 구마이치가 대원군을 찾아간 점 등이 모두 그의 준비 작업이었다.

그러나 미우라는 계획의 성패가 어디까지나 대원군을 각본대로 이용할 수 있느냐의 여부에 달렸다고 판단했다. 그래서 이 계획이 드러나지 않도록 감추기 위해 그는 6일과 7일 오카모토를 쿠스노세와 함께 귀국하는 것처럼 가장하기 위해 일부러 성대한 환송식까지 한 뒤 인천으로 보내 대기하도록 했다. 시해를 위한 역할 분담에서 그들의 비중이 매우 컸고, 또 그들이 야인이 아니었기 때문에 만일의 경우에 대비하기 위해서도 그럴 필요가 있었다.[148]

13. 미우라의 행동 지침 시달과 일본의 대원군 이용

미우라는 '결행'일을 10월 10일로 잡고 있었다. 10월 2일을 전후해서 완성된 그의 모든 계획은 이날짜에 맞추기 위한 것이었다. 그런데 갑자기 차질이 생겼다. 풍문으로 나돌던 훈련대 해산을 조선정부가 예상보다 앞당겨 7일 새벽 2시를 기해 전격 단행했고, 이 사실을 군부대신 안경수가 같은 날 오전 9시에 미우라에게 통고해왔기 때문이다.

그리고 이어 조선인으로 일본을 도왔던 우범선(훈련대 제2대대장)도 같은 사실을 알려왔기 때문이었다.[149] 훈련대란 미국의 다이 장군이 육성한 왕실 직속 부대인 시위대와는 달리 일본군 장교가 육성한 군대로서, 왕후는 일본에 대한 항거를 이들의 해산을 통해 현실화시키려 했던 것이다.

미우라의 계획은 훈련대 해산설을 기화로 민 왕후에게 적의를 품은 대원군과 훈련대가 쿠데타를 일으켜 시해한 것으로 꾸미려 했다. 그래서 기회를 만들기 위해 일본인 교관의 사주로 6일 저녁에 훈련대가 경무청을 먼저 습격하는 사건을 벌이기도 했다. 조선인을 믿을 수 없어 어차피 시해는 일본 낭인들이 담당하겠지만 대원군과 훈련대를 들러리로 세우는 조치 또한 불가피했기 때문이다.

그런데 이미 훈련대 해산 명령이 하달되고 시일이 경과

된다면 미우라로서는 그들을 동원하기가 어려워질 뿐만 아니라 그들에게 사건의 책임을 전가하려던 자신의 계획이 차질을 빚게 될 수밖에 없었다. 이런 상황에서 그는 같은 날 오후 2시에 일본이 요동 보상금 3,000만 냥을 최종 수락함으로써 3국과의 대립 요인을 완전히 제거했다는 본국 정부로부터의 전보를 받았다. 이것은 국제적으로 골치 아픈 문제가 다 해결되었으니 준비 되는 대로 결행해도 좋다는 일종의 간접 통보였을 것이다.

그가 거사 일자를 2일 앞당겨 10월 8일 새벽으로 바꾼 것은 훈련대 해산과 바로 이 통지에서 비롯된 일이었다.[150] 이에 미우라는 일정을 서둘렀다. 우선 훈련대 해산을 보고하기 위해 찾아온 우범선과 바야바라에게 그 즉석에서 훈련대와 수비대의 동원을 명령했는가 하면, 인천에서 대기하고 있던 오카모토와 쿠스노세에게 즉시 귀경하라고 통보했다.

그리고 호리구치에게는 오카모토와 용산에서 합류해 대원군을 끌어낸 후 낭인들을 지휘하라고 지시했으며, 오기하라에게는 순사들을 사복으로 갈아 입혀 낭인들과 합류해 대원군과 함께 궁궐로 돌입하라고 명령했다. 한편 아다치 겐조와 구니토모 시게아키에게는 낭인을 집합시켜 왕궁으로 직행하라고 했다.

이처럼 미우라는 10월 2일의 역할 분담에 뒤이어 시해 일시를 새로이 10월 8일 오전 4시 반경으로 잡고, 바로 그 전날인 10월 7일을 기해 각 행동 책임자에게 구체적인 행동 지침의 시달까지 완료했다.[151] 그리고 만반의 준비를 갖춘 후 그날 저녁 7시부터 9시 반에 걸쳐 그가 이 사건 참여에서 소외시킨 우치다가 베푼 만찬에 천연스럽게 참석하기까지 했다.

요컨대 시해의 실제 행동대는 낭인이고, 들러리는 대원군과 훈련대였다. 따라서 낭인들의 움직임과 대원군을 끌어내는 일이 서로 호흡이 맞아야 했다. 우선 낭인들은 두 패로 나뉘어 한 패는 시바가 숙소로 쓰고 있던 파성관(巴城館)에 집결해 직접 궁궐로 쳐들어가기로 했고, 다른 한 패는 공사관의 지원으로 운영되던 한성신보사(漢城新報社)에 집결해 오카모토 및 호리구치 등과 합류한 뒤 대원군을 옹위해 궁궐로 들어가기로 했다. 이 두 곳이 바로 궁궐로 침공하기 위한 낭인들의 집결지였다. 특히 파성관에 모였던 이들 낭인 '결사대'는 지휘본부였던 남(南) 1호실로부터의 출동 명령을 기다리는 동안 술을 마셔 만취 상태로 궁궐에 난입했다.[152]

다른 한편 오카모토 등은 대원군을 공덕리 저택에서 경복궁으로 끌고 가는 데 많은 시간이 걸렸다. 미우라의 계획은 왕궁으로 침입하기 전 단계에서 시간적으로 차질을 빚었던 것이다. 먼저 인천에서 급보를 받은 오카모토는 7일 밤 12시경 용산에 도착해 낭인들과 사복 차림의 순사들을 거느리고 황급히 대원군의 공덕리 저택으로 달려갔다. 그리고 그곳을 감시하고 있던 약 30명의 순검들을 모조리 창고에 감금하고 그들의 옷을 빼앗아 일본인들에게 입혔다. 이 순검들 중에서 한 사람이라도 빠져나와 이 사실을 궁궐에 알리지 못하게 하기 위한 조치였다. 그러나 그는 이를 수상하게 여긴 대원군의 완강한 불응과 지연 전술에 부딪혔다.

그리하여 그를 끌어내는 데 무려 2시간 반이나 걸려 3시 반경에야, 그것도 강제로 가마에 태우고[153] 비로소 서대문을 향해 출발할 수 있었다. 그러나 이들에게 끌려 궁궐로 가는 도중에도 그는 소변을 빙자해 여러 차례 가마를 세웠다는 것이다. 물론 이 단계에서 대원군이 일본인들의 동태에 의혹은 품었겠지만 그렇다고 해서 그가 왕후 시해 계획까지 알고 있었다는 흔적은 전혀 찾아볼 수 없다.

주한 영국영사 힐리어(W. C. Hillier)의 보고로도 알 수 있듯 "······ 대원군은 자신의 뜻과 무관하게 일본의 강압에 의해 궁궐로 가게 되었다."[154] 실제로 사건 이후에도 대원군은 별다른 역할도 하지 못하고 이재면과 함께 감시를 받고 있었

다. 이재면도 일본인의 감시를 피해 이미 힐리어와 웨베르
에게 이 사실을 거듭 밝힌 바 있었다.

14. 일본인들의 궁궐 난입과 민 왕후 시해의 현장

오카모토 등이 대원군을 이끌고 도중에 훈련대와 합류하
여 서대문에 도달한 것은 4시 반이나 되어서였다. 그러나
여기서도 다시 차질이 빚어졌다. 이 곳에서 일본군 수비대
와 합류하게 되어 있었지만 이들이 이를 잘못 알고 남대문
에까지 나갔기 때문이다. 다시 1시간 이상이 지체되어 이들
이 간신히 광화문에 도달한 시간은 새벽 5시 반경이었다.
10월 초순의 이 시각은 이미 사람을 알아볼 수 있을 정도로
날이 밝아져 통행인의 눈을 피할 수가 없는 정도였다.

일본인들의 궁궐 침입은 광화문에서 총격전으로 시작되
었다. 여기서 그들은 부하들의 궁궐 침입을 저지하던 훈련
대 연대장 홍계훈(洪啓薰)을 살해했다. "홍계훈은 (임오군란
때) 왕후의 생명을 구해준 일이 있고, 비록 반란군(훈련대)을
맡고는 있었지만 왕후에게 매우 충성스러운 인물이었다.
그는 부하들의 궁궐 공격을 저지했기 때문에 칼을 맞고 피
살되었다."[155] 그리고 이 밖에도 광화문을 지키던 6~8명의

시위대 군인이 목숨을 잃었다.

그러고나서 일인들은 5시 50분에야 겨우 광화문을 통과했다. 그러나 당시 궁궐에 있던 시위대 교관 다이(William McEntyre Dye) 장군은 '일본군이 대원군을 옹위하고 궁궐로 들어오는 것을 5시 15분에 목격했다'고 보고한 바 있다.[156) 이는 일본측 자료와는 분명히 시간상의 차이를 보이는 대목이다.

일인들은 시위대를 단숨에 밀어내고 약 20분 뒤인 6시 10분경 대원군을 근정전(勤政殿) 옆의 강령전(康寧殿)에 내려놓았다. 그 후 한 무리는 여기서 경회루(慶會樓)를 북쪽으로 돌아 왕의 편전(便殿)인 건청궁(乾淸宮)으로 난입했다. 이 곳은 다이 장군 휘하의 시위대가 지키다가 패퇴하는 통에 이미 무방비 상태가 되어 있었다. 왕의 침전인 곤령합(坤寧閤)을 유린한 이들 일본인들은 그 곳에 있던 여인들을 모조리 왕후의 침전인 옥호루(玉壺樓)로 끌어냈다. 이상은 낭인들을 비롯한 시해 주류가 광화문을 통과해 난입한 상황이다.

그러나 다이와 사바틴 그리고 시위대 연대장 현흥택(玄興澤)의 증언에 따르면 이들이 궁궐 밖의 동향을 감지한 시각은 새벽 2시경이었다. 이미 4시경에 일본군은 궁궐의 북서 및 북동쪽 문에 집결했으며, 이들은 앞에서 말한 광화문 공격에 맞추어 북서쪽 문[秋成門]의 담을 넘고 있었다는 것이다.[157] 그렇다면 광화문에 먼저 온 무리들은 그곳에서 적어도 2~3시간이나 초조하게 기다렸다는 이야기가 된다. 대원군을 끌고 오는 데 시간이 지체되고 훈련대의 도착이 늦어졌기 때문이라고 추정된다. 이 사건이 그나마 사람들의 눈에 띄게 된 원인이 여기에 있었던 것 같다.

그렇지만 일본인들의 궁궐 난입에서 무엇보다도 주목되는 부분은 그들이 건청궁에 도달한 후 왕후의 소재를 확인하는 과정과 왕후 시해의 현장에서 드러낸 잔인성이다. 그들의 잔학성과 현장 상황은 다이·사바틴·현흥택 등의 증언을 토대로 당시 서울에 주재하던 구미 외교관들의 보고와 몇몇 자료에 의해 사실적으로 확인되고 있다.

먼저 사바틴의 증언을 토대로 한 주한 영국영사 힐리어의 보고에 따르면 왕후의 소재를 추궁해 물으며 직접 흉행을 저지른 자는 일본도(日本刀)로 무장한 20~25명의 사복 차림의 일본인들이었고, 이들은 왕후를 찾느라 방의 안팎으로 뛰어 다니며 궁녀들의 머리채를 잡아 끌고 나와 마루 아래로 내동댕이치고 발로 걷어찼다는 것이다. 그리고 군인들은 대개 출입문을 차단하는 등 사복 차림들의 살해 행위를 지원하고 있었다는 것이다.[158]

그런데 이런 급박한 상황에서 약 40명 정도의 조선군 훈련대는 땅에 무기를 내려놓은 상태로 일본 민간인과 장교에 의해 앞뒤에서 감시를 받으며 정렬해 있었다는 것이다.[159] 영문도 모르는 채 일본인들에 의해 현장에 동원된 것이 분명했다. 사건의 책임을 뒤집어쓰기에 아주 알맞는 모양새들이었다. 그러나 어느 누구도 시해가 자행된 바로 그 현장에서는 조선군 훈련대를 보았다고 한 사실이 없다. 훈련대가 시해에 직접 가담하지 않았음이 사실(史實)로써 입증되는 대목이다.

그러나 어느 경우보다도 일인들의 잔학성은 왕후를 시해하며 극에 달했다. 시해 현장에 있던 궁녀로부터 전해들은 왕태자의 말을 토대로 해서 앨런이 올니 국무장관에게 보낸 10월 10일자 보고와 4명의 증언을 토대로 주한 영국영사 힐리어가 북경주재 영국공사 오코너에게 보낸 10월 11일자 보고 등은 시해의 실상을 더욱 생생하게 재연해주고 있다.[160]

물론 다이·사바틴·현흥택 등 시위대 지휘관들도 궁궐 내에 있기는 했다. 그러나 이들은 일인들에게 모두 감금당한 상태여서 시해하는 바로 그 장면을 직접 목격하지는 못했다. 현장에서 가장 가깝게 있었다는 현흥택조차도 시해 후 왕후로 보이는 시신을 불태우는 현장만을 본 정도였다.

그러나 영국영사에게 증언한 4명 중에서 2명의 증언은 달랐다. 왕후가 일인들의 칼에 희생되는 장면을 직접 목격한 궁녀를 위시해 그들의 칼에 희생된 왕후의 시신을 확인

한 늙은 여 시의(女 侍醫)가 포함되어 있었다. 이 밖에 왕후
로 보이는 시신을 목격한 시위대 장교 및 그 시신을 불태우
는 장면을 목격한 궁중 하인이 포함되어 있었다. 그들이
증언한 시해 현장의 참상은 대략 다음과 같다.

일인들은 곧바로 왕과 왕후의 처소로 가서 몇몇은 왕과
왕태자 및 그 측근 인물들을 붙잡았고, 다른 자들은 왕후의
침실로 향했다. 이에 궁궐 안에 있던 궁내부대신 이경직(李
耕稙)이 달려와서 위험을 알렸고 왕후와 궁녀들이 잠자리에
서 뛰쳐나와 달아나려 했다. 그런데 그 순간에 살해범들이
들이닥치자 이경직은 왕후를 보호하기 위한 일념에서 엉겁
결에 두 팔을 벌려 왕후 앞을 가로막고 나섰다. 그러나 이
같은 그의 무의식적인 보호 행위가 오히려 살해범들에게
그의 등뒤의 여인이 바로 왕후임을 알려준 결과가 되고 말
았다.[161]

그리하여 이경직은 일인들의 칼에 양팔이 잘리고 피를
흘리며 쓰러져 죽었다. 이에 대해 낭인 히라야마(平山岩彦)
는 훈련대 교관으로 일본 수비대 소속인 미야모토(宮本) 소
위가 먼저 권총을 발사해 쓰러뜨린 후 자기가 베어 살해했
다고 자백하고 있다. 그리고 순간 왕후는 뜰 아래로 달아났
지만 결국 붙잡혀 쓰러졌고, 살해범들은 왕후의 가슴을 짓
밟으며 몇 차례나 거듭 칼로 찔렀다. 그리고 실수가 없도록

하기 위해 왕후와 용모가 비슷한 궁녀들까지 살해했다.

　그러나 누가 왕후를 직접 칼로 찔러 시해했는지는 확실히 알려지지 않고 있다. 다나카(田中賢道)라고도 하고 어느 장교라고 하기도 한다. 두 명의 순사(橫尾勇太郞·境益太郞)도 누군가를 살상한 혐의가 있다. 왕후의 얼굴을 모른 상태에서 저질렀기 때문에 누구의 소행인지 가려낸다는 것이 불가능할 수밖에 없다. 다만 왕후의 침실까지 난입한 자로는 나카무라(中村楯雄), 후지카쓰(藤勝顯), 데라자키(寺崎泰吉, 高橋源次라고도 칭함), 구니도모(國友重章) 등 낭인과 미야모토 소위 및 마키(牧能虎) 등 군인이 있었다. 따라서 직접 시해범은 이들 가운데 한 명일 것이다. 당일 데라자키가 스즈키(枔木重元)에게 보낸 편지에 '어느 친구의 말에 의하면 내가 죽인 자가 바로 왕비였다'고 했다는 점으로 미루어 일단은 데라자키에게 혐의를 둘 수밖에 없다.[162]

　왕후가 시해되자 여 시의가 앞으로 다가가서 손수건으로 죽은 왕후의 얼굴을 가렸다. 그러고나서 시신이 숲 속에서 불태워졌고, 타고 남은 재를 일부는 땅에 묻고 나머지는 바로 옆의 향원지(香遠池) 또는 근처 우물에 버렸다는 것이다. 그리고 다른 시신은 궁궐 밖으로 옮겨졌다고 한다.

　한편 낭인배들은 궁녀와 왕태자 이척(李坧)에게 강압해 왕후의 시신을 재확인하기도 했는데, 이 과정이 있기 직전에 술에 취한 이들이 시신을 능욕하는 시늉까지 해가며 만행을 서슴지 않았다는 것이다. 왕궁 침입에 앞서 이미 술에 만취한 낭인배들이 자기들의 목적을 성취한 뒤 기뻐 날뛰며 이 같은 천인공노할 짓거리를 한 것이 아닌가 여겨진다.

이 같은 일본인들의 잔학성은 마땅히 더 분명하게 규명되어야 하겠지만 이를 더 언급하는 것이 어딘가 왕후에 대해 불경이 되는 것 같다는 생각이 들어 이만 줄인다. 그러나 이는 부정할 수 없는 엄연한 사실이다. 일본인 학자 야마베 겐타로(山邊健太郎)와 나까쯔카 아키라(中塚明) 그리고 재일 사학자 박종근(朴宗根) 등이 전거를 들어 이를 분명하게 확인해주고 있다.[163]

15. 주한 구미 외교관들의 의혹 제기와 일본정부의 증거 인멸·왜곡

왕후 시해 직후 웨베르(러), 앨런(미), 힐리어(Walter Caine Hillier, 영), 크리엔(Ferdinand Krien, 독) 르페브르(G. Lefevre, 프) 등 주한 구미 외교관들은 먼저 미우라 공사를 만나 사건의 진상을 밝히라고 추궁했다.[164] 그러나 '이 사건은 대원군과 훈련대에 의해 저질러진 것으로, 일본인과는 전혀 무관하다'는 것이 그의 강변이었다.

그렇지만 웨베르, 앨런, 힐리어 등은 사건 현장을 직접 목격했거나 그 부근에 있었던 다이와 사바틴(A. J. Sabatin) 및 현흥택 등과 몇몇 궁녀의 증언을 토대로 실마리를 찾아 나갔다. 특히 웨베르는 '왕이 폭도들에 의해 보호된다는 것이 정당한가'라며 미우라를 몰아붙였다. 이들의 치밀한 증거 제시로 완강하던 미우라도 결국 더 이상 버틸 수 없는 처지로 몰리고 말았던 것이다.[65]

처음에는 일본인은 무관하다고 우기던 미우라도 일본인이 대원군 호위에는 참가했다며 한 발 물러섰고 자신의 관여만은 끝까지 부인했지만 마침내는 일본인의 시해 가담 사실까지 시인하고 말았다. 그러나 앨런은 여기서 물러서지 않고 더욱 깊숙이 파헤쳐 들어갔다. 그리하여 마침내 미우라 공사의 관여 사실까지 밝혀내기에 이른 것이다.

"사건의 지휘자는 일본인이고, 암살자들도 민간인 옷을 입은 일본인이며, 이 사건에 공사관원이 관여된 것은 의문의 여지가 없고, 미우라 자신이 관여했다는 증거도 부인할 수 없을 만큼 명백하다"는 것이 바로 그가 국무성에 보낸 보고 내용이었다.[66] 일본과의 분쟁을 우려해 더 이상의 진상은 규명할 수 없었지만 어쨌든 이들 외교관들의 노력으로 미우라의 관여 사실까지는 그야말로 더 이상 부인할 수 없을 만큼 밝혀낸 것이다.

사태가 여기에 이르자 일본정부는 시해 열흘 만인 10월 17일을 기해 미우라를 비롯한 48명의 사건 관련자 전원을 소환 조치하고 히로시마 재판소에 회부하는 절차를 밟았다. 이 같이 재빠른 관련자 소환도 사건의 내용이 더 이상 드러나지 않도록 막기 위한 은폐 공작의 일환이었다. 그리고 이 사건에 자국의 전권공사가 관련된 사실이 드러난 이상, 이제 일본정부의 개입 사실만은 절대로 없다는 최종 방위선 고수에 그들의 총력을 집중하게 된 것이다.

그리하여 그들은 관련 자료를 송두리째 인멸·왜곡하고, 외국 기자를 매수하는 데 정부 차원의 지원을 서슴지 않았다.[167] 일본인의 사건 인멸·왜곡 및 자료 은닉은 대개 다음 네 가지 사례로 구분된다. 첫째, 미우라는 사건 직후 일본인, 특히 공사관원과 수비대의 관련 사실을 절대로 발설하지 못하도록 엄중 단속했다. 둘째, 사이온지 긴모치 외상대리는 조선주재 일본영사 우치다 사다즈치(內田定搥)가 외무성 이외에도 지방재판소에 보고서를 제출한 데 대해 '…… 비록 재판소의 문의가 있더라도 직무상 알게 된 기밀은 말하지 말아야 한다'고 경고했다. 셋째, 당시 내각 서기관장이자 도쿄니치니치(東京日日)신문사 사장을 겸하고 있던 이토 미요지(伊藤巳代治)는 수상 이토 히로부미(伊藤博文)의 재가를 얻어 6,000엔을 내각으로부터 빼내고 이를 《뉴욕해럴드》 특파원이던 코커릴(John A. Cockerill)을 매수하는 등 정부 규모의 매수 공작도 서슴지 않았다. 넷째, 사이온지 긴모치는 주일 영국공사 새토우(Ernest Satow)에게는 물론 니시 토쿠지로(西德二郎)를 비롯한 자국의 모든 외교 채널을 총동원해, 특히 러시아에게 일본정부의 무관함을 납득시키는 데 힘을 기울였다.[168] 사건 직후 병석의 무쓰도 조선 관민의 동향보다 열강, 특히 러시아가 어떻게 움직이는가 유의하라고 사이온지에게 충고한 사실도 있었다.[169]

이에 같은 날 자국의 니시 주러 공사에게도 몇 명의 일본 관리와 민간인이 조선 '사태'에 연관된 것은 사실이지만 일본정부는 이 사건과는 아무런 관계가 없고, 사건에 말려든 혐의가 있는 미우라를 비롯한 관리들은 소환되었으며 민간인들도 조선을 떠나도록 조치했음을 통고했다.[170] 그리하여 니시는 로바노프 외상이 휴가에서 돌아오기를 기다렸다가 10월 20일자로 그를 찾아갔고, 그 자리에서 일본정부는 사건과 무관하다는 사이온지의 전보 내용을 전했다. 뒤이어 24일에는 외무성 아시아국장을 방문, 그로부터 러시아정부가 일본과 마찰을 우려해 조선 '사태'에 대해 아무런 문제 제기도 하지 않기로 했다는 사실 확인까지 하는 치밀함을 보였다.[171] 그들 정부만은 사건과 무관하다는 최종 방위선을 오늘날까지 유지할 수 있었던 원인이 여기에 있지 않았나 여겨진다.

반면 웨베르는 10월 17일 조선 외부를 방문, 자국 정부로부터 온 전보 내용을 전하며 살인자와 살인 교사자는 재판에 회부되어야 하고 10월 8일 이후에 임명된 각료(제4차 김홍집 내각)와는 상대할 생각이 없다고 선언했다. 이에 주한 각국 외교관들도 조선정부의 각부에 배치된 일본인 고문들이 미우라와 함께 물러나야 하며, 왕권도 가능한 한 빨리 사건 이전의 수준으로 회복되어야 한다는 웨베르의 견해에 동감을 표했다.[172]

16. 일본정부의 시해 주모자 은폐와 미우라 주모설의 문제점

사건의 주모자 이노우에 가오루가 9월 21일 인천을 떠나 일본으로 귀국했음은 이미 위에서 말했다. 주범은 이미 성충권으로 몸을 숨기고 조선 땅에는 종범 미우라와 그 졸개들만 남게 된 것이다. 그리고 왕후를 시해한 직후부터 그들은 대원군·훈련대 주모설을 내세웠고, 이후 대원군 주도설, 미우라·대원군 공모설, 심지어는 한때 고종 주도설까지 퍼

뜨려 사건의 주모자를 감추려 했다.

그러나 주한 외교관들의 집요한 추궁에 못 이겨 관련자 전원을 재판에 회부한 이후로는 미우라 주모설까지는 부정할 수 없는 사실이 되고 말았다. 따라서 일본은 자국 민간인의 사건 관여까지는 인정하지만 정부의 관련만은 결코 없었다는 최종 방위선 고수에 총력을 기울이게 된 것이다. 히로시마 재판소의 조선 사건 '예심종결 결정서(豫審終結決定書)'는 그 의도를 더욱 선명하게 드러내주고 있다.

이들은 사건 모의의 동기를 두 가지로 들고 있다. 사건 발단의 동인을 미우라 부임 이후의 조선국 형세의 불운에 두고 있는 것이 그 하나이고, 대원군이 먼저 당시의 폐단을 분하게 여겨 자진해 일본공사의 조력을 요청해왔다는 것이 그 다른 하나이다. 그리고 문제의 근원은 '궁중(민 왕후)의 전횡이 날로 심해져 국정에 간섭하고 우리 장교가 애써 기른 훈련대를 해산함으로써…… 우리 나라를 소외시키려는 데……' 있었다는 것이다.[173]

한 마디로 미우라·대원군 공모설을 주장하고 있는 것이다. 일본인 학자 사케다(酒田正敏)도 '이노우에가 서울을 떠난 9월 17일 이후 조선정부에서 돌연 이노우에의 내정 개혁을 무시하는 정책을 취하고, 친러파가 정권을 장악할 것 같은 움직임을 보이자 미우라는 민 왕후 살해로 대항하려

했다'고 주장하고 있다. '왕후 시해의 동인을 미우라 부임 이후의 정세 변화에 두는' 견해이다. 이노우에가 조선을 떠나기 전에는 계획이 전혀 없었다는 이야기이다. 그리고 이노우에의 서울 출발에 앞서 미우라가 17일간이나 그와 같은 공사관에서 함께 지냈음에도 불구하고 그와는 상관없이 모든 것을 단독으로 처리했다는 이야기다.

그러나 이는 사실이 아니다. 우선 미우라가 부임(9. 1) 후에 판단했다는 조선국 형세의 '불운', 즉 조선정부의 '인아거일책'에 따른 이노우에 정책 무시는 일찍이 그 해 전반기인 3국 간섭(4. 23) 직후부터 노골화되었던 것으로, 미우라의 부임이나 이노우에의 이한(9. 21) 직후에 갑자기 나타난 양상이 결코 아니었다. 오히려 3국 간섭 이후의 정세 변화가 이노우에로 하여금 종국적으로 미우라를 자신의 후임으로 부임하게 했던 것이다.

이는 앞에서도 언급한 바 이노우에와 미우라가 귀국하려는 오카모토를 적극 만류했던 사실로도 알 수 있다. 동인과 결과를 바꿔놓은 것으로 이노우에 주모를 숨기려는 계략임이 분명하다. 이에 대해 1895년 10월 31일자 《노스 차이나 해럴드》도 '불행히도 왕후는 조선에서 이노우에의 개혁'에 큰 장애가 되어왔고, 그는 왕후의 악영향이 영원히 제거되지 않는 한 아무 것도 효과를 발휘할 수 없다고 믿게 되었

다'고 기록하고 있다.[174]

즉 미우라 부임 이후 혹은 이노우에 이한 이후의 조선의 형세 변화가 민 왕후 시해 사건의 동인이 되었다는 논리는 어디서도 그 정당성을 찾을 수가 없다. 실제로 이 시기에 조선에서 일어난 돌발적인 정세 변화는 아무 것도 없었다.

다음으로 대원군이 자진해 미우라에게 협조를 요청했다는 두번째 동기도 납득할 수가 없다. 우치다 사다즈치 영사의 보고에 따르면 '대한정략 상 왕후를 제거하지 않고는 도저히 내정 개혁이 불가능함은 물론 일본 세력은 조선에서 수 개월 내에 소멸될 것이고, 왕후를 제거하는 데는 대원군을 이용하는 길밖에 다른 방도가 없기 때문에, 은밀히 오카모토를 보내어 대원군의 속마음을 살피고 그와 밀의하였다'고 했다.

대원군이 미우라에게 접근한 것이 아니라 반대로 미우라의 계획에 대원군이 이용된 것임이 분명하다. 그리고 이 과정에서 스기무라가 작성해 대원군에게 제기했다는 4개 조의 약장(約章)[175]에 대원군이 과연 동의했을까 하는 문제에 대해서도 의문을 지울 수가 없다.

먼저 '대원군은 국왕을 도와 궁중을 감독하되 일체의 정무는 내각에 맡기고 결코 간섭하지 말아야 한다'는 약장에 그가 동의했을 까닭이 없다. 왕후의 세력 기반에 결정타를 가하고 동시에 자기의 세력 기반까지 함께 배제시키려는 일본인들의 계략에 그가 응했을 까닭이 없는 것이다. 그가 일본인들의 살의(殺意)까지는 알 길이 없었겠지만, 그들이 자신을 이용해 왕후의 정치 관여에 타격을 가하며 아울러 자신의 정치 관여도 함께 배제하려 한다는 사실을 짐작했을 것이기 때문이다.

따라서 대원군이 왕후 시해를 자청했다는 말은 더욱 납득할 수 없다. 물론 대원군의 노욕(老慾)과 민 왕후와의 불화를 부정할 수는 없지만, 우선 75세라는 그의 노령(老齡)이 이를 불가능하게 했을 것이다. 뿐만 아니라 그와 일본과의 관계는 이미 청일전쟁 초반부터 소원해진 상태였다. 평양에 있던 청군과 내통을 시도한 혐의로 그는 이미 일본측으로부터 불신을 받고 있었을 뿐만 아니라 그의 애손 이준용이 박영효 내각에 의해 반역음모 혐의로 혹형을 받았던 지난날을 그가 잊었을 까닭이 없기 때문이다.

한 마디로 일본정부는 우선 히로시마 재판소에 관련자 전원을 구금 함으로써 진실이 더 이상 드러나지 않도록 막아놓은 후, 이미 드러난 미우라를 앞에 내세움으로써 이노우에 주모를 숨기는 데 총력을 기울인 것이다. 일본의 국가적 범죄 사실을 부정하기 위해서는 그럴 수밖에 없었기 때문이다. 그리고 '희생양' 미우라에 대해서도 그들은 대원군이 협조를 요청한 데도 원인이 있었다며 범죄의 책임을 반 감해주려 했다.

따라서 민 왕후 시해 사건은 이노우에 주모를 밝힘으로 써 일본정부에 의한 국가적 범죄임을 실증하는 데 초점을 맞추어야 하는 것이다. 일본정부에 의해 미우라가 히로시 마 재판에 회부된 이상, 시해 직후 일인들이 내세웠던 대원 군·훈련대 주모설을 부정하기 위한 연구는 더 이상 의미가 없다. 아무리 실증적인 연구라고 하더라도 그 귀결점은 미 우라 주모설에서 한 걸음도 나갈 수 없기 때문이다.

제4장

러시아의 대일 대응과
러일전쟁으로 가는 길

러시아공사관

러시아공사관으로 대포까지 끌고와서 고종 알현을 강요하는 일본군

고무라 주타로(小村壽太郎, 1855~1911)
러일전쟁 당시의 일본 외상. 민 왕후 시해 후의 뒷처리를 위해 파한되어 곧이어 주한 공시로 부임했
다. 웨베르-고무라 각서를 성립시킨 후 귀국하여 외무차관, 주미·주러·주청 공시를 거쳐 외상이
되었고(1901), 일본대표로 포츠머드 조약을 성립시켰다.

1. 일본의 세력 회복과 고종의 곤경

일본은 왕후 시해 사건 이후 국제 여론이 급격히 악화되자 대책 마련을 서둘렀다. 이에 그들은 외무성 정무국장 고무라 주타로(小村壽太郎)를 서울로 파견해(10. 15) 조사에 착수하도록 하는 한편, 그를 미우라의 후임으로 주한 변리공사에 임명했다(10. 17). 이는 시해 이후 10일 만의 일이다.

그리고 이노우에도 이른바 '왕실 문안사(王室問安使)'라는 명칭으로 내한해(10. 21) 고무라를 측면 지원했다. 미우라라는 칼잡이를 써먹은 이노우에는 사건 수습을 위해 이제 외교 엘리트 고무라를 내세웠다. 그리고 자기도 고무라를 지원하며 함께 구미 외교관들에 대처해나갔다.

이에 맞서 미국의 실 공사는 현상을 타개하는 방법으로 고무라에게 왕을 괴롭히는 군부대신 조희연(趙羲淵)을 파면하라고 요구했다. 그리고 웨베르는 아예 그를 즉각 체포해야 한다고 압박했으며 영국 영사 힐리어도 왕은 궁궐수비대의 교체만을 바라고 있다며 가세했다.[176] 그러자 고무라와 이노우에는 열강과 분쟁이 우려된다며 일본군 단독으로 질서 회복이 불가능하다고 응수했다. 이것은 조선과 수교를 맺은 모든 열강이 집단적으로 일본에게 궁궐 수호를 의뢰하도록 하기 위한 계략이었다.

'유럽 열강과의 공동 행동을 자제하라'는 국무성(11. 11)
의 지령이 있어 미국이 다른 열강과 의견을 같이하기가 어
렵다는 사실까지도 일본은 이미 간파하고 있었다.[177] 문제는
왕후가 일인들에 의해 시해되었다는 사실이 밝혀졌음에도
불구하고 구미 외교관들이 왕의 안전과 질서 회복을 바로
가해자인 일본공사에게 의뢰할 수밖에 없다는 점에 있었다.

따라서 국제 여론만이 급격히 나빠졌을 뿐 조선에서 일
본의 위치는 조금도 달라진 것이 없었다. 그리고 이들 구미
외교관들로부터 멸시를 받고 있던 김홍집 내각의 친일색도
전혀 달라진 것이 없었다.

따라서 왕은 이들 친일 관리와 군인들에 둘러싸인 그야
말로 '포로'와 다름없는 상태에서 일상생활의 일거수 일투
족을 감시받고 있었다. 심지어는 독살이 두려워 삶은 계란
이외는 음식도 마음대로 먹을 수 없었고 휴식조차 자유롭
지 못한 형편이었다. 이에 미·영·러의 외교사절이 날마다
왕을 방문해 안전을 확인했고, 연발권총으로 무장한 미국
선교사들이 공사관이 발행한 증명서를 가지고 궁궐을 드나
들며 겁에 질려 있는 왕에게 음식도 공급해주고 신변 호위
도 해주었다.

친일 정권을 타도하고 고종을 궁궐 밖으로 모셔 나와 새
정권을 세우려 했던 이른바 춘생문사건(春生門事件, 11. 28)도

바로 이런 상황을 타개하기 위한 비상 조치였다.[178] 시종원 경 이재순(李載純)을 비롯해 이범진(李範晉), 이완용(李完用) 등 정동파가 합작·모의하고 웨베르와 앨런 등 러·미의 외교관, 교관 다이(W. McE. Dye), 그리고 언더우드(H. G. Underwood), 애비슨(O. R. Avison), 헐버트(Homer B. Hulbert) 등 선교사들이 대거 지원했던 것이다. 일본의 횡포를 막아야겠다는 데서 비롯된 폭넓은 호응이었다.

그러나 이 사건은 결국 실패로 끝나고 말았다. 그 결과 구미인이 관련된 이 사건의 실패는 오히려 일본에게 왕후 시해 관련자들을 조기 석방하는 구실로 이용되고 만 것이다. 왕후 시해 사건에 일본인이 관련된 것이나 춘생문사건에 구미인이 관련된 것이나 잘못은 마찬가지이니 일본정부만이 자국 국민에게 부담을 주어서는 안 된다는 논리였다.

뿐만 아니라 이 같은 춘생문사건의 실패를 기화로 일본은 반일친러 인사를 대거 숙청함으로써 그 기반을 더욱 강화해갔다. 그리고 이처럼 일본의 우위가 확립되며 일본공사관의 훈령대로 움직일 수밖에 없었던 김홍집 내각의 횡포도 더욱 심해짐으로써 고종은 다시 이들의 '포로' 상태로 되돌아갔다. 이런 상황에서 김홍집 내각이 내정 개혁을 추진하는 가운데 단발령(斷髮令)까지 발포(12. 30)하고 강행했던 것이다.

이는 그렇지 않아도 각처에서 들끓고 있던 민심에 기름을 부은 격이었다. 오랜 관습을 하루아침에 없애버린 데 대한 반발이라고도 하겠지만, 그보다는 일인 고문(顧問)들이 이를 강행하도록 작용한 데 더 큰 원인이 있었다.[179]

그리하여 단발령 공포 직후인 1896년 1~2월에는 을미의병(乙未義兵)이 더욱 거세게 일어나 그 혼란은 삽시간에 전국으로 파급되었다. 이는 개혁에 대한 항거가 아니라 왕후 시해에 울분을 품은 조선 민중의 일본에 대한 항거였다.

2. 러시아의 대일 대응과 아관파천

왕후 시해 이후의 혼란, 특히 을미의병의 봉기가 한반도 전역으로 확대되기에 이르자 러시아는 일본에 일대 보복을 가할 수 있는 절호의 기회를 맞이했다. 더욱이 춘생문사건 이후 조선에서 일본의 지위 강화는 상대적으로 러시아 세력의 위축을 의미하는 것이어서 러시아로서는 대응책을 모색하지 않을 수 없었다.

주일 러시아공사관 서기관이던 스페이르(Alexis de Speyer)가 멕시코 공사로 결정된 웨베르의 후임으로 서울에 부임한 것은 바로 이 무렵의 일이었다(1896. 1. 8). 그러나 스페이

르가 서울에 도착하기 직전에 이미 웨베르에게는 멕시코공
사 부임을 중지하고 조선에 계속 체류하라는 본국 정부의
훈령이 내려왔다(1895. 12.).[180]

그러므로 스페이르는 히트로보의 주일 공사직을 대행하
기 위해 이한(離韓)하는 3월 1일까지 거의 2개월간이나 웨
베르와 같은 공사관에서 자연스럽게 조선 문제에 공동 대
처하게 된 것이다. 이 두 러시아공사의 조선 동시 체류는
'민 왕후' 시해를 앞두고 일본의 이노우에와 미우라 등 전현
직공사가 17일간(1895. 9. 1~9. 17)이나 서울의 자국 공사관
에서 함께 체류했던 일본의 경우를 연상하게 한다.

물론 두 공사의 공동 체류가 우연이었다고 할 수도 있다.
그러나 우연이라고 하더라도, 그들이 2개월씩이나 함께 있
어야 할 필요까지는 없었다. 더욱이 아관파천이 끝나자 스
페이르는 곧바로 도쿄로 돌아갔고 웨베르는 계속 서울주재
공사로 남았다. 웨베르를 멕시코공사로 결정해놓고 부임을
중지시킨 조치 등은 러시아정부의 속셈을 선명하게 읽게
해준다. 더욱이 당시의 러시아는 일본에 대한 대응책을 강
구해야 할 절박한 상황이었다.

여기서 러시아정부는 경험이 풍부한 웨베르와 과단성이
있는 스페이르가 공동으로 사태에 대처하도록 한 것이다.
원래 스페이르는 친일색이 짙은 인물이었다. 그러나 그는

서울에 도착하자 생각이 바뀌었다. 일본에서 듣던 이야기
와는 사정이 너무나도 달랐기 때문이다. 대원군이 정권을
장악한 것도 아니거니와 국왕도 일본인 고문관이 조종하는
대로 움직이는 친일 각료들에 둘러싸인 허수아비였다. 심
지어 왕후 시해 직후 열국 공사들의 압력으로 잠시 물러났
던 조희연이 고무라에 의해 다시 군부대신으로 복귀한 정
도였다(1. 29).

따라서 당시 조선에 대한 러시아의 주 정책 목표는 조선
정부로부터 친일 관리를 추방하고, 왕에게 각료 임명권을
되돌려줌으로써 조선정부를 친러화하는 데 있었다. 그러나
친일관리의 해임은 일본의 동의를 얻을 수 없어 반일파를
지원하는 방법을 채택했다. 그리고 본국 정부에 대해서는
조선에 주둔하는 일본군과 대등한 수의 병력 파견을 요청
하고, 아울러 러시아의 보호를 요청하는 조선왕의 뜻을 전
했다(1. 22).[181]

그러나 이들 두 공사의 결정은 본국 정부의 동의를 받지
못했다. 일본 및 열강과의 충돌 가능성을 우려했기 때문이
다. 로바노프(Lovanov-Rostovskii) 외상은 '조선왕에게 어떤 보
장도 해서는 안 된다'는 점만을 이들 공사에게 강조했다.
그러나 '조선의 현정권을 타도하는 것이 어떤 의미가 있겠
는지, 그리고 이를 달성하기 위해서는 어떤 방법이 있는지

를 알아두라'고 지시했다. 동시에 외상은 '우리는 동아시아에서 새로운 분쟁을 원하지 않는다'는 사실을 거듭 강조했다(1. 23).[182]

이에 대해 스페이르는 일본이 청일전쟁을 치른 직후여서 러시아와 분쟁을 일으킬 가능성은 거의 없다고 회답했다. 그래서 우리의 행동 결의가 굳으면 굳을수록, 그리고 그 행동의 시기가 빠르면 빠를수록 위험 부담은 그만큼 감소된다고 보고했다.[183] 그러나 스페이르와 본국 정부 사이에 왕래된 전문은 주일 공사관을 통해 중개되었던 관계로 여기에는 자연히 히트로보의 의견이 첨가되었다.

여기서 히트로보는 새로운 분쟁을 피하기 위해서는 먼저 일본과의 합의 방법부터 모색해야 한다며, 정부에 대해 자기가 대관식에 참석할 일본 특사와 함께 귀국할 때까지 모든 결정을 늦추어줄 것을 요청했다. 러시아정부의 결정이 대관식 때까지 2~3개월이나 늦어진 원인은 바로 여기에 있었다.

물론 러시아정부도 고종과 조선의 반일 세력을 지원한다는 데는 원칙적으로 반대가 있을 수 없었다. 그러나 스페이르의 군대 파견 요청만은 일본과 분쟁 가능성을 우려해 거절했다. 따라서 로바노프 외상은 2월 1일 스페이르에게 '모든 결정은 상트페테르부르크에서 히트로보와 상의할 때까

지 연기한다'고 훈령했던 것이다.[184]

3. 스페이르·웨베르와 아관파천 강행

스페이르와 웨베르는 본국의 지원을 기대할 수 없게 되자 부득불 독자적으로 해결책을 모색했다. 그들이 조선왕을 자국 공사관에 숨겨놓고 그로 하여금 이 곳을 통해 나라를 통치하게 하는 방법을 생각해낸 것이다. 그리고 이러한 러시아공사관의 분위기를 감지한 조선왕도 결국 결심을 굳혀갔다. 그리하여 2월 2일 한 측근이 왕에게 러시아공사관으로의 도피 계획을 건의하자 고종도 그날로 이범진을 시켜 스페이르에게 서신을 보내 정식으로 보호를 요청했다.

서신의 내용은 자신이 음모자들에 포위되어 있고, 모든 질서가 파괴되었기 때문에 그들이 자신과 왕세자를 해칠까 두렵다는 것, 자신은 왕세자와 더불어 자신을 에워싸고 있는 위험으로부터 빠져나와 러시아공사관의 보호를 요청하려 한다는 것, 그러니 두 공사의 생각은 어떠한지, 만일 동의한다면 근일 중의 어느 하루를 골라 비밀리에 공사관으로 갈 것이며 따로 그 날짜를 사전에 알려주겠다는 것, 자신을 구할 수 있는 다른 방법이 없으니 두 공사는 온정과 보호

를 베풀어주어야 하겠다는 것 등이었다.[185]

더욱이 이보다 앞서 스페이르는 서울에 도착해 아직 정상 업무도 시작하지 않은 상태에서 이범진을 통해 왕의 메모를 전달받은 사실도 있었다. 1월 중순경 왕의 요청으로 알현했을 때도 왕은 친일 각료들의 눈을 피해 러시아의 개입을 요청하는 메모를 직접 그의 주머니 속에 넣어준 일도 있었다.[186]

그리고 앞에서 말한 것처럼, 2월 2일자 서신은 여기서 한 걸음 더 나아가 정식으로 왕의 러시아공사관 도피 의사를 전달했다. 그 직접 계기는 춘생문사건을 빌미로 일본정부가 미우라를 비롯한 왕후 시해의 흉범들을 증거불충분이라는 이유로 모두 면소석방한 데 있었다(1896. 1. 20). 더욱이 석방된 이들 가운데 몇몇이 조선의 고위직을 맡게 될 것이라는 소문마저 나돌아 고종의 불안은 더욱 가중되었다.[187]

이 단계에서 스페이르도 순간 왕의 제안이 매우 위험하지 않을까 하고도 생각해보았다. 그러나 왕이 계속 궁궐에 남아 있을 경우 더 많은 위험이 따르게 될 것이라는 이범진의 주장에 그들 두 공사는 결국 왕을 받아들이기로 결정했다. 그리고 즉각 이 사실을 본국에 타전했다.

그런데 이번에는 의외로 러시아 외무성도 그들의 계획에 부정적이 아니었다. 황제 니콜라이 2세도 전함의 제물포

파견을 명함으로써 두 공사의 계획에 지원의 뜻을 표했다. 러시아 당국으로서도 왕의 공사관 피신 허용이 일본과의 충돌 없이 조선으로부터 일본 세력을 제거할 수 있는 한 가지 방법이라고 판단했던 것이다. 이는 일본과 충돌이 우려되는 어떤 행동도 자제하라는 아직까지의 러시아의 정책에 변화의 조짐이 일어나고 있음을 의미하는 것이었다.[188]

여기서 이런 변화의 조짐을 읽은 두 공사가 마침내 행동을 개시했다. 조선 군대만으로는 지방 각처에서 밀어닥칠 것으로 예상되는 을미의병을 감당할 수 없다는 구실을 내세워 2월 10일 제물포에 정박 중이던 코르니코프 제독(Admial Kornikov)호와 보브르(Bobr)호로부터 맥심 총으로 무장한 100여 명의 수병을 상륙·입경시킨 것이다.[189] 고종이 자신의 러시아공사관 도피 계획을 앨런과 상의한 것은 바로 이 단계에서의 일이었다.

이에 앨런은 왕의 계획에 찬동하고 러시아공사와 함께 이 계획의 수행을 맡았던 조선 관리의 집을 방문해 직접 협의할 수 있도록 자리를 마련해주었다. 그리하여 모든 준비가 완료되자 왕과 왕세자는 1896년 2월 11일 새벽 각기 다른 대문을 통해 궁궐을 빠져나왔고 30~40명의 수행원과 더불어 오전 7시경 러시아공사관에 도착했다.[190]

아관파천은 외견상으로는 고종의 주도로 이루어진 것처

럼 보인다. 또 그렇게 알고들 있다. 스페이르와 웨베르의 보고서에도 자신들의 역할이 '수동적'이었을 뿐이었다고 강조하고 있다. 그러나 러시아 역사가 니하민(V. P. Nikhamin)은 그들이 정식으로 정부의 재가를 받기 전에 조선왕을 공사관으로 받아들였기 때문에 자신들의 역할을 축소 평가했을 뿐이라고 지적하고 있다.[191] 물론 그 후 러시아 당국도 이들 두 공사의 계획을 승인했다. 그러나 일본을 자극하는 행위만은 계속 용납하지 않았던 것이 사실이다.

재론하거니와 아관파천은 일본의 기선에 대한 러시아의 대응 조치였다. 주한 프랑스공사 르페브르(Lefevre)에게 실토한 스페이르의 솔직한 증언은 이 사실과 아울러 아관파천의 주도자가 바로 자기 자신이었음을 극명하게 입증해주고 있다.

"나는 서울 도착 이후 조선의 정황을 보고 정말 놀랐다. 왕은 그의 각료들의 불합리한 요구를 저지할 힘이 없었고, 조선의 각료들이 일본공사관으로부터 지령을 받고 있었다. 이에 나는 이런 상황이 더 이상은 허용될 수 없다고 생각해 그것을 시정할 방법을 찾기로 했다. 이들 각료를 권력으로부터 몰아낼 수 있는 가장 간단한 방법은 왕이 궁궐을 은밀히 빠져나와 우리 공사관으로 오도록 유도하는 것이라고 나는 믿었다. 이로써 왕은 모든 압제로부터 벗어나 친일 각료들을 해임하고 그의 의지대로 자유롭게 새 내각을 구성할 수 있다고 생각했다.

　나는 이 계획을 왕에게 털어놓았다. 그러나 처음에 나는 그 쪽[왕]이 그런 모험을 감행하는 데 상당히 주저하고 있다는 사실을 발견했다. 그는 이 시도가 실패할 경우 자신의 처지가 더욱 고통스럽게 될 것을 두려워했다. 이에 나는 더 이상 궁궐에 머물 경우 날마다 암살의 위험에 직면하게 될 것이라고 왕을 설득할 필요가 있었다. 당신[르페브르]도 알고 있는 바와 같이 왕은 죽음을 크게 두려워하는 사람이었다. 여기서 그는 나의 계획을 따르기로 끝맺게 된 것이다."[192]

따라서 이 증언이 사실이라면 아관파천은 본국 정부의 방침 변경 조짐을 눈치챈 스페이르와 웨베르가 고안해낸 계획을 마치 고종이 스스로 요구한 것처럼 격식을 갖춘 후 본국 정부의 정식 승인도 받기 전에 이를 실행에 옮긴 것이 된다. 그리고 그들로서는 이것이 조선에서 일본과 충돌 없이 친일 세력을 제거할 수 있는 가장 간편한 방법이라고 판단했고, 이에 러시아 정부 당국도 견해를 같이하게 되어 마침내 재가한 것이다.

　아관파천이 '민 왕후' 시해라는 일본의 선수 조치에 대한 러시아의 대응 조치였음이 분명할진대, 이는 고종의 의지만으로 결정될 수 있는 사안이 아니었다. 고종도 물론 파천 의사를 밝힌 것이 사실이지만, 파천은 러시아의 국익과 부합되기 때문에 비로소 가능했다. 러시아가 문을 열어주지 않는 한 결코 성사될 수 없는 일이기 때문이다. 이런 사례는 역사상 헤아릴 수 없을 정도로 많다.

바꾸어 말하면 러시아의 정책에 고종이 이용되었다고 말할 수 있다. 러·일의 대립 속에서 민 왕후가 일본에 희생되었듯이 고종은 러시아에 이용되었을 뿐이었다. 아관파천 후 국왕이 일인들의 손아귀에서 벗어난 것을 축하하기 위해 군중이 공사관으로 가는 길을 가득 메웠다고 하지만 이것은 원한이 사무친 일본인들에 대해 복수했다는 기분에서 비롯된 표현이었다.

"왕은 일본의 영향으로부터 벗어나 러시아의 포로가 되었을 뿐"이었다. 이는 어느 면으로 보아도 독립국가의 위신을 크게 손상시킨 사건이었다. 그러나 러시아측의 입장에서 본다면 이 사건은 일거에 조선을 마음대로 좌우할 수 있게 한 일대 쾌거였다. 고종의 공사관 체류도 그러했거니와 일본의 개입을 두려워하던 신임 각료들의 활용이 가능해짐으로써 러시아의 입지를 강화할 수 있는 가능성은 거의 무한한 것처럼 보이기까지 했다.

4. 아관파천 후의 정황 변화와 고종의 내각 개조

아관파천은 일본에게는 그야말로 청천벽력이었다. 이 사태에 대해 고무라는 '천자를 빼앗겼으니 이제 만사는 끝장났다'고 한탄한 정도였다. "조선에서의 우리의 세력은 급전직하해 천길 낭떠러지에서 떨어지고 말았다.…… 조선 땅에서 러·일의 세력 관계는 완전히 주·객이 바뀌었으며 웨베르는 일조에 서울 외교계의 패위(覇位)를 차지했다……"는 것이다. 실로 일본은 청일전쟁을 치른 보람도, 민 왕후를 시해한 대가도 찾을 길이 없어진 셈이 된 것이다.

따라서 고종은 러시아공사관에 도착하자 최초의 조치로 친일 내각의 각료들을 역적으로 규정하고 포살령(捕殺令)을 내렸다. 총리대신 김홍집과 농상공부대신 정병하는 순검에게 체포되어 경무청으로 가던 도중에, 그리고 탁지부대신 어윤중은 고향으로 달아나다 용인에서 각기 군중에게 타살되었다. 그리고 유길준(내부대신), 장박(법부대신), 조희연(군부대신) 등과 이진호, 우범선 등 친위대 간부들은 일본인들의 보호를 받아 일본으로 망명했다.

이어 당일로 고종은 새 내각을 조직했다. 박정양(총리서리 겸 내부), 이재순(궁내부), 이완용(외부 겸 학부), 이윤용(군부), 윤용구(탁지), 안경수(경무사)를 임명한 데 이어, 이튿날 이범진(법부), 조병직(농상공부), 윤치호(학부 서리 겸 협판) 등이 각료로 들어왔다. 김병시(총리)는 임명되었으나 취임하지 않았다.

이들 각료들의 면면을 보면 그 대부분이 춘생문사건 이후 미국공사관과 러시아공사관에서 숨어 지내던 정동파 인사들이었다. 이들은 친러파라고 하기보다는 '친미 반일파'였다. 친러파 기용을 기피해 타 열강의 의혹을 사지 않으려는 러시아의 조심성이 반영된 결과였다. 내정에 대한 고종의 자문 요청이 있었지만 러시아의 두 공사는 완곡하게 사양했다.

실제로 대부분의 상트페테르부르크 정치가와 해외 주재 외교관들은 아관파천을 국면 타개를 가능하게 하는 결정적 열쇠라고는 보지 않았다. 러시아가 조선에 대한 영향력을 강화하면 할수록 일본의 거센 반격에 직면하게 될 것이고, 조선을 보호국화하거나 러시아에 의존하게 만든다면 일본과의 충돌은 피할 수 없을 것이기 때문이었다. 그런데 러시아는 싸울 준비도 갖추지 못하고 있었을 뿐만 아니라 동아시아 군사력이 약해서 실제로 그럴 힘도 없었다.

더욱이 만일 러시아가 자국 공사관을 찾아온 조선왕을 부당하게 이용할 경우 열국 사이의 좋은 평판은 금방 '적의'로 뒤바뀌게 되어 있었다. 따라서 필요한 것은 오로지 현지 외교관의 인내와 냉철 그리고 고도의 재치밖에 없었다.[193] 여기서 스페이르는 사태를 정확하게 평가하고 온건하게 행동했다. 일본인들의 경우와는 달리 그는 가능한 한 내정간섭은 물론 영향력 행사도 자제함으로써 왕과 각료들로 하여금 행동의 자유를 누릴 수 있도록 했다.

그리고 왕의 공사관 체류로 혹시 제기될 수도 있는 조선인의 의혹과 적의를 우려해 고종에게는 여건이 갖추어지는 대로 가능한 한 조속히 환궁하라고 귀띔해두는 치밀함도 잊지 않았다. 고종이 내각 구성 문제를 주로 앨런과 상의하게 된 연유도 바로 여기에 있었다. 이것이 내각의 성격을 친러적이기 보다 반일적이며 여기에 친미적 성격이 부가되도록 한 것이다.[194]

따라서 이들 반일적인 새 내각은 친일적인 전 내각의 죄책을 가리고 혼란해진 시국을 수습하는 것을 당면 목표로 했다. 우선 춘생문사건 관련자 석방을 결정했을 뿐만 아니라 가장 불만이 컸던 단발(斷髮)도 각자의 자유 재량에 맡기기로 했다.

5. 일본의 대러 타협 외교와 조선 문제에 대한 러시아의 대일 외교

아관파천기(1896. 2. 11~1897. 2. 20)의 러·일 대립에서는 당연히 러시아가 우세해질 수밖에 없었다. 조선의 주권자가 러시아의 영향권 하에 있으니 그럴 수밖에 없는 일이다. 그러나 러시아공사의 행동 자제는 어디까지나 외형적이었을 뿐이다. 실제 내용 면에서는 유리해진 상황을 이용하여 조선 지배의 꿈을 실현하기 위해 온갖 노력을 다했다. 러시아가 압록강 삼림 채벌권 등 각종 이권을 획득한 것도 바로 이때의 일이었다.

이런 과정에서 차르 정부의 조선에 대한 기본 노선도 차츰 자리잡혀갔다. 먼저 일본의 한반도 지배 저지라는 자신들의 목적이 아관파천을 통해 일단 성취된 이상, 조선에서 특수 권익을 얻음으로써 일본과 충돌하느니보다는 유리해진 여건 하에서 그들과 관계 조절을 하는 편이 오히려 바람직하다고 생각했다.[195]

이에 차르 정부는 2월 24일 스페이르에게 '충고해줄 준비는 되어 있지만 혼란한 상황으로 미루어 행정고문 및 군사교관 문제의 제기는 시기상조'라고 조선왕에게 통고하라고 했다. 물론 러시아정부로서도 조선에서 세력 확대를 바랐

던 것은 사실이지만 그 방법은 어디까지나 일본과의 협상
을 통해 점진적으로 추진해야 한다는 것이었고, 조선정부
에게 어떤 약속을 해줌으로써 자신들의 행동에 제약을 받
을 필요가 없다는 것이었다.

그들로서도 조선에서 영향력을 확대하려면 일본과의 갈
등이 불가피해지고, 반대로 조선 문제를 당사자인 조선이
아닌 일본정부와 협상을 벌인다면 러시아에 대한 조선의
불신을 사게 된다는 사실을 모를 까닭이 없었다.[196] 그러나
러시아정부는 조선에서의 영향력 확대를 위해 결국 조선정
부를 제쳐두고 일본정부와 타협하는 쪽으로 방침을 굳혀갔
던 것이다.

반면 일본으로서도 조선의 주권자인 왕이 러시아의 수중
에 있는 한, 어떤 형태로든 러시아와의 타협을 모색하지
않을 수 없었다. 그러나 미국의 원조도, 영국의 지원도 기대
할 수 없게 된 일본의 입장에서는 러시아와의 타협이라고
해서 용이할 수가 없었다.[197] 더욱이 '민 왕후' 시해로 일본은
주한 각국 외교관의 외교 공세와 아울러 조선 민중의 거센
반발을 사고 있는 형세였다.

이에 외상 임시대리 사이온지는 고무라에게 '러시아공사
와 돈독한 관계를 유지하고, 장차 발생할지도 모르는 모든
문제에 그와 공동으로 행동하라'고 지시했다. 그리고 이토

도 러일협상의 필요성을 더한층 강조했다.[198] 여기서 일본의 러시아와의 타협 분위기가 크게 고조된 것이다. 그리고 이 분위기는 니콜라이 2세의 대관식에 참석하기로 내정된 야마가타가 주도해나갔다. 이에 히트로보는 2월 19일 야마가타와 대담한 후 일본이 조선 문제를 러시아와 완전 합의 방식으로 해결하고 싶어한다는 사실을 본국에 보고했다.[199]

조선 문제를 둘러싸고 아관파천기라는 특수한 시대 배경에서 러·일 사이에 두 개의 협정이 성립될 수 있었던 것도 바로 이때문이었다. 약세에 빠진 일본의 입장과 시베리아 철도의 완공 시까지 전쟁을 피하려는 러시아의 정책이 빚은 결과였다.

먼저 '웨베르−고무라 각서(Waeber−Komura Memorandum)'는 약 2개월에 걸친 양국 공사 사이의 오랜 외교 교섭을 거친 뒤 비로소 타결되었다(1896. 5. 14).[200] 이 각서는 러·일 양국 공사가 조선 문제를 서울 땅에서 협의하고 당사국인 조선 정부를 완전히 소외시킨 가운데 타결했다. 그리고 그 내용은 고종의 환궁 문제, 친일 정부의 해산 문제, 조선에서의 병력 주둔권 문제 등 여러 가지를 러시아에게 크게 양보한 것이었다.

그러므로 러시아는 원하지 않을 경우 왕의 안전이 해소되지 않았다며 환궁을 권고하지 않음으로써 왕의 공사관 체류 기간도 얼마든지 연장시킬 수 있었다. 그리고 일본에게 반일적인 현 내각을 왕의 자유 의지에 따라 임명되었다고 인정하게 함으로써 아관파천과 그 직후에 단행한 왕의 인사를 정당화하기도 했다. 뿐만 아니라 일본에게 800명을 한도로 군대의 주둔권을 제한하는가 하면 자신들도 일본의 병력 주둔 지역에 일본과 같은 수의 병력 주둔을 가능하게 했다.[201]

이 결과 일본은 요동반도에서 물러났을 뿐만 아니라 이제 아관파천으로 한반도에서마저 러시아에게 정치적으로 추월당하게 된 것이다. 그렇지만 러시아로서는 조선에서 강화된 자국의 지위가 아직 정식으로 확정된 것은 아니었다. 그래서 일본으로서도 바로 그런 점에 관해 러시아로부터 일정한 보장을 받아둘 필요가 있었다.

니콜라이 2세의 대관식 참석을 기화로 모스크바에서 두 나라 사이에 조인된 이른바 '로바노프-야마가타 의정서(Lobanov-Yamagata Protocol, 1896. 6. 9)'는 바로 이를 위한 것이었다. '웨베르-고무라 각서'를 바탕으로 조선에서의 양국의 지위를 협정한 보다 고위층간의 타협이었다.[202]

야마가타의 최초의 구상은 대동강과 원산 사이의, 대체로 오늘날의 북위 39도 근방(38도라고도 함)을 경계로 해서 러·일이 한반도를 분할 점취하자는 것이었다. 그러나 로바노프는 조선의 독립 승인을 구실로 이를 거부했다. 그 거부 이유는 다음 두 가지였다.

당시 비테는 동청철도(東淸鐵道) 부설권을 얻기 위하여 로바노프 외상과는 별도로 이홍장을 상대로 러청비밀동맹(Russo-Chinese Secret Alliance, 1896. 6. 3)의 체결을 교섭하고 있었다. 그런데 러시아가 만일 한반도의 남부를 일본에게 넘겨주는 데 동의할 경우 그 교섭 과정에서 러시아가 이미 청에게 약속한 조선의 영토 보전 원칙을 스스로 위배하는 꼴이 되기 때문이었다. 그리고 전략적 견지에서도 이를 받아들일 수가 없었다. 자국 함선의 황해로의 출입은 물론 육군의 활동도 크게 구속받게 될 것이 분명했기 때문이다.[203] 자국 함선이 동·서해로 왕래하기 위해서는 한반도의 남해안을 반드시 거쳐가야 한다는 사실을 그들이 모를 까닭이 없었던 것이다.

따라서 로바노프-야마가타 의정서는 러·일 양국의 한반도 분할 점취가 아니라 한반도에서 양국의 권익을 대등하게 한다는 것이었다. 이 결과 일본으로서는 조선의 재정 문제와 군대 창설 문제에 러시아가 단독으로 권고하거나 원조를 할 수 없도록 함으로써 약화 일로에 있던 자국 세력의 완전 후퇴만은 막은 셈이 된 것이다. 그리고 러시아로서는 '조선의 보전 원칙'을 확인함과 아울러 자국의 세력이 태평양 연안에서 고루 강화될 때까지 양 체약국이 가지게 될 동등한 권한을 확인한 셈이었다.

그러므로 이 의정서가 제대로 준수된다면 러·일 양국은 상호 견제 상태를 이룸으로써 이론적으로 볼 때 조선은 두 체약국 가운데 어느 한쪽의 단독 지배로부터 벗어나게 되거나, 아니면 두 체약국의 공동 제약을 받는, 말하자면 러·일의 공동점유령(Condominium) 또는 공동보호령(Joint Protectorate)처럼 되는 것이다.[204] 그러나 이것은 어디까지나 외형상으로 그렇다는 것일 뿐 사실과는 달랐다.

실제 내용 면에서는 러시아의 우위가 인정된 것임이 분명했다. 더욱이 로바노프는 처음부터 러시아가 지켜야 할 조약상의 의무를 착실하게 이행할 생각이 없었다. 즉 '조선은 독립국이기 때문에 그 왕과 정부가 자유 의지에 따라 그들의 군사교관과 행정고문의 고용을 독자적으로 결정할 수 있다'는 것이며 따라서 '만일 조선정부가 이 문제에 대해 원조를 요청해올 경우 러시아는 일본과 사전 타협 없이 조선을 지원할 수 있다'는 것이었다.

그러나 조선왕이 자기들의 영향권 하에 들어 있는 상태에서 내세워진 조선의 '독립'이란 당초부터 유명무실할 수밖에 없었다. 러시아가 조선을 마음대로 좌우하겠다는 이야기와 다를 것이 없었다. 특히 모스크바 의정서는 그 비밀

조항으로 웨베르-고무라 각서로 규정한 러시아의 조선왕
호위권을 재확인하고 있다.[205]

거듭 강조하거니와 러시아는 조선 문제를 둘러싸고 우선
일본과 충돌을 피하자는 데 일차적 목적이 있었다. 자국을
제약하는 부담스러운 의무를 이행할 생각은 당초 추호도
없었다. 이는 일본과 함께 '모스크바 의정서'를 성립시킨
러시아가 그보다 1주일 앞서 역시 대관식에 참석차 찾아온
이홍장과 러청비밀동맹이라는 일종의 대일공동방위동맹
을 체결한 점,[206] 역시 같은 목적으로 모스크바에 도착한
조선왕의 사절 민영환(閔泳煥)과도 '모스크바 의정서'와는
내용이 정면 상충되는 일련의 접촉을 가졌던 점으로도 알
수 있다.

6. 비테의 '회피 · 지연 정책'과 고종의 환궁

'모스크바 의정서'라고 해서 러시아의 영향력 증대에 제
약이 없었던 것은 아니다. 러·일 양국은 서로 상대와 협의
없이 단독으로 조선에 차관 제공 교섭을 할 수 없도록 규정
했지만 이런 합의가 있기 훨씬 이전부터 일본은 이미 조선
의 채권자가 되어 있었다.[207] 그리고 일본과 합의함에 따라

러시아가 지게 되는 부담도 이후 조선 사절과의 접촉 과정에서 점차 드러났다.

러시아가 '모스크바 의정서'와 내용이 상충되는 '5개항'을 조선 사절에게 단독 약속했다고는 하지만 그들은 조선의 가치를 만주 방위를 위한 완충 지대 정도로밖에 여기지 않았다. 그들의 최대 관심은 만주에 있었고 그럼으로써 그들은 만주 문제 해결을 우선하려 했다. 그리하여 그들은 한반도에서 세력을 확장하기 바라면서도 조선 문제로 인해 일본과 충돌하는 일이 없도록 신중을 기했다.

러시아의 적극적인 보호를 기대했던 조선정부가 불만을 가지게 된 연유도 바로 여기에 있었다. 모호하고도 회피적인 러시아의 '회답요점'은 조선정부로 하여금 러시아에 대해 불신을 품게 했고, 그 불신은 마침내 '회답요점'의 실행 과정에서 더욱 증폭되어갔다.[208]

그렇지만 1896년 8월 스트렐비츠키(Strel'bitskii) 대령이 이른바 '경험 있는 러시아 고위 장교'로서 서울에 도착했고, 뒤이어 10월 말에는 푸티아타(Putiata) 대령을 비롯한 교관단 일행이 대관식 사절 민영환 등과 함께 조선에 도착했다. 그 결과 조선군은 실질적으로 러시아 세력 아래 들게 되었다.[209] 조선에서 러시아의 뚜렷한 정치적 기반은 이런 식으로 구축된 것이다.

그러나 경제 면에서는 사정이 전혀 달라지지 않았다. 러시아는 여전히 일본에게 결정적으로 압도당하고 있었던 것이다. 조선의 대외무역은 수입의 60~70퍼센트, 수출의 80퍼센트 가량을 일본에 의존하고 있었고, 조선에 출입하는 무역선도 일본 선박이 압도적으로 많았다. 이는 러시아가 조선 땅에 경제적으로 뿌리를 내리지 못했음을 극명하게 입증해주는 대목이다.[210]

따라서 러시아로서는 경제적 기반의 구축 작업부터 서둘러야 할 입장이었다. 경제적 기반 없이 그들의 정치적 세력만을 지나치게 구사하려 든다면 결국 조선정부를 러시아로부터 이탈시키는 결과를 초래하거나, 조선왕에 대해 다른 세력이 접근할 수 있는 길을 열어주게 될 수밖에 없기 때문이다.

즉 러시아로서는 상업상의 타산을 잠시 접어두고, 어느 정도의 투자를 매개로 함이 없이는 자국의 정치 기반을 유지해나갈 수가 없도록 되어 있었다.[211] 따라서 러시아로서는 어느 모로 보나 이 같은 정치성을 띤 차관 문제를 마땅히 최우선 과제로 중시해야 할 입장이었다. 그럼에도 불구하고 그들은 의외로 이 문제에 대해서는 오히려 더 소극적이었다. 즉 '차관 문제는 조선의 경제 상태가 규명되는 대로 고려될 것'이라고 함으로써 조선 사절에 대한 '5개항의 회

답' 가운데서도 가장 소극적이며 회피적인 태도를 보였던 것이다.[212]

그러나 비테는 이 같은 조선의 정황 변화에는 신경을 쓸 겨를이 없었다. 그는 만주횡단철도 획득에 최우선 목표를 두고 이홍장과의 교섭에만 전념하고 있었던 관계로 차관 문제를 비롯한 조선 문제는 등한히 하거나 뒤로 미루었다. 그리하여 그는 대책을 강구해야 한다는 로바노프의 종용을 받자 러청은행의 상해 지점장인 포코틸로프(Dmitri Ddmitrievich Pokotilov)를 우선 서울로 파견해(1896. 8.) 조선의 재정 상태를 조사하게 함으로써 사태를 수습해보려 했다.[213]

그렇지만 비테의 태도는 포코틸로프의 독촉에도 불구하고 여전히 부정적이었다. 조선의 불량한 경제 상태로 말미암아 손실이 우려된다며 11월까지는 어떤 조처를 막론하고 엄중히 금한다는 것이었다. 그리고 정작 11월이 되어서도 그는 '러청은행은 그것이 시의에 적합한 것이라고 인정될 때는 차관을 제공할 수도 있다'고 함으로써 아직도 원칙적인 동의만을 고수했던 것이다. 그리고 차관 제공 조건도 조선의 관세 수입을 러시아 재정 대표의 직접 관할 하에 두어야 한다며 계속 고집을 굽히지 않았다.[214] 러시아는 조선으로의 경제 진출 기회를 스스로 포기하는 것 같았다.

그러므로 조선의 입장에서는 모스크바에서 접촉한 지 5

개월이 지났음에도 불구하고 조건이 붙은 구두 약속 이외에는 러시아로부터 아무 것도 얻은 것이 없었다. 그리고 그 이후에도 러시아에 대한 기대는 계속 어긋나기만 했다. 1897년 2월 20일의 왕의 환궁은 바로 이 같은 러시아에 대한 기대가 실망으로 바뀐 결과였다.[215]

물론 왕의 환궁을 바라는 국내 여론도 작용했을 것이고 일본의 환궁 공작도 주효했다. 그리고 왕의 환궁은 그렇게도 등등하던 러시아의 세력 기반을 거꾸로 약화의 길로 접어들게 했다.[216] 조선은 영·미에 실망해 러시아를 끌어들였지만 러시아에게도 마찬가지로 실망하게 되었던 것이다.

7. 환궁 이후의 러·일 대립과 조선

왕의 환궁을 전후해 조선의 대러 불신은 일본 외상 오쿠마 시게노부(大隈重信)가 더욱 증폭시켰다. 그는 비밀조항이 포함된 모스크바 의정서의 원문을 조선정부에 넘겨줌으로써 러시아가 회피와 지연으로 일관한 내막을 폭로해버렸던 것이다.[217]

그리고 이와 때를 맞추어 영국인 총세무사 브라운(McLeavy Brown)은 차관 도입의 필요 자체를 없애버림으로써 조선정부로 하여금 러시아와의 관계마저 전면 재고하게 했다. 비테가 자신이 정한 기한인 11월에 와서도 조선의 차관 요청에 계속 회피하는 태도로 일관하자 포코틸로프는 임무를 마치고 조선을 떠나며 고종에게 문제를 다시 6개월만 연기하자고 제안했다. 그러자 브라운은 그 기한이 만료되는 이듬해(1897) 4월까지 기다렸다가 조선 국고에서 일본 채무 200만 엔을 분할 변제해버렸다.[218] 따라서 환궁이후 조선의 대러 불신은 최고조에 달해 한반도에서의 러시아의 세력 기반은 결정적으로 약화되었던 것이다.

청일전쟁이 끝나며 본격화된 한반도에서의 러·일 대립은 3국 간섭으로 인해 일본이 한동안 고전했으나 왕후 시해로 이를 극복했는가 했더니 아관파천으로 다시 러시아의 우위로 귀결되었고, 이는 왕의 환궁으로 또다시 러시아의 약세로 뒤바뀌고 말았다. 실로 엎치락 뒤치락의 연속이었다. 다시 러시아 쪽으로 공이 넘어온 것이다.

여기서 '만주로의 평화적 침투'에 심혈을 기울여온 비테는 이홍장의 반대로 그 실현이 어려워졌다고 판단하자, 1897년 9월 초 그의 비서장 로마노프(P. M. Romanov)의 권고를 받아들여 마침내 방침을 바꿨다. 한반도로의 적극 진출 정책으로의 전환이 바로 그것이다.[219] 그러나 이 같은 러시아의 정책 변경은 이미 때늦은 감이 없지 않았다. 그가 고위

세무관리 알렉세예프(Kir Alekseevich Alexeiv)를 조선으로 보내기 위해 재정고문으로 임명했는데, 이 무렵에는 사정이 크게 악화되어 조선정부가 과연 그에게 정식으로 관직을 줄지조차 의심스러웠다.[220]

그러나 사태가 악화되었다고는 하지만 조선왕은 여전히 왕후를 시해한 일본인보다는 러시아인에게 호의를 가지고 있었다. 비테의 때늦은 결정에 따라 내한한 알렉세예프의 급속한 득세가 바로 그 실례였다. 그는 '한러은행의 설립을 준비하고 조선의 해관(海關) 관리를 수중에 넣으라'는 비테의 훈령에 따라 조선에 도착하자 자국 공사와 협력, 조선의 경제 상태 조사에 착수했다.[221] 그리고 해관의 비정상적 관리 상태와 아울러 브라운의 유용 행위에 대한 증거를 포착해 이 사실을 고종에게 고함으로써 브라운을 밀어내는 데 성공했다.

그는 10월 5일부터 브라운 추방 공작을 벌여 같은 달 25을 기해 자신이 조선의 재정고문 및 총세무사가 되었다. 그리고 11월 10일까지는 해관을 정식 접수함으로써 그는 사실상 조선 재정의 주인이 되었다.[222] 실로 조선에서 러시아 세력은 국왕의 아관 체류가 끝날 무렵부터 약 8개월의 위기에서 완전히 벗어나 그 기반을 재차 굳혀놓았던 것이다.

8. 만·한 정책을 둘러싼 러시아의 내부 갈등과 영·일의 대응

비테는 한반도 침투로 정책을 바꿨다고 해서 만주 침투를 포기한 것은 결코 아니었다. 편의상 침투의 순서만을 잠깐 바꾸었을 뿐이었다. 그러나 비테가 이처럼 조선 적극 진출을 추진하고 있을 무렵(1897년 9월경부터 2~3개월간)에 러시아 정부 안에는 동아시아 정책을 추진하는 또 다른 세력이 등장했다. 즉 1897년 4월 13일자로 외상에 취임한 무라비요프(Mikhail Nikolaevich Muraviev)가 비테의 권위에 도전, 독자적인 동아시아 정책을 추진한 것이다. 만주로의 '평화적' 침투도, 조선으로의 '평화적' 침투도 아닌, 만주로의 '무력' 진출이 바로 그의 주장이었다.[223]

비테가 대 한반도 적극책을 확정한 바로 9월 초에 그는 '독일의 교주만 점령이 예상되는데, 이는 러시아에게 여순·대련을 획득할 수 있는 좋은 기회가 될 것'이라며 문제를 제기했다. 물론 이에 대해 비테는 '러시아의 여순·대련 점령은 1896년의 러청비밀동맹조약의 정신에 정면 위배될 뿐만 아니라 일본이 이후 독일과 러시아를 뒤따라 청의 어느 항구를 점취하게 된다면 전쟁 유발 가능성이 더욱 커질 것'이라며 강력히 반대했다.[224]

그러나 같은 해 11월 14일 독일 함대가 정작 교주만을 점령하자 대책 강구를 위한 각의가 열렸다(11. 26). 여기서 비테와 무라비요프의 불꽃튀는 설전이 벌어졌다. 전자는 '불과 몇 년 전만 하더라도 러시아가 만주횡단철도 부설권을 그렇게 쉽게 얻을 것이라고 누가 믿을 수 있었겠는가. 우리의 전통적 정책만을 계속 지켜나간다면 우리는 무력을 사용하지 않고도 필요한 모든 것을 얻게 된다'고 강조했다.[225]

그러자 무라비요프는 '(러청비밀동맹) 조약은 우리에게 일본의 대청 침략에 대한 방위 의무만을 지웠을 뿐, 유럽 국가의 청국 침공에 대한 방위 의무까지 지운 것이 아니'라며 현재의 '특수 사정'으로 미루어 러시아는 독일의 교주만 점령을 방해할 수가 없다고 반박했다. 그러나 각의 분위기는 결과적으로 비테와 해군상 티르토프의 주장이 우세하게 됨으로써 차르는 여순 점령을 일단 보류시켰다.[226]

그렇지만 이 점령 보류 결정은 얼마 안 가서 무라비요프 안(案)으로 결국 번복되고 말았다. 여기에는 티르토프 등 해군성 당국과 견해를 달리하는 두바소프(Dubasov) 제독의 역할이 크게 작용했다. 그리하여 레우노프(Reunov) 제독이 이끄는 러시아함대는 실제로 1897년 12월 11일을 기해 여순항에 입항했다.[227] 여기서 평화적인 방법으로 만주 침투를 고집하던 비테의 주장은 '기다릴 시간이 없으니 무력으로라도 만주 침략을 서둘러야 한다'는 무라비요프의 주장에 압도당하고 말았다.

그런데 문제는 무라비요프의 만주로의 '무력' 진출 정책이 시간적으로 비테의 대조선 적극책과 거의 같은 시기에 실행에 옮겨진 데 있었다. 이는 열강으로 하여금 러시아가 치밀한 사전 계획에 따라 조선과 만주를 동시에 침략하려는 것으로 받아들이게 되었기 때문이다. 두 실력자 사이의 정면 대립이라는 당시 러시아의 국내 사정을 가늠할 길이 없었던 열강으로서는 당연한 일이었다.

조선에서 알렉세예프의 완전 득세가 1897년 11월 10일경의 일이고, 러시아의 여순·대련 점령이 같은 해 12월 11일이었다.[228) 조선에 대한 야욕을 먼저 포기함이 없이 단행한 러시아의 여순·대련 점령은 이를 예의 경계해온 영·일로 하여금 사실 이상의 위협을 느끼게 했고, 그럼으로써 러시아로서는 공연히 과잉 대응을 불러들이는 우(愚)를 범하게 되었던 것이다.

그렇다면 영·일의 과잉 대응이란 과연 어떤 것이었을까. 이미 언급한 바와 같이 영국인 총세무사 브라운이 알렉세예프에게 밀려나자 주한 영국공사 조든(J. N. Jordan)은 조선 정부에 위압을 가하기 위해 본국 정부에 동양함대의 제물포파견을 요청했다.[229) 이에 영국정부는 1897년 11월 27일부로 우선 동양함대를 제물포로 입항시켰다. 이는 독일이 교주만을 점령하기(11. 14) 2주 후의 일이고, 러시아가 여순·대련을 점령하기(12. 11) 2주전의 일이었다.

당시 그 사령관 뷜러(Büler) 제독에게 하달된 비밀 지령으로 미루어 영국정부는 이미 러시아의 여순 점령을 예단하고 있었음이 분명했다. 즉 '여순의 바로 남쪽인 제물포에 근거를 두고 러시아함대의 동태를 철저히 감시하라'[230]는 내용이 그것이었다. 이는 영국이 제물포 점령을 통해 러시아의 만·한 동시 추구를 막으려 했다는 훌륭한 증거였다.

영국 해군의 제물포 입항은 조선정부에 브라운의 복직을 강압하기 위한 것만은 아니었다. 브라운의 복직은 부차적인 목적에 불과했다. 영국의 주목적은 제물포에 근거를 두고 당시 일본 점령 하에 있던 산동반도의 위해위(威海衛)와 연결하여 러시아의 만·한 동시 추구를 바로 이 선에서 한꺼번에 견제하겠다는 것이었다.

그리고 일본이 청에 되돌려준 바로 그 여순·대련을 불과 2년 여 만에 러시아 자신이 가로챈 사실은 청은 물론 일본으로서도 결코 용납할 수가 없었다. 이에 일본은 브라운의 해임과 알렉세예프의 임명에 항의하고, 자국 해군을 러시아의 남하에 대항해 제2선인 대마도해협에 배치했다. 여기서 영·일은 최초의 실질적인 합동 작전의 태세를 갖춤으로

써 영일동맹의 초석을 마련했던 것이다.[231] 이제 러시아는
다시 수세로 몰린 것이다.

9. 러일전쟁으로 가는 길

여순·대련을 점령한 러시아는 일본 무마 작업부터 시작
했다. 무라비요프가 1898년 1월 7일 주러 일본공사 하야시
타다스(林董)에게 돌연 조선 문제에 대해 협상할 의사가 있
다고 한 것이 그것이다. 일본의 대영 접근을 막자는 계략이
었다. 그렇지 않아도 영국 식민상 체임벌린(Joseph Chamberlain)
은 주영 일본공사 가토에게 영일동맹을 제의해 오라고 종
용한 일도 있었다(1898. 3. 16).

이 상황에서 1898년 4월 25일을 기해 러·일 사이에 맺어
진 것이 바로 로젠-니시 협정(Rosen-Nish Convention)이었다.
이는 러시아가 한반도에서 일본의 상공업상의 우위를 인정
한 것이다. 정치적 우위까지를 인정한 것은 여전히 아니었
다. 그러나 당시 러시아는 조선으로부터 훈련교관과 재정
고문을 자진 철수하고 막 개점한 한러은행마저 폐쇄했던
만큼 이 같은 일본에 대한 경제적 우위 인정이란 그들에
대한 외교적 우위까지 인정해준 것과 다름없었다.

이에 대해 데넷(Tyler Dennett)은 '…… 한반도에 관한 한 1898년에는 러·일간의 대립마저 사실상 끝장났다'고 한 정도였다. 한반도에서 이미 일본의 독점적 지위가 굳어졌다는 이야기였다.

그런데 이런 상황에서 중국 대륙에서 의화단의 난이 일어나 만주로 파급되었다(1900). 그러자 러시아는 이 기회를 이용, 동청철도를 보호한다는 구실로 만주를 무력 점령하고 그 여세를 한반도로 몰아왔다. 이에 일본은 영일동맹을 맺어(1902. 1. 31) 대응했다. 이 동맹은 영국이 일본에게 한반도에서의 정치적 우위마저 인정해준 것으로 일본의 입지를 결정적으로 강화시켜주었을 뿐만 아니라 러시아와의 대결에서도 한껏 자신감을 안겨준 것이었다.

여기서 상황이 불리해진 러시아는 러청철병협정(露淸撤兵協定, 1902. 4. 8)을 맺어 만주로부터 단계적으로 철병할 것을 약속했다. 그러나 같은 해 10월 8일로 예정된 1차 철병까지는 이행했지만 이듬해 4월 8일의 2차 철병부터는 베조브라조프(Alexander M. Bezobrazov) 등 궁정파 일당의 실권 장악으로 약속을 어김은 물론 목단강성 남부와 길림성 전역까지 다시 점령해버렸다.

그리고 1896년에 획득한 압록강 삼림 채벌권을 행사하겠다며 조선의 용암포(龍岩浦)까지 무력 점령했다(1903. 5). 이로써 러시아의 남하 정책과 일본의 대륙 정책이 만주와 한반도를 둘러싸고 교차된 것이다. 이에 일본은 1904년 2월 8일 여순과 인천 앞바다에서 기습 공격으로 전단을 열고, 이어 10일 선전을 포고했다. 민 왕후 시해로 러일전쟁의 '서전(緖戰)'을 시작한 일본은 10년 만에 마침내 열전(熱戰)으로 내달았던 것이다.

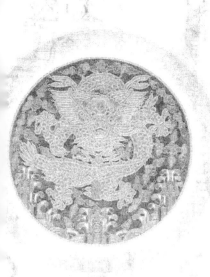

집필을 마치며(결론)

러시아가 한·만과 국경을 접하고(1860), 일본이 강화도조약을 강압해(1876) 조선 침투를 시작하자, 이홍장은 구미 열강에 대해 조선과의 수교 주선을 맡고 나섰다. 러·일의 한반도 침투를 이들 구미 열강의 힘을 빌려 막겠다는 계략이었다. 그러나 임오군란을 기화로 그의 계획은 어긋나서 구미 열강은 조선에 대해 경제 침략을 시작했다. 이 결과 자국의 대한(對韓) 종주권이 침해당할까 두려워진 이홍장은 갑자기 태도를 바꾸어 조선에 조중통상장정을 강압, 대한종주권(對韓宗主權)을 크게 강화했다. 여기서 '거청(拒淸)'이 민씨 정권의 최급선무가 된 것이다.

그리고 이 '거청'이라는 과업을 앞장서 맡고 나선 그룹이 바로 김옥균을 비롯한 급진개화파였다. 그들은 영·미의 힘을 빌려 이 목적을 이루기 위해 주일 영국공사 파크스와도 접촉했고, 미국에 특별 사행을 하기도 했다. 그러나 그들의 노력은, 한영신조약의 체결(1883. 11. 26)로도 알 수 있듯, 여지없이 실패로 끝나고 말았다. 그들이 특별 사행을 마치고 미국에서 귀국하며 실패는 더욱 선명하게 드러났다. 민 왕후가 외교의 전면에 나서게 된 것은 바로 이 이후였다. 여기서 왕후는 묄렌도르프의 주선을 받아 끌어들일 상대를 자연스럽게 러시아로 바꾸게 된 것이다.

한러수교를 맺어 민 왕후가 러시아를 끌어들인[引俄] 목적은 어디까지나 청의 압제를 배제하기[拒淸] 위해서였다. 따라서 청의 압제가 심해질수록 한·러 관계는 더욱 긴밀해졌다. 그러나 '한러밀약'설이 나돌자 일본의 이토는 이홍장을 찾아가 천진조약을 맺었고, 영국은 거문도를 점령했으며, 청은 민 왕후를 견제하기 위해 보정부(保定府)에 유폐했던 대원군을 환국시켰다. 그렇지만 귀국한 대원군은 청이 기대한 만큼 그 역할을 수행해내지 못했다. 그의 힘이 왕후의 그것에 크게 미치지 못했기 때문이다.

흔히 왕후와 대원군이 시종 대등한 힘을 가지고 서로 팽팽하게 대립했던 것처럼 알고 있다. 그러나 두 사람 사이의 대립은 일본인들에 의해 그 강도가 크게 부풀려진 측면이 많다. 물론 대원군의 최초의 집권 10년간(1864~1873)에는, 그 중에서도 특히 후반 5년간(1868~1873)에는 대결의 강도가 컸을 수도 있다. 그렇지만 임오군란 때의 그의 두번째 집권 기간은 33일에 불과했고, 청일전쟁 도발을 위해 일본군이 궁궐을 침입하던 당시의 세번째 집권도 그 기간이 겨우 4개월밖에 안 되었다.

대원군은 조선 땅에서 변란이 있을 때마다 청과 일본에게 왕후 견제용으로 번갈아 이용당했을 뿐이었다. 대원군과 왕후의 갈등은 경우에 따라 청에게도 이용당했고 일본에게도 이용당했다. 그러나 두 사람 사이의 갈등은 이들 외

세가 대원군의 노욕(老慾)을 자극한 면도 있었지만 그 내용
이 외세에 의해 사실 이상으로 과장된 면이 분명히 있었다.

한편 러시아의 시베리아 철도 착공과 더불어 그 진출 방
향이 동아시아로 확정됨으로써 일본은 러시아와의 대결이
불가피해졌다. 야마가타 아리토모의 《외교정략론》은 이를
한 마디로 웅변해주고 있다. 여기서 일본은 예정된 러시아
와의 전쟁에 여유 있게 대비하기 위해 먼저 청일전쟁부터
서둘러야만 했다.

이 목적을 이루기 위해 일본은 방곡령을 빌미로 삼아 문
제를 일으켰다. 이는 일본 대외 강경파의 수장 오오이시
마사미(大石正巳)가 이 목적만을 전담하기 위해 새로 주한
공사로 임명된 사실로도 알 수 있다. 부임과 함께 그는 조선
정부를 압박하며 갖은 행패를 다 부렸다. 그의 횡포는 원세
개의 그것을 오히려 능가할 정도였다. 왕후가 청('거청')과
함께 일본('거일')을 더 시급한 견제 대상으로 삼은 것도 이
처럼 갑자기 강화된 일본의 압제 때문이었다. 그리고 왕후
의 '거일'책은 일본이 3국 간섭으로 곤경에 빠지게 되자 결
정적으로 강화되었다.

그러나 이 같은 왕후의 '거일'책에는 전혀 상상도 못했던
문제점이 내재되어 있었다. '거일'의 버팀목은 '인아'였는
데, 이 '인아'에 바로 문제가 있었다. 왕후는 웨베르의 친절

을 러시아정부의 친절로 알고 '인아'는 이미 이루어진 것으로 믿었다. 그러나 시베리아 철도의 완공이 요원하던 러시아정부는 조선 문제로 일본과의 관계가 악화되는 사태를 극력 피했다.

반면 일본은 러시아와 대적이 불가피해졌다. 그리고 설상가상으로 민 왕후의 한층 강화된 '인아거일'책에 직면함으로써 전승의 기쁨도 누릴 겨를이 없게 되었다. 그렇다고 해서 그들은 러시아를 상대로 즉각 전면전으로 대응할 수도 없는 처지였다. 청일전쟁이 끝난 지 얼마 안 되어 곧바로 또다시 전쟁을 벌일 여력이 없었기 때문이다. 시베리아 철도의 완공이 요원하던 러시아도 즉각 전쟁으로 돌입할 수 없는 사정은 일본과 다를 것이 없었다.

러시아도 일본도 다 같이 사태를 전면전으로까지는 몰고 가지 않는 한계 내에서 상대를 제압해야만 했다. 그러므로 일본은 '인아거일'을 고집하는 민 왕후를 적극 회유하거나, 기회를 봐서 제거하는 두 가지 방법 중에서 하나를 택할 수밖에 없었다. 이 가운데서 그들은 결국 후자를 택한 것이다.

일본은 수많은 인명을 희생시키고 엄청난 국가 재정을 쏟아 붓고 나서야 비로소 청일전쟁에서 승리를 거두었다. 그 최종 목표는 어디까지나 조선을 자국의 보호국으로 만드는 것이었다. 그런데 민 왕후는 이 같은 일본의 야욕을 러시아를 끌어들임으로써 일거에 무산시키려 했던 것이다.
이것이 일본의 처지에서 민 왕후를 방치할 수 없었던 이유
였다.《일청전쟁(日淸戰爭)》의 저자 후지무라 미치오(藤村
道生)도 "이 쿠데타(민 왕후 시해)는…… 그 대강에 있어서는
정부(일본)의 방침과 모순되는 점이 없다"고 규정하고 있다.
이는 민 왕후 시해가 당시 일본정부의 정책 목표와 어긋나
지 않는다는 이야기이다.

요컨대 민 왕후 시해는 러·일의 대립 속에서 일본이 러시
아의 조선 침투를 전면전이 아닌 간접적인 방법으로 차단
한 선수 조치였다. 한편 아관파천은 러시아가 일본의 도전
에 역시 전면전이 아닌 방법으로 대응한 긴급 조치였다.

사건의 본질은 러·일이 대립하는 가운데 한국을 차지하
기 위한, 말하자면 일본의 국익이 걸린 사건이었다. "민 왕
후 시해는 보이지 않는 러일전쟁의 서곡(序曲)이었다." 전쟁
은 결코 어느 특정 개인이 저지를 수는 없는 일이다.

따라서 그 왕후 시해의 주도자는 당연히 일본정부 당국
자일 수밖에 없다. 그 주모자는 미우라 고로가 아니라 이노
우에 가오루였다. 이노우에는 주한 공사 임명과 동시에 조
선문제 대한 '전결권(專決權)'을 허여받은, 그야말로 일본정
부의 실세 중의 실세였다. 정부의 '백지위임장'을 가진 일본
정부 당국자였다. 그의 사건 주모가 바로 일본정부의 주모

가 된다는 근거도 바로 여기에 있다.

실로 이노우에는 당대 일본 제일의 조선통(朝鮮通)으로서 일찍이 외상과 내상을 고루 지낸, 이른바 '겐로(元老)'였다. 이토·야마가타 등과 더불어 천황의 자문에 응하는 정계 최고의 실세였다. 그가 자기의 후임으로 미우라를 천거함으로써 대한정책을 온건에서 강경으로 바꾼 것은 1895년 7월 11일경의 일이다.

이미 크게 호전된 국제 정황(7월 5일자 아오키 슈조 보고)과 민 왕후의 박영효 숙청으로 긴박해진 조선 정황(7월 6일 입수)이 바로 그가 대한정책을 강경으로 전환한 배경이었다. 그리고 이는 일본 정계 요로의 폭넓은 합의를 거친 결정이었다. 오오이소에서 요양 중인 무쓰에게 보낸 야마가타와 사이온지의 7월 8일자 서신이 이러한 사실을 다 같이 분명하게 입증해주고 있다.

그리고 이노우에 주도로 바뀌게 된 일본 정부의 대한강경책은 다시 각의의 임시의회 불개최(不開催) 결정(8. 24)에 따라 일본정부의 정책으로 확정되었다. 민 왕후 회유의 길을 일본 정부의 정책으로 전면 봉쇄해버린 것이다. 각의가 임시의회를 열지 않기로 결정하기 1주일 앞서(8. 17) 미우라를 주한 공사로 정식 임명한 사실도 결코 우연한 일이 아니다. 이제 일본 정부의 사건 관여는 어떤 논리로도 부정할 수 없는 것이다.

그럼에도 불구하고 일인들은 그동안 치밀한 사전 계획에 따라 자신들의 죄과를 감추기 위해 온갖 간계를 거침없이 꾸며냈다. 대원군·훈련대 주모설을 조작해 자신들이 저지른 사건의 책임을 이들에게 전가했다. 이 간계를 위해 그들은 대원군과 훈련대를 사전에 시해 현장으로 끌고가서 자신들과 시종 행동을 같이한 것처럼 꾸몄다. 그리고 사건 직후 일본정부와 관련자들은 멋대로 사건을 왜곡·조작하고 관계 자료를 은닉·인멸했다.

이에 우리는 그동안 일본측이 쳐놓은 높은 울타리 속에서 그들이 우리에게 덮어씌운 대원군·훈련대 주모설을 부정하는 데 급급했다. 사건의 주모자는 이미 성층권으로 사라졌는데, 우리는 일본인들의 유혹에 빠져 이를 울타리 속의 가시권(可視圈) 내에서만 찾느라 맴돌았다. 그러다보니 눈에 띄는 것은 미우라라는 종범 밖에 없었다. 즉 대원군·훈련대 주모설을 부정하기 위한 우리의 연구는 고작해야 미우라 주모설 입증으로 귀결될 뿐이었다. 이 경우 일본정부의 사건 관련 부분은 언제나 손도 대지 못한 상태로 남겨질 수밖에 없었다.

이에 저자는 사건의 주모자를 가시권 내에서 찾을 것이 아니라 인식의 지평을 크게 넓혀 국제 관계와의 관련 아래

성충권에서 찾기로 했다. 일본정부가 쳐놓은 울타리 속에서 찾는 것이 아니라, 그 울타리를 뛰어넘어 일본정부 내부로 수색의 범위를 넓혀나갔다. 민 왕후 시해가 어디까지나 러·일의 갈등과 대결에서 표출된 사건인 만큼 구태여 우리의 안목을 한반도라는 좁은 무대로 고착시킬 필요가 없기 때문이다.

그리고 저자는 일본인들이 쳐놓은 다음 몇 가지 함정에도 빠지지 않도록 조심했다. 지난날의 경우처럼 대원군·훈련대의 주모를 부정하는 데 흥분하다 보면 미우라 주모를 강조하는 결과가 되는 것이고, 그럴 경우 이 사건은 일본정부와는 무관한, 말하자면 미우라 개인 차원의 것으로 발뺌할 수 있는 여지를 줄 수도 있게 된다는 점이다. 뿐만 아니라 미우라의 공사로서의 자질 부족과 저돌적 성격을 흔히 강조하는데, 그러다 보면 이 사건도 이런 자에 의해 마치 우발적으로 저질러진 것처럼 이해될 수도 있다는 점이다.

우리는 더욱이 이 사건에 참여한 이른바 낭인(浪人)들을 무뢰한 내지 깡패쯤으로 알고 있다. 그렇지만 여기에도 함정이 있었다. 이 경우 민 왕후 시해 사건은 무뢰한이나 깡패가 흔히 저지를 수 있는 하찮은 소란쯤으로 그 의미가 축소될 수도 있는 것이다. 실제로 일본정부 당국과 일부 연구자들은 이를 '흥분한 낭인들의 우발적인 살인사건'이었던 것처럼 왜곡하고 있다.

그러나 이들은 결코 단순한 깡패가 아니었다. 이들 가운데는 하버드 대학 출신으로 정부의 차관을 지낸 자와 도쿄 대학 법학부 출신자를 비롯한 지성인도 많았고, 후일 각료나 외교관으로 출세한 자도 부지기수였다. 이들은 대륙 침략을 주창하던 현양사(玄洋社), 흑룡회(黑龍會)와 같은 일본 우익 단체의 멤버들이었다. 이 사건은 미우라의 저돌적 성격 때문에 일어난 것도 아니고 낭인들이 우발적으로 저지른 사건도 아니었다. 이들은 국익이 걸린 이 사건에 이용되었을 뿐이었다.

이 책은 이노우에가 과연 어떤 국제 환경과 자국의 국내 정황에서 민 왕후 시해를 계획하게 되었는가, 일본정부가 어떤 과정을 통해 어떤 식으로 이를 수용·확정했는가에 대한 회답이다. 아울러 이노우에에게 왕후 시해를 결심하게 했다는 이른바 민 왕후의 '인아거일책'이란 과연 어떤 것인지 그 실체를 구명한 것이다. 이를 위해 저자는 민 왕후가 살아온 당대의 국내·국외 정황을 먼저 알아보아야 했다.

그리고 시해의 현장을 재구성한 것은, 일인들의 이른바 대원군·훈련대 주모설이 얼마나 간교한 것인가를 재차 입증하는 결과도 되었지만, 일인들의 잔학성을 사실로써 확인하게 되는 결과도 되었다. 그리고 민 왕후 시해에 대한 러시아의 대응으로 비롯된 아관파천과 관련해서는 러시아 측의 기록을 이용해 그것이 이루어진 배경과 경과 및 결과도 함께 고찰했다. 한 마디로 마지막 제4장에서 다룬 것은 왕후 시해 이후 10년간에 걸친 러·일의 대립이 러일전쟁으로 치닫게 되는 과정을 정리한 것이다.

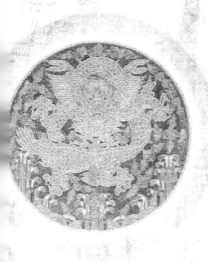

명성황후 시해 관련 연표

날짜	내용		
	조선	일본	국제관계
1840.			아편전쟁(제1차 영청전쟁)
1842. 8. 29			남경조약
1844. 7. 3			망하조약
10. 24			황포조약
1847. 9. 7			무라비요프, 동시베리아 총독 부임
1851.	민 왕후 출생(여흥 민씨 민치록의 외동딸)		홍수전(洪秀全)의 태평천국의 난 발발
1853.			크림 전쟁(1853. 10.~1856. 3.)
1854. 3. 27			영·불, 러시아에 선전포고
3. 31		미일화친조약	
8. 29			영불함대 캄차카 반도의 페트로파블로프스크 공격
10. 14		영일수교	
1855. 2. 7		러일수교	
1856. 12.			제2차 아편전쟁(애로호 사건)
1857. 5. 10			세포이 반란
1858.			러청, 영청 및 불청 천진 조약, 아이훈조약
1860. 10. 24			영청북경조약
10. 25			불청북경조약
11. 14			러청북경조약
1861. 3. 13			러시아, 대마도 점령
1862.	진주민란		

날짜	내용		
	조선	일본	국제관계
1864. 1.	철종 사망, 제26대 고종 즉위		
1865.	대원군의 개혁정치 양반에게 '호포' 부과 경복궁 재건 시작 만동묘(萬東廟) 철폐		야쿠브 베그(Yakub Beg), 악수를 도움으로써 회교 국가 건국
1866.	고종의 비(妃)로 민 왕후 간택, 조대비(익종의 비)의 수렴청정 종식		
3.			오페르트, 남연군묘 도굴 사건
6.			보오전쟁(~1866. 8.)
9. 2	제너럴 셔먼호 사건		
10. 26	병인양요(외규장각 도서 등 약탈당함)		
1867.	경복궁 완공		
3. 30			러시아, 미국에 알래스카 매도(720만 달러)
1868.	서원에 세금 부과 궁녀 이씨, 완화군(完和君) 출산 민 왕후, 대원군과 갈등 조짐		
1. 3		메이지 유신	
1869. 11. 17			수에즈 운하 개통
1870. 7. 19			보불전쟁(~1871. 5.)
1871.	47개소를 제외한 모든 서원 철폐 민 왕후 소생의 왕자 출생		신미양요(미) 독일 통일(1. 8) 이리(伊犁)분쟁(1871. 7~

날짜	내용		
	조선	일본	국제관계
	했으나 5일 만에 사망		1881. 2. 24)
1873. 12.	대원군 실각, 고종의 친정		
1874.			주청 영국공사 웨이드(T. F. Wade), 일본 전권변리대신 오쿠보(大久保利)에게 한반도 진출 유도
2.	민 왕후, 왕자 탁(拓) 출생 (뒷날 순종)		
5.		대만 원정	
1875.			청의 좌종당(左宗棠), 이리 지역 회복을 위해 출동
5. 7		일·러, 사할린-쿠릴 열도 교환조약	
5. 25		운요호(雲揚號) 등 3척의 군함 파한, 동해와 남해 해안 정탐	
9. 20		운요호 사건	
1876.	민승호 폭사(暴死)사건		
1. 15		특명전권 변리대신 구로다 기요타카(黑田淸隆)와 부대신 이노우에 가오루(井上馨) 등, 군함을 끌고 부산에 나타나 개항을 최후통첩.	
2.	최익현의 상소		
2. 11	조일수호조약 회담 시작		
2. 26	강화도조약 체결		
1877. 4. 24			러시아·터키전쟁 발발
1878.			좌종당, 야쿠브 베그의 반란

날짜	내용		
	조선	일본	국제관계
6. 13			진압 베를린 회의
1879.	북경에 파견된 사절 이유원, 청의 이홍장으로부터 비아제일(備俄制日)의 방략으로 구미 열강과 수교 권고를 받음		
4. 4		류큐(琉球)를 병합해 오키 나와(沖繩)로 개칭	
9. 15			청의 숭후(崇厚), 러시아와 리바디아 조약 체결
1880.	김홍집 일행 수신사로 도일 (귀국시 황준헌의 《조선책 략》 반입)		
4. 28			영국 글래드스턴, 제2차 자유당 내각 출범
1881. 2. 24			청의 증기택(曾紀澤), 러시 아와 상트페테르부르크 조 약 체결(이리분쟁 종식)
3. 25	영남만인소(萬人疏)사건		
5.	신사유람단 파일 및 별기군 창설(~8월)		영국, 조선을 개국하기로 정책 전환, 군함 페거서스 (Pegasus)호 파한
8.	복합(伏閤)상소사건		
1882. 3.	민태호의 딸, 왕세자빈으로 간택		
5. 20			독·오·이 3국동맹
5. 22	한미수호통상조약		
6. 6	한영수호통상조약		

날짜	내용		
	조선	일본	국제관계
6. 28	한독수호통상조약		
7. 23	임오군란(민 왕후, 충주로 피신. 대원군, 33일간 재집권 뒤 청의 보정부에 연금됨)		
10. 4	조중상민수륙통상장정		
12.			청, 묄렌도르프(Möllendorff)를 한국 외교 및 재정고문으로 파한
1883. 1. 9	미국, 한미조약 비준		
2. 27	미국, 푸트(Foote) 장군을 초대주한전권공사로 임명		
5. 15	푸트, 한국에 부임		
5. 19	푸트, 고종과 비준서 제정 주한미국전권공사 푸트의 부인[Rose F. Foote], 민 왕후와 면담		
6. 16	묄렌도르프, 인천에 해관 설치		
7. 16	고종, 민영익 일행을 미국에 특별 사행케 함(외교 및 군사교관 파견 요청)		
11. 26	한영신조약, 한독신조약		
1884. 5. 31	보빙사절 미국에서 귀국. 이 무렵부터 민 왕후, 대외관계 주도		
6. 24	천진주재 러시아 영사 웨베르(Waeber) 내한, 조선정부와 수교교섭		
7. 7	한러수호통상조약		미국, 〈외교 및 영사법〉

날짜	내용		
	조선	일본	국제관계
			제정(주한 공사의 지위를 전권특명공사에서 총영사급의 변리공사로 강등)
8. 26			청불전쟁 시작
12.	'한러밀약'설(권동수·김용원, 블라디보스토크에 파견)		
12. 4	갑신정변(12월 7일 실패로 끝남)		
12. 30		이노우에, 한성조약 체결을 위해 내한	
1885. 1. 7	묄렌도르프, 주일 러시아 공사관 서기관 스페이르와 면담(한러밀약설)		
1. 9		이노우에 가오루, 조선정부와 한성조약 체결	
2.	묄렌도르프, 서상우와 더불어 주일 러시아공사 다비도프(Davydov)와 회담(청·일 충돌 시 한국 보호 요청)		
3.			러시아, 아프가니스탄 국경 판데(Pandjeh) 침공
4. 4			이홍장, 청불전쟁 강화조약 체결
4. 15			거문도사건(1887. 2. 27 철수)
4. 18		이토 히로부미, 이홍장과 천진조약 체결	
4. 22		내각제도 실시(이토 히로부미[伊藤博文], 초대 수상)	

날짜	내용		
	조선	일본	국제관계
7. 6			이홍장, 보정부에 연금 중인 대원군 석방 결정
10.			웨베르, 주한 러시아공사로 부임
10. 3	원세개, 민씨정부의 대러 접근 견제를 위해 '주차 조선총리교섭통상사의'라는 직책으로 내한(11월 17일 정식 부임)		
10. 5	대원군, 운현궁 도착		
12. 22		미우라, 예비역 육군 중장으로 예편	
1886. 6. 6	한불수호통상조약		
8.			러시아, 시베리아 철도 계획
10.			리-라디젠스키 협정
1887. 2. 27			영국, 거문도 철병
1888. 5. 8			코르프-지노비예프(Korf-Zinoviev) 회담(러시아 최초의 동아시아정책 결정)
1889.	방곡령	함선건조 6개년 계획 완수	비테(S. Y. Witte), 재무성 철도국장으로 관계(官界) 진입
1.		야마가타(山縣), 대정부 〈군사의견서〉 제출(시베리아 철도의 위험성 경고)	
12. 24		야마가타 내각 출범(제1차 내각[~1891. 1.])	
1890. 3.		야마가타, 《외교정략론》 저술(조선을 자국의 이익선	

날짜	내용		
	조선	일본	국제관계
		으로 규정함)	
1891. 5. 31			시베리아 횡단철도 착공
8.			러불정치협정
1892. 2. 27			비테, 운수상(運輸相)으로 승진
8.		제2차 이토 내각(~1896. 8)	
8. 8		무쓰(陸奧), 일본 외상에 취임	
9. 11			비테, 재상(財相) 취임
12. 16		오오이시 마사미(大石正巳) 주한 공사 부임(~1893. 7. 26)	
1893. 5. 19	방곡령 배상금 11만 엔 수락		
1894. 1.			러불군사동맹
3. 28	김옥균, 상해에서 홍종우 에게 암살		
4.	전라도 지방에서 동학 의거		
5. 6	동학란 발발(1893년 가을 부터 산발적으로)		
6. 1	조선정부, 청에 동학란 진압 원병 요청		
6. 2	청, 아산만으로 병력 파견 결정		
6. 6		일본정부, 천진조약에 의거 청에 병력 파한 통보	
6. 8			카시니, 이홍장에게 파병의 위험성 경고

날짜	내용		
	조선	일본	국제관계
6. 11	동학군, 전주성에서 자진 해산		
6. 12			청, 원정군 아산에 도착
6. 16		총 1만 3,800명의 대군을 인천에 파견. 청에 조선 내정공동개혁안 제의	
6. 17			오코너, 고무라에게 러시아 개입 가능성 경고
6. 21			청, 일본의 내정공동개혁 제의 거부(그러자 일본은 단독개혁 단행을 청에 통보)
6. 22		외상 무쓰, 주한 공사 오토리 게이스케(大鳥圭介)에게 개전 구실을 찾으라고 명령	
7. 7		주미 일본공사 다테노(建野宗光), 미 국무장관 그레셤(W. Q. Gresham)과 면담. 청일전쟁 시 미국의 불개입 입장 확인	
7. 16		영일통상항해조약 체결(영국의 공동개입 우려 불식)	
7. 23	제1차 김홍집 내각 성립	경복궁 침공(대원군의 세 번째 집권[4개월간])	
7. 25	청일 개전(코우싱호 사건, 성환전투)		
7. 27	군국기무처 설치		
7. 28		무쓰, 오토리 게이스케에게 조선정부에 '일본인 고문을 고빙케 하라'고 지시	

날짜	내용		
	조선	일본	국제관계
8. 1	**청일전쟁(선전포고)**		
8. 15		오토리, 군국기무처 의정안을 통해 일본인 고문관 및 군사교관 초빙	
8. 17		일본 내각, 무쓰가 제안한 조선보호국안 확정	
8. 20		오토리, 조선과 '잠정합동조관' 강압. 철도 및 전신 이권 차지 시도	
8. 21			러시아, 제1차 특별 각료회의
8. 26		'조일맹약'(군사동맹) 강요. 오토리, 군국기무처 의정안(8월 15일자 안과 동일)	
8. 28	대원군, 평안도 관찰사 민병석에게 일본군을 격퇴해야 함을 청에게 알리라고 지시		
9. 15		평양전투(~9. 16)	
9. 17		황해해전	
9. 23		이토, 이노우에 내상에게 오토리 후임 주한 공사 천거를 의뢰	
9. 27		이노우에, 조선공사에 자신을 천거함	
10. 15		이노우에, 주한 특명전권공사로 임명(조선에 대한 전결권)	
10. 27		이노우에, 서울 부임	

날짜	내용		
	조 선	일 본	국제관계
10. 28		이노우에, 고종에게 신임장 제정	
10. 30			러시아, 알렉산드르 3세 사망
11. 8	대원군과 이준용 정계 은퇴 강요당함		
11. 13	이준용, 내무협판직 사퇴		
11. 18	대원군과 이준용, 정계 은퇴		
11. 20		이노우에, 고종에게 내정개혁안령 20개조를 요구(갑오개혁[~11. 21])	
11. 21		여순 점령	
11. 27	민 왕후, 4협판 임명		
12. 1	고종, 이노우에에게 민 왕후의 정치불개입을 보장	이노우에, 고종에게 민 왕후의 4협판 임명에 대해 강력 항의	
12. 4		이노우에, 무쓰에게 조선에 차관 제공을 설득	
12. 8	민 왕후, 이노우에에게 내정불개입 약속		
12. 17	제2차 김홍집 내각(박영효[내무대신], 서광범[법무대신])	이노우에, 사이토(齋藤修郞)를 조선의 내부, 오카모토(岡本柳之助)를 궁내부, 이시쯔마(石塚英藏)를 내각의 고문으로 임명	
1895. 1.	민 왕후, 영국인 여행가 비숍(I. B. Bishop)과 면담		
1. 8		이노우에, 무쓰에게 차관	

날짜	내용		
	조선	일본	국제관계
		제공을 촉구	
1. 11		이노우에, 훈련대 발족시킴	
1. 21			러시아, 기어즈(Giers) 외상 사망
2. 1		일·청, 히로시마 강화회담 결렬	러시아, 제2회 각료회의
2. 14			러시아 주일 공사 히트로보, 일본의 강화 조건 타진
2. 17		이노우에, 무쓰에게 차관 제공을 구실로 조선의 재정 및 행정권 장악 구상을 밝힘. 이나오(仁尾惟茂)를 탁지부 고문에 임명	
2. 23		일본공사관 무관 쿠스노세 (楠瀨辛彦), 조선의 군부고 문에 임명	
2. 24			히트로보 주일 공사, 무쓰를 방문해 조선의 독립 보장을 재차 요구
2. 26		무쓰, 이노우에에게 러시아 에 간섭 구실을 주지 않도록 특별 지시	
3. 1			독일, 영국과의 협력 제의
3. 6			독일, 대일간섭 시사
3. 19	박영효와 어윤중, 일본대표 에게 수정안 제출		
3. 31		조일차관협정 체결(총액 300만 엔)	
4.	이준용 체포		

날짜	내용		
	조선	일본	국제관계
4. 1		이토, 이홍장에게 청이 조선의 완전독립을 인정하는 강화안 제시	
4. 4			영국의 킴벌리 외상, 대일 불간섭 시사. 청의 이홍장, 시모노세키 회담에서 대안을 이토에게 제시. 러시아, 독일의 대일공동간섭 제안을 환영, 일본측의 강화안 입수
4. 8		이노우에, 무쓰에게 향후 대한방침과 간섭의 정도를 문의	영국, 독일의 공동간섭 제안을 거부.
4. 9			독일의 카이저, 러시아와의 공동간섭 최종 확정
4. 10			영국, 킴벌리의 대일불개입 태도 재천명
4. 11			러시아, 제3차 특별위원회의
4. 12			프랑스, 대일간섭 의사를 러시아에 통고
4. 15		호시(星亨), 법부 고문에 임명	
4. 17		시모노세키 조약 체결	
4. 19		이노우에, 을미개혁 (34건의 법률 및 칙령 반포[~4. 23])	
4. 23	칙령 제64호로 각 대신간 규약조건 공포(모든 공문과 서류를 일본인 고문관에게 사전 검열을 받게 한 것)		3국 간섭(러·독·불)

날짜	내용		
	조선	일본	국제관계
4. 24	전봉준 처형	히로시마 어전회의 소집 (간섭 3국의 권고 거부, 국제회의에 의한 해결, 권고 수락 등 3개 안에서 제2안 채택)	
4. 25		마이코(舞子)회담(외상 무쓰, 24일의 제2안에 이의 제기. 대신 3국 간섭을 수락, 요동반도를 양보하되 승전 국으로서 한반도에서 자국 지위 유지라는 대안 제시)	
4. 30		간섭 3국의 권고를 수락, 추가 조항 제시	
5. 1			간섭 3국의 해군 시위 (~5. 4)
5. 4	영·미·러·독, 일본의 조선 에서의 권익 독점에 대해 조선정부에 항의	요동반도 반환에 대한 비상 대책회의	
5. 5		간섭 3국에 굴복, 요동반도 의 반환에 한해 동의	
5. 8			러시아, 독일 및 프랑스에 요동반도로부터의 일본군 철수 및 보상금 지불 원칙 통고
5. 10		간섭 3국의 권고를 수락한 다는 천황의 칙유(勅諭)	
5. 13	각의 소집(조희연 해임)		
5. 15			러시아 외상 로바노프, 주러 일본공사 니시에게 조선의 독립 보장 요구(조선 내정 간섭 중지, 철도 및 광산

날짜	내용		
	조선	일본	국제관계
			이권 독점 금지가 그 내용)
5. 22			로바노프, 독일 및 프랑스에 일본의 보상금 문제와 철수 조건 제안
5. 28	제2차 김홍집 내각 붕괴		
5. 30			러시아 외상 로바노프, 독·불과 협의 후 주일 3국 공사를 통해 일본의 철수 및 보상금 지불 원칙을 무쓰 외상에게 정식 문의
6. 2	박정양 내각 성립		
6. 4		내각회의 소집(무쓰의 안 채택. 보상금 1억 냥 이내, 요동반도는 보상금 완불 후 또는 만족할 만한 보장 후 환부, 조선 문제에 대해서도 불간섭주의 채택)	
6. 5		무쓰, 외상의 명의만 지닌 채 폐환으로 모든 업무와 권한을 사이온지(西園寺) 에게 이양	
6. 7	민 왕후, 인아거일책에 따른 인사. 미국인 리젠더(C. W. Legendre)를 궁내부고문에 임명. 시위대를 편성하고 홍계훈을 훈련대연대장에 보임(~7. 5)	이노우에, 3국 간섭 이후에 조선 문제 협의차 조선을 떠남	독일, 주러대사 라돌린으로부터 러청차관협정 체결 논의 정보를 입수
6. 12			독일의 마샬, 주일 독일공사 구트슈미트(Gutschmidt)에 게 요동반도 반환 문제를 신중하게 처리할 것을 지시

날짜	내용		
	조선	일본	국제관계
6. 20		이노우에, 일본 도착(요코하마[橫濱])	
6. 21		이노우에, 천황 알현	
6. 22		이노우에, 내각에 조선개혁 사정 보고	
6. 25	박영효, 왕궁호위병력을 훈련대로 교체 건의. 고종, 1894년 6월 이후의 칙령이나 재가 사항은 자신의 의사가 아님을 선언		
6. 28		이노우에, 내상 관저에서 각 성(省) 고등관을 초치, 조선 정세 설명	
7. 2		이노우에, 각의에 〈장래의 대한책(對韓策)〉을 제시 (기증금을 미끼로 민 왕후를 회유하자는 것)	
7. 5			주독 일본공사 아오키(靑木), 사이온지 외상 임시대리에게 '동아시아에서의 3국 연합은 매장만을 남겨놓은 시신 정도의 위력밖에 없다'고 보고
7. 6	박영효 반역음모사건(민 왕후, 이노우에가 심어놓은 박영효 제거)		러시아, 대청차관협정에서 독일을 배제함으로써 3국의 협력 사실상 와해
7. 7	박영효, 재망명. 고종, '금후 친정' 선언		
7. 8		야마가타, 무쓰에게 서신 (가르침대로 내외 사정에 대해 방관좌시할 수 없다는	

날짜	내용		
	조선	일본	국제관계
		것, 묘의[각의]에서 결의 되는 대로 단행을 희망한다 는 내용) 사이온지, 무쓰에게 서신 (한국 문제는 이토·이노우 에와 충분히 상의했다는 내용)	
7. 11		이노우에, 미우라를 주한 공사로 추천(대조선 강경책)	
7. 12		이노우에, 천황에게 귀임 인사	
7. 14		이노우에, 한국으로 귀임하 기 위해 일본을 떠남	
7. 17		미우라, 노무라 야스시(野 村靖) 내무대신 등에게 주 한 공사 취임 승낙 거부	
7. 18		야마가타(山縣), 다나카 등 과 함께 미우라에게 공사직 재수락 설득. 미우라, 주한 공사직 재수락	
7. 19		이노우에, 인천에 도착한 뒤 노무라의 뜻밖의 전보를 받음(18일 오후 2시 45분발). 이노우에는 미우라의 공사 직 재수락을 촉구하는 전문 발송. 이노우에는 뒤이어 노무라의 전보 접수(미우라 가 공사직을 다시 수락했다 는 내용, 7월 19일 오후 4시 25분발 전보). 사이온지, 주일 3국 공사에게 자국의 6월 4일자 각의 결정을 뒤 집을 수 있을 만큼 대담하게	

날짜	내용		
	조선	일본	국제관계
7. 21		바뀐 내용을 회답으로 통고 (약세극복) 이노우에, 귀임	
7. 22		미우라를 주한 일본전권 공사로 내정	
7. 24			독일과 러시아, 청의 대일 보상금 문제를 둘러싼 의견 대립. 프랑스, 대러 지지 표명
7. 25		이노우에, 고종과 민 왕후에 5시간에 걸쳐 정치 및 경제적으로 보장하는 양 사기 행각	
7. 27		이노우에, 본국에 자신의 기증금안을 의회에 조속히 회부하라고 촉구	
8. 5	민영준, 사면. 이준용, 특사 조치		
8. 6		이노우에, 정부에 기증금 건을 임시국회에 제출해줄 것을 부탁	
8. 9			독일과 러시아, 청의 대일 보상금 문제를 둘러싼 의견 대립
8. 10	제3차 김홍집 내각 성립 (외무대신에 김윤식·궁내 부대신에 이경직·궁내부 협판에 친러파의 제1인자 이범진)		
8. 17		미우라, 주한 공사로 공식 임명	

날짜	내용		
	조선	일본	국제관계
8. 19			독일, 3,000만 냥으로 보상금 삭감에 동의
8. 23		미우라, 주한 공사 부임 위해 일본을 떠남	
8. 24		내각회의 : 임시회의 불개 최 결정(기증금 제공 약속 이행 불능)	
9.		미우라, 영사관보 호리구치 구마이치를 대원군 저택에 보냄	
9. 1		미우라, 주한 공사로 한국에 옴(시바 시로[柴四郞], 다케다 한지[武田範之], 쯔기나리 히까리 [月成光] 등과 동행)	
9. 4		사이온지 외상 임시대리, 이노우에게 '의회 승인 없는 정부 단독의 기증금 제공은 불가능하다'는 전문 발송. 이노우에, '기증금 제공을 왕과 왕후에게 이미 약속한 이상 그것이 성사되지 않으면 후임자는 설자리를 잃게 된다'고 회신	
9. 11			주일 3국 공사, 사이온지에게 보상금 3,000만 냥·보상금 지불 즉시 철수·철병과 청일통상조약을 연계시키지 말 것을 통고
9. 15		미우라, 신임장 제정(이노우에와 함께) : 참선승으로 가장. 미우라·이노우에, 오	

날짜	내용		
	조선	일본	국제관계
9. 16		카모토의 귀국을 연기시킴 사이온지, 주러 일본공사에게 청이 지불 능력이 있다면 3,000만 냥으로 합의한다고 밝힘	
9. 17	조관(朝官)의 복식환원을 칙령 제1호로 공표	이노우에, 공사직을 미우라에게 넘겨주고 이한(서울 출발)	주한 영사 힐리어(Walter C. Hillier), 주청 공사 오코너(N. R. O'Conor)에게 '미우라는 최근에 도착했기 때문에 그 스스로가 어떤 견해를 가질 수도 없고, 행동 노선을 채택하는 것은 불가능하다'고 언급
9. 21		미우라, 한성신보사장 아다치 겐조(安達謙藏)에게 극비임을 밝히면서 '여우 사냥' 운운. 이노우에, 인천 출발	
9. 27	우범선, 미야모토(宮本) 소위에게 훈련대가 10월 10일경 해산될 것이라고 알림		
9. 30		미우라, 스즈키(鈴木順見)를 대원군 저택에 파견	
10. 1		미우라, 영사관 순사 와타나베(渡邊)를 대원군 저택에 파견	
10. 2	민 왕후, 민영환을 주미 공사로 발령	미우라, 오카모토와 대원군 이용 문제 협의. 미우라, 쿠스노세 중령과 일본군 및 훈련대 동원문제 협의. 미우라, 호리구치로 하여금	

날짜	내용		
	조선	일본	국제관계
10. 3	민 왕후, 훈련대 간부 성창기와 조희연 면직	대원군 저택을 재방문케 함 미우라, 민 왕후 제거의 행동지침 수립. 미우라, 서기관 스기무라와 더불어 대원군 견제책으로 4개의 약장(約章) 작성. 미우라, 오카모토를 대원군 저택에 파견. 미우라, 우범선·바야바라 등의 방문을 받음	
10. 5	민 왕후, 농상공부대신 김가진을 해임하고, 그 후임으로 이범진을 등용. 내무협판 유길준을 신의주 관찰사로 좌천시킴		
10. 6	훈련대의 경무청 습격	오카모토, 이주회·우범선과 접촉. 미우라, 오카모토와 쿠스노세에게 귀국을 가장 인천에서 대기시킴. 바야바라, 중대장 회의 소집. 스기무라, 김홍집·조희연·권영진 등에게 쿠데타가 있을 것임을 미리 알리면서 협조 당부(6일 밤)	러시아의 로바노프, 히트로보에게 시모노세키 조약에 관여하지 말 것· 청일간 거중조정을 행사하라고 지시
10. 7 (02:00)	조선정부, 훈련대 해산		
(08:00)		쿠스노세, 인천으로 은신	
(09:00)	군부대신 안경수(安駉壽), 미우라에게 훈련대 해산 방침 통보	스기무라, 김윤식으로부터 훈련대 해산 내용 들음. 미우라, 민 왕후 시해 일시를 10월 8일 오전 4시 30분 경으로 재조정	
(14:00)		요동반도 반환 보상금을 3,000만 냥으로 하자는 간섭	

날짜	내용		
	조선	일본	국제관계
		3국의 9월 11일자 협상안 수락(간섭 3국과의 마찰 소지 완전 불식)	

날짜	내용	※ 사건일지(일본측 자료)

1895. 10. 7 훈련대 제2대대장 우범선과 바야바라 소령, 미우라에게 훈련대 해산 방침 보고

(09:00) 미우라, 우범선과 바야바라에게 새벽에 훈련대와 수비대 동원 지시
오카모토, 쿠스노세에게 급전, 아다치 호리구치·쿠니도모·시바 등에게 직접 지시, 바야바라와 우범선에게 일본군 및 훈련대 동원 지시
미우라, 인천에 대기 중인 오카모토와 쿠스노세에게 즉각 귀경 지시
미우라, 호리구치를 호출, 대원군 입궐에 관한 방략설을 전달하고 오카모토와 용산에서 합류, 대원군 호위와 낭인배 총괄 지시
미우라, 오기하라에게 순사를 사복으로 변장, 낭인들과 합류, 대원군과 함께 입성 지시
미우라, 낭인 담당 아다치와 구니토모를 호출, 낭인을 규합, 민 왕후를 살해하도록 지시

(14:00) 일본정부, 미우라에게 3국의 제안(요동반도 보상금 3,000만 냥)을 수락했음을 통보

(19:00~ 미우라, 영사관 일등영사 우치다 사다쯔치가 베푼 만찬에 참석
21:30) 시바 시로, 파성관에서 낭인들을 끌고 궁성으로 직접 쳐들어가기로 했고, 대원군을 끌고 들어갈 다른 한 패는 한성신보사에 집결 오카모토·호리구치와 합류, 궁궐로 들어가기로 함

(24:00) 오카모토, 용산 도착, 무장한 낭인배 및 사복 차림의 순사 30명과 공덕리 대원군 저택으로 집결, 강제로 대원군 끌어냄

10. 8 (03:30) 오카모토, 대원군을 끌어내 서대문으로 향발

(04:30) 오카모토, 훈련대와 합류, 서대문에 집결

(05:30) 오카모토, 수비대와 합류, 광화문에 도착(시위대와 총격전, 홍계훈 사망)

(05:50) 오카모토, 왕궁 침입

(06:05) 미우라, 스기무라 및 구니와키(國分寺, 통역관)와 대기 중 광화문에서의 총성을 듣고 시바 시로로부터 왕궁 침입 확인 후 궁궐을 향해 공사관 출발

날짜	내용	※ 사건일지(일본측 자료)
(06:10)	일본 낭인들, 대원군을 근정전 옆 강녕전에 내려놓고 건청궁의 왕후 침전 곤령합으로 난입, 왕후와 궁녀 등 3명 살해(궁내부대신 이경직도 살해됨)	
(06:32)	공사관보 해군 소령 니이노(新訥時亮), 이토 중장에게 최초 보고	
(07:00)	미우라, 고종에게 정부개조안 제시(친일내각〔제4차 김홍집 내각〕수립) : 10월 3일의 4개조 서약문과 동일한 내용임	
(08:50)	쿠스노세(楠瀨), 육군참모부에 '대원군의 입궐과 홍계훈의 사망'만 보고	
(09:20)	니이노, 이토에게 '국왕은 무사, 왕비는 살해'라고 보고	
(13:00)	미우라, '왕비살해 여부'를 묻는 사이온지 임시외상에게 '왕비의 소재를 아직 잘 모르겠고, 대원군에 의한 쿠데타'라고 보고	
(15:25)	쿠스노세, 육군참모부에 '왕세자는 안전. 왕비의 소재는 알지 못한다. 도망간 증거는 없다'고 보고	

날짜	내용	※ 사건일지(영·미측 자료)
(02:00)	현흥택(玄興澤), 군관 2명으로부터 일본군 약 200명이 삼군부(광화문 앞 초소)로 들어갔다는 보고 접수(시위대 병사를 광화문에 보내 사실 확인)	
(04:00)	이학균(李學均, 시위대 장교), 다이와 사바틴을 깨워 긴급사태 보고(일본군이 궁궐의 뒷문 혹은 북문 밖에 집결해 있다는 내용)	
(04:?)	다이·사바틴, 궁궐의 북서문(추성문) 밖에 일본군 40~50명이 포진해 있음을 확인	
(04:30)	다이·사바틴, 북동문(춘생문) 밖에 일본군 지휘 아래 조선군 약 200명이 집결해 있다는 보고를 접수	
(05:00)	대원군 일행, 궁궐도착 다이·사바틴, 경비실로 돌아와 대책을 강구 중에 총성과 궁궐문을 공격하는 소리를 들음 미우라·앨런, 고종으로부터 입궐요청을 받음	
(05:15~ 06:00)	대원군, 광화문 통과. 시위대 군사, 경비실로 도망 다이, 300~400명 시위대 소집(어소〔御所〕의 좌측 방향에 있는 길에 병력배치를 지시하는 순간 북문 쪽으로부터 5~6회의 총성을 들음. 시위대 패주) 다이·사바틴, 시위대 병사와 함께 왕후 어소 쪽으로 피신. 이후 30~45분 가량	

날짜	내용	※ 사건일지(영·미측 자료)
	일본군과 사복 차림의 일본인들의 만행이 자행됨 : 시위대 병사들 피격됨. 다이·현흥택 감금 또는 폭행당함. 이경직 피살됨. 왕후·궁녀들 희생됨	
(06:00)	미우라, 공사관 서기와 건장한 경비병 1명을 동반하고 궁궐에 도착	
(07:00)	웨베르·앨런, 입궐 도중 30~40명의 일본인들이 어지러운 복장을 하고서 궁궐문에서 나오는 것을 목격	
(08:30)	웨베르·앨런, 한 시간 반 가량 기다린 뒤에 미우라를 만남(미우라, 오후에 일본공사관에서 이야기하자고 말함)	
	웨베르·앨런, 고종을 알현(고종, '미우라가 궁에 있는 한 항상 곁에 있어주기를 바란다'고 호소). 힐리어, 크리엔 등과의 협의를 희망함(힐리어, 당초 미국 및 러시아공사관으로 갔지만, 웨베르를 만나지 못하자 독일영사관으로 가서 크리엔을 만났고 여기서 사바틴으로부터 이야기를 들었음. 이어 앨런과 웨베르가 찾아왔음)	
	크리엔·힐리어, 입궐(고종을 알현한 뒤 일본공사관으로 갔음)	
	미우라, 30분 뒤 웨베르와 앨런을 재대면하고 귀가	
(15:00)	웨베르·앨런·힐리어·크리엔·르페브르, 미우라·스기무라(杉村) 등을 일본공사관에서 대면.	

날짜	내용		
	조선	일본	국제관계
1895. 10. 10	폐비조칙	정무국장 고무라 주타로 (小村壽太郎)를 사후처리 위해 파한	앨런, 올니 국무장관에게 '이런 가공할 일이 새로 도착한 미우라에 의해 계획된 것이라고 믿을 수 없다'는 내용의 전보 발송
10. 11		고무라, 한국 향발	《뉴욕헤럴드(New York Herald)》가 최초로 민 왕후 시해 사건 보도. 주한 영국 공사 힐리어, 주청 공사 오코너에게 4명의 증언을 토대로 시해 실상을 보고
10. 14		낭인들에 퇴한(退韓) 조치. 미우라, 이토에게 민 왕후	

날짜	내용		
	조선	일본	국제관계
10. 15		시해 보고 고무라, 서울 도착	
10. 17		각의, 미우라를 비롯해 48명의 사건관련자 전원을 본국에 소환, 히로시마 재판소에 회부. 고무라를 주한 공사로 임명	웨베르, 한국외부를 방문, '살인자와 살인교사자는 재판에 회부되어야 하고 10월 8일 이후에 임명된 각료(제4차 김홍집 내각)와는 상대할 생각이 없다'고 선언
10. 18		사이온지, 영국공사 새토에게 '일본정부는 이 음모에 개재되지 않았다'고 변명. 사이온지, 니시 주러공사에게 몇 명의 일본 민간인이 한국 '사태'에 연관되었을 뿐 일본정부는 이 사건과 무관함을 러시아정부에 주지시키라고 통고	
10. 19		사건 관련 민간인 퇴거령	주일 3국 공사, 일본정부와 요동반도 반환에 대한 각서 교환
10. 20		주러일본공사 니시, 로바노프 러시아 외상에게 사이온지의 전보 내용 전달	
10. 21		이노우에, '왕실문안사'로 내한, 고무라를 측면지원	
10. 24		니시, 러시아 외무성 아시아국장 방문, '러시아가 어떤 문제도 제기하지 않을 것'임을 확인	
10. 26		미우라를 민 왕후 시해혐의로 구인	

날짜	내용		
	조선	일본	국제관계
10. 31			미국, 국무장관 올니, 주한 미국공사 실에게 훈령 제64호로써 조선 문제에 개입 엄금. 《노스 차이나 해럴드(North China Herald)》, '불행히도 왕후가 조선에서 이노우에의 개혁에 큰 장애가 되어왔다'고 논평
11. 5		이노우에, 고종 알현(천황 친서)	
11. 8		요동반도 환부(還附)조약 및 부속의정서 조인	
11. 11			미국 국무성, 주한 공사에게 훈령 : '유럽 열강과의 공동 행동을 자제하라'
11. 12		고무라, 일본외무성에 '주한 외국대표들이 한국의 질서회복에 대한 우선권을 일본에 위임하는 데 동의했 다'고 보고	
11. 21			《노스 차이나 해럴드》, '이노우에가 민 왕후 시해 의 주모자이며, 미우라는 희생양에 불과하다'는 기사 게재
11. 26	폐비취소칙령(조희연·권 영진 파면)		
11. 28	춘생문사건		
12. 1	왕후 사망 발표		
12. ?			러시아정부, 웨베르를 멕시코 공사로 전보발령.

날짜	내용		
	조선	일본	국제관계
			그러나 '멕시코로의 출발을 중지하고 계속 한국에 주재하라'고 훈령
12. 21		요동반도 환부 완료	
12. 30	고종, 단발령 강행		
1896. 1.	단발령을 계기로 을미의병 일어남(~2월)		
1. 8			러시아, 신임 주한 러시아 공사 스페이르 한국 도착 (이후 3월 1일까지 약 2개월간 웨베르와 공사관에서 함께 체류)
1. 14		군법회의, 사건 관련자들에게 무죄 판결	
1. 16		군법회의, 쿠스노세 중령 이하 8인의 용의 장교에 증거불충분 무죄 판결	
1. 20		미우라 이하 48인, 히로시마 지방예심재판소에서 면소 석방	
1. 22			러시아 스페이르와 웨베르, 본국정부에 일본군과 동수의 군대 파견 및 고종의 보호요청을 전하고 훈령을 구함
1. 23			러시아 로바노프, 주한 러시아공사에게 '한국왕에게 어떠한 보장도 하지 말라'고 지령
1. 29	왕후 시해 사건 후 물러났던 조희연, 고무라에 의해 군부대신에 복귀		

날짜	내용		
	조선	일본	국제관계
2. 1			러시아 로바노프, 스페이르에게 '모든 결정은 상트페테르부르크에서 히트로보와 상의할 때까지 연기한다'고 훈령
2. 2	고종, 이범진을 통해 스페이르에게 정식으로 보호요청		
2. 10			스페이르와 웨베르, 100여 명의 수병을 상륙, 입경시킴
2. 11	아관파천, 고종과 왕세자, 새벽에 궁궐을 빠져나와 오전 7시경 러시아공사관 도착. 1897년 2월 20일 환궁 시까지 체류		
2. 15			러시아 스페이르와 웨베르, 러시아 외무성에 고종의 요구를 동봉, 신속한 수용을 촉구
2. 19		니시, 로바노프 외상을 방문, '한국왕의 환궁 시기'를 묻고 '주한 공사에게 합당한 지령을 보내라'고 요구	러시아 히트로보, 야마가타가 한국 문제를 러시아와 완전 합의라는 방식으로 해결하고 싶어한다는 사실을 본국에 전달. 로바노프, 니시에게 '전신선 고장으로 고종이 얼마나 러시아공사관에 더 머무를지 모른다. 현재로서는 스페이르에게 지령도 보낼 수 없다'고 함
2. 22			스페이르와 웨베르, 2월 15일자 전문과 동일한 내용을 러시아 외무성에 통고

날짜	내용		
	조선	일본	국제관계
2. 24		사이온지, 히트로보를 통해 러시아정부에 각서 전달	러시아정부, 주한 공사에게 '행정고문 및 군사교관 문제의 제기는 시기상조'라고 통고
3. 3			러시아·일본, 자국의 서울 주재 공사에게 지침을 시달함으로써 협상이 본격화
3. 15		야마가타, 대관식 참석차 모스크바 향발	
3. 22		고무라, 4개조 각서 제출	
5. 14			웨베르-고무라 각서
5. 17		야마가타, 모스크바 도착	
5. 26			러시아, 니콜라이 2세의 대관식
5. 31		고무라, 이한	
6. 3			러청비밀동맹 체결
6. 9			로바노프-야마가타 의정서
6. 11		고무라, 외무차관	
7. 2			러시아 '한국사절에의 회답 요점'
8.			러시아 스트렐비트스키 대령 파한. 러청은행의 상해지점장인 포코틸로프 파한(한국의 재무상태 조사)
8. 31			로바노프 사망
10.			러시아 푸티아타 대령 파한
1897. 2. 11	고종의 환궁		

날짜	내용		
	조선	일본	국제관계
2. 23		가토, 주한 공사에 임명	
3. 2		가토, 이완용에게 경성 및 모스크바 각서 사본 제시	
4.			영국인 총세무사 브라운 (McLeavy Brown), 조선 국고에서 일본 채무 200만 엔 변제
4. 13			러시아, 무라비요프(Mikhail NIkoaevich Muraviev) 외상 임명. 비테에 반발해 만주로의 무력침투정책 추진
5. 21			러시아, 고위세리인 알렉세예프를 한국재정고문에 임명해줄 것을 요청
9. 초			러시아 비테, 비서장 로마노프의 권고를 수용, 알렉세예프 파한(한반도 적극 진출 정책으로 전환을 의미). 러시아 무라비요프 외상, 예상되는 독일의 교주만 점령에 대응해 여순·대련 점령을 제의, 비테는 일본과의 전쟁 가능성을 염려해 반대
10. 25			알렉세예프, 한국의 재정 고문 및 총 세무사
11. 4			독일, 교주만 점령
11. 26			러시아, 각의 개최. 독일의 교주만 점령에 대응, 여순 점령 여부를 놓고 무라비요프와 비테 설전(황제는 여순 점령 알단 보류)

날짜	내용		
	조선	일본	국제관계
11. 27			영국인 총세무사 브라운, 알렉세예프에게 밀려난 데 항의, 주한 공사 조든(J. N. Jordan)의 요청으로 동양함대 제물포 입항
12. 11			러시아 레오노프(Reunov) 제독이 이끄는 함대 여순항 입항
1898. 1. 7			러시아 무라비요프 외상, 주러 일본공사 하야시 타다스(林董)에게 조선 문제 협상 제의
2. 22	대원군, 운현궁에서 별세		
2. 말			한러은행 설립
3. 6			독일, 교주만 조차
3. 16			영국 식민상 체임벌린(Joseph Chamberlain), 주일 영국공사 가토 다카아키에게 영일동맹 제의하라고 종용
3. 28			러시아, 여순·대련 조차
4. 25			로젠-니시 협상 체결 미서(美西)전쟁 시작
1900.			의화단 사건
6. 21			러시아 외상 무라비요프 급사
1902. 1. 31		영일동맹 체결	
4. 8			러시아, 러청철병협정 체결
1903. 4. 8			러시아, 베조브라조프(A.

날짜	내용		
	조선	일본	국제관계
			M. Bezobrazov) 등 궁정파의 실권 장악으로 제2차 철병 약속 위약(목단강성 남부와 길림성 전역 재점령)
5.			러시아, 용암포 무력 점령
1904. 2. 8		여순과 인천 앞바다에서 러시아함대를 기습, 개전	
2. 10		대러 선전포고	

주

제1장 민 왕후와 대원군

1) David Gillard, *The Struggle for Asia, 1828～1914 : A Study in British and Russian Imperialism*(London, 1977), 105쪽 ; T. C. Lin, "The Amur Frontier Question between China and Russia, 1850～1860", *The Pacific Historical Review*, Vol. III, No. 1(1934) ; J. J. Stephan, "The Crimean War in the Far East", *Modern Asian Studies*, Vol. III, No. 3(1969).

2) 최문형, 〈러시아의 남하정책과 한국─특히 부동항획득을 중심으로〉, 《서양사론》 제54호(1997. 9.) ; 奧平武彦, 〈クリミヤ戰爭と極東〉, 《國際法外交雜誌》 第35卷 第1號(昭和11).

3) Gillard, 위의 책, 102～103쪽.

4) 최문형, 《한국을 둘러싼 제국주의열강의 각축》(지식산업사, 2001), 24쪽 ; D. J. Dallin, *The Rise of Russia in Asia*(New Haven, Yale University Press, 1949), 23쪽 ; Lin, 위의 글.

5) A. Malozemoff, Russian Far Eastern Policy, 1881～1904(Berkeley, 1958), 2쪽 ; B. A. Jelavich, *A Century of Russian Foreign Policy 1814～1914*(Philadelphia and New York, J. B. Lippincott Co., 1964), 165쪽.

6) G. A. Lensen, *Balance of Intrigue ─International Rivalries in Korea & Manchuria 1884～1899*, 2vols.(Florida State University Book, 1982), 447～448쪽.

7) 이광린, 《한국사강좌 : 근대편》(일조각, 1981), 16～17쪽 ; 이배용, 〈개화기 명성황후 민비의 정치적 역할〉, 《국사관논총》 제66집(1995). 흥선군의 할아버지 은신군 진(恩信君 禛)은 22대 정조의

둘째동생이 된다. 흥선군의 아버지 남연군은 본래는 인조의 왕자 인평대군의 5대 손인 병원(秉源)의 아들이었으나 은신군이 아들이 없어 그 양자로 입양되어 가계를 이었다.

8) 이광린, 위의 책, 18쪽 ; Isabella B.Bishop, *Korea and Her Neighbour* (J. Murray, 1898), Vol. 2, 144쪽.

9) 이광린, 위의 책, 18~19쪽.

10) 같은 책, 20~22쪽.

11) 같은 책, 23~27쪽.

12) 최문형, 위의 책, 30쪽.

13) 같은 책, 30~31쪽.

14) 유홍렬, 《한국천주교회사》(카톨릭출판사, 1962), 588~589쪽.

15) 이배용, 위의 글 ; 황현, 《매천야록(梅泉野錄)》(국사편찬위원회, 1956), 2쪽.

16) 이배용, 같은 글 ;《고종실록(高宗實錄)》고종 8년 11월 4일· 8일.

17) 이배용, 같은 글.

18) Mary V. T. Lawrence, *A Diplomat's Helpmate*. 이것은 초대 주한 미국 공사 푸우트(Lucius Q. Foote) 장군의 부인인 푸트(Rose F. Foote) 여사의 체한(滯韓) 경험기이다.

19) Bishop, 위의 책, 254쪽 ; L. H. Underwood, *Fifteen years among the Top-knots*(New York, American Tract Society), 24쪽.

20) 이광린, 위의 책, 60쪽.

21) 이배용, 위의 글, 63~64쪽.

22) 최문형, 위의 책, 34쪽.

23) Nicholai N. Bolkhovitinov, "The Crimean War and the Emergence of Proposals for the Sale of Russian America, 1855~1861", *Pacific Historical Review*, Vol. LLX(Feb., 1990) ; A. Golder, "The Purchase of Alaska", *American Historical Review*, XXV(1920). 알래스카는 영국령 캐나다와 국경을 접하고 있어 크림 전쟁 후 영국군의 점령 위협이 가중됨으

로써 러시아로서는 어차피 지켜내기 어려웠다. 이에 주미 러시아 공사 스택클(Edouard de Stoeckle)은 미 국무장관 시워드(William H. Seward)를 상대로 매각 교섭을 벌여 1867년 3월 30일 마침내 알래스카를 720만 달러를 받고 미국에 팔았다(상원 통과는 4. 9). 러시아는 이 땅을 '우방'인 미국에 넘겨줌으로써 거꾸로 영국령 캐나다가 미국 땅에 의해 협공당하도록 만들겠다는 계획이었다.

24) 최문형, 위의 책, 32~33쪽.

25) Lensen, 위의 책, 13쪽 ; F. C. Jones, *Forein Diplomacy in Korea*, 1866~1894(Unpublished Ph. D. dissertation, Univ. of Harvard, 1935), 107쪽.

26) 이광린, 위의 책, 68~70쪽.

27) 같은 책, 80~83쪽.

28) 같은 책, 127~136쪽.

29) 王彦威編, 《淸季外交史料》(台北 : 文洛出版社, 1960), 第16. 附 朝鮮原任太師李裕元來函, Anglo-American and Chinese Diplomatic Materials relating to Korea, 140쪽 ; 최문형, 위의 책, 38~40쪽. 이홍장은 이유원에게 귀국의 걱정이 곧 중국의 걱정이라며 "오늘날의 정책은 '독으로써 독을 공격하고 적으로써 적을 공격하는 것[以毒攻毒 以敵制敵]'이니 이 방법을 적절히 사용, 기회를 타서 서양 각국과 조약을 체결하면…… 일본뿐만 아니라 러시아의 침략도 저지할 수 있을 것"이라고 설득했다. 이홍장은 러·일 모두를 견제 대상으로 한 데 반해 황준헌은 러시아 견제를 위해 일본과의 결합을 강조했다. 러시아의 위협이 커지자 이에 대비하기 위해서는[備俄] 일본과의 결합[結日本]도 서슴지 말아야 한다는 주장이 우세해진 것이다.

30) F(*oreign*) O(*ffice*)(London : Public Record Office), 46/231, Nos. 117, 118 ; 廣瀬靖子, 〈日淸戰爭前イギリス極東政策の一考察〉, 《日本外交の國際認識-その史的展開》(日本國際政治學會, 1974) ; 최문형, 《제국주의열강과 한국》(민음사, 1990), 68~69쪽. 정책 전환을 외상에게 건의한 사람은 파크스가 부인의 병으로 일시 귀국한

기간(1879. 10.~1882. 1.)에 주일 공사직을 맡은 케네디(Kennedy)였다. 그는 다른 나라가 조선을 개국시키는 데 성공할 경우 자신들도 즉각 이 문제에 착수해도 되는지 타진했다.

31) 최문형, 위의 책, 39쪽 ; 권석봉, 《청말 대(對)조선연구》(일조각, 1986), 122쪽, 127쪽. 황준헌에게 〈조선책략〉의 저술을 명한 하여장이 파크스 공사의 의견을 예시했던 점으로 미루어 (〈조선책략〉이) 영국의 영향을 받았음을 인정하고 있다.

32) 최문형, 같은 책, 36~37쪽 ; Hsu, Immanuel C. Y., *The Ili Crisis —A Study of Sino-Russian Diplomacy*(Oxford Univ. Press, 1965), 191~194쪽. 청국도 1881년 2월 24일 상트페테르부르크(St. Petersburg) 조약을 맺어 잃었던 땅의 대부분을 되돌려 받았다. 그러나 청은 러시아의 점령 비용 900만 루블을 보상했을 뿐만 아니라 일부 영역은 수복하지 못했다. 따라서 러시아로부터 국경이 위협받는 상황은 실제로 달라진 것이 없었다. 러시아는 동아시아에서와 마찬가지로 청에게는 공포의 대상일 수밖에 없었다.

33) 《승정원 일기》, 고종 19년 6월 10일 ; 이광린, 〈민비와 대원군〉, 최문형 외, 《명성황후 시해 사건》(민음사, 1992).

34) 최문형, 〈한영수교와 역사적 의의〉, 《한영수교 100년사》(한국사연구협의회, 1984) ; 김종원, 〈朝中常民水陸通商章程〉, 《역사학보》제32집.

35) 최문형, 위의 책, 81쪽 ; *F. O.*, 405/34.

36) 이광린, 〈민비와 대원군〉, 《명성황후 시해 사건》.

제2장 일본의 조선보호국화 정책과 민 왕후의 '인아거일'

37) 최문형, 《한국을 둘러싼 제국주의열강의 각축》, 53쪽 ; E. V. G. Kiernan, *British Diplomacy in China, 1880~1885*(Cambridge, 1939), 74~85쪽.

38) 최문형, 〈열강의 대한정책에 대한 일 연구 – 임오군란과 갑신정변을 중심으로〉, 《역사학보》 제92집(1981).

39) 최문형, 〈갑신정변 전후의 정황과 개화파 – 외세와 연관된 정변의 재평가를 위하여〉, 《사학연구》 제38집(1984) ; Lawrence, 위의 글. 민영익이 머리에 일곱 곳이나 칼에 찔려 실신하자 푸트 공사가 끌어 안고 앨런을 불러 치료하게 했다는 푸트 부인의 기록은 생생한 현장감을 준다. 그리고 이것이 왕후의 복수심을 불러일으켜 개화파의 부녀자까지 처형한다는 소문이 돌아 자신이 왕후에게 그 중지를 호소했다는 이야기는 이색적이다. 당시에는 성조기를 내걸은 미국공사관만이 유일한 피난처였다는 것이다.

40) 최문형, 〈열강의 대한정책에 대한 일 연구 – 임오군란과 갑신정변을 중심으로〉, 《역사학보》 제92집(1981) ; F. C. Jones, 위의 책, 451쪽.

41) 최문형, 〈러시아의 동아시아정책과 조선〉, 《한국사학》 13(정신문화연구원, 1993).

42) 이광린, 위의 글, 206~207쪽 ; 구선희, 〈한국근대대청정책사연구〉(혜안, 1999. 3.), 139쪽.

43) 최문형, 위의 글 ; F. C. Jones, 위의 책, 451쪽.

44) W. L. Langer, *The Diplomacy of Imperialism, 1890 ~1902*(2nd ed., New York, Alfred A. Knopf, 1972), 169쪽.

45) 최문형, 위의 책, 74쪽 ; D. N. Collins, "The Franco–Russian Alliance and Russian Railways, 1891~1914", *The Historical Journal,* Vol. XVI, No. 4(1973).

46) 최문형, 같은 책, 75쪽 ; T. H. Laue, *Sergei Witte and the Industrialization of Russia*(New York, Atheneum, 1974).

47) Dallin, 위의 책, 30쪽.

48) 최문형, 위의 책, 78~80쪽 ; Popov, A. L. & Dimant, S. R., ed., "First Steps of Russian Imperialism in Far East 1888~1903", Vol. LII. 54~124쪽, *The Chinese Social and Political Science Review,* Vol. XVIII, No. 2(July,

1934), 236~237쪽.

49) 최문형, 같은 책, 85~86쪽 ; 大山梓 編, 《山縣有朋意見書》(原書房, 1976), 174~185쪽 ; 高橋秀直, 《日淸戰爭開戰過程の硏究》(神戶商科大學經濟硏究所, 1992), 32~34쪽.

50) 최문형, 《제국주의시대의 열강과 한국》, 107쪽 ; A. Malozemoff, *Russian Far Eastern Policy, 1881~1904*(Berkeley, 1958), 34~35쪽.

51) 宮內廳, 《明治天皇記》8(東京 : 吉川弘文館, 1973), 175쪽, 253~254쪽.

52) 김원모, 〈손탁 양의 친러반일운동〉, 《中齊張忠植博士華甲紀念論叢》, 역사학 편(단국대학교출판부, 1992).

53) 金熙明, 《興宣大院君と 閔妃》(東京, 洋洋社, 1967), 299~301쪽.

54) 최문형, 《한국을 둘러싼 제국주의열강의 각축》, 100쪽.

55) 최문형, 《제국주의시대의 열강과 한국》, 167~168쪽 ; T. Dennett, *American in Eastern Asia*(New York, Macmillan Co., 1922), 498쪽 ; J. M. Dowart, J. M., "Walter Quintin Gresham and East Asia, 1894~1895 : A Reappraisal", *Asian Forum*, 5(1973).

56) 이광린, 위의 글.

57) 유영익, 《갑오경장연구》(일조각, 1990), 15쪽.

58) 陸奧宗光, 《蹇蹇錄》(岩波書店, 1983), 164쪽 ; 유영익, 같은 책, 29쪽.

59) 같은 책, 164쪽.

60) 유영익, 위의 책, 34쪽.

61) 최문형, 《한국을 둘러싼 제국주의열강의 각축》, 131~132쪽.

62) 歷史學硏究會編, 《日本史史料(4) 近代》(岩波書店, 1997), 222~224쪽.

63) 최문형, 위의 책, 138쪽.

64) 최문형, 〈청일전쟁 전후 영국의 동아시아 정책과 한국〉, 《한영수교 100년사》(한국사연구협의회편, 1984).

제3장 민 왕후의 '인아거일'책과 일본정부의 왕후 시해

65) 信夫淸三郎, 《日本外交史(1)》(每日新聞社, 昭和49), 185~186쪽.

66) 《日本史史料(4) 近代》, 224~225쪽 ; I. Nish, "Three Power Inter-
vention" in Davis A. R. & Stefanowska, A. D. ed., *Australia*(Oriental
Society of Australia, 1982).

67) 吉田和起, 〈日英同盟と日本の朝鮮侵略〉, 《日本史硏究》 第84號.

68) 최문형, 《한국을 둘러싼 제국주의열강의 각축》, 148~149쪽 ;
Keith Neilson, "Britain, Russia and the Sino-Japanese War", *The
Sino-Japanese War of 1894-5 in its International Dimension*(Suntory-
Toyota International Centre Discussion Paper, 1994).

69) Neilson, 위의 글 ; 日本外務省編, 《日(本)外(交文書)》 卷28-1
(東京 : 日本國際聯合會刊, 1959), 351쪽, 484쪽.

70) I. Nish, "Britain and the Three-Power Intervention", *Proceedings of the
British Association for Japanese Studies*, Vol. 5, Part 1(1980).

71) *Die Grosse Politik (der Europäischen Kabinette 1871~1914)*, Bde. IX(Berlin,
1921~1927), 295~296쪽.

72) 《日外》 卷28-2, 135쪽.

73) 《日外》 卷28-1, 440~441쪽 ; 信夫淸三郎, 〈日淸戰爭における
イギリスの外交政策-日英同盟史として〉, 《明治政治史硏究》
第1輯(昭和10年12月), 188쪽 ; 井上馨傳記編纂會編, 《世外井上
公傳》 4(東京, 原書房, 1968年 復刻), 481~482쪽.

74) 《日外》 卷28-2, 174~176쪽 ; 宮內廳, 《明治天皇記》 8(東京 :
吉川弘文館, 1973), 862쪽.

75) I. Nish, "Three Power Intervention", *Australia* ; Langer, 위의 책, 185
쪽 ; 김상수, 〈민비시해 사건의 국제적 배경〉, 《명성황후시해 사
건》.

76) *Die Grosse Politik*, IX, 2280, 303. 외상은 러청차관협정의 체결이

임박했다는 보고를 받자 6월 12일 구트슈미트에게 '…… 일본이
배상금의 일부를 받고 그 나머지에 대한 최소한의 보장을 받을
때까지 요동반도에서 철군할 필요가 없다는 것이 우리의 입장'이
라고 말했다.

77) P. B. Remmey, Jr., *British Diplomacy and the Far East, 1892~1898*(Ph.
D. dissertation, Harvard University, 1964), 100~101쪽.

78) 러시아가 '일본의 5,000만 냥 보상금 요구는 부당하다. 이를 반으
로 깎자'고 하자 독일은 '요동반도와 같은 전략 요충지를 반환하
는 데 그 정도의 보상금은 적당하다'고 대응했다.《日外》卷28-2,
205~206쪽 ;《明治天皇記》8, 894쪽.

79)《日外》卷28-2, 212~213쪽 ; *Die Grosse Politik*, IX, 325~326쪽.

80)《日外》卷28-2, 203~205쪽 ; 김상수, 위의 글.

81) Lensen, 위의 책, 531쪽.

82) 金熙明, 위의 책, 398~403쪽.

83) 金熙明, 같은 책, 409~410쪽.

84) F. H. Harrington, *God, Mammon and the Japanese*(Wisconsin, University
of Wisconsin Press, 1944), 274쪽.

85) 최문형, 〈러·일 대립과 민비시해 사건〉,《역사학보》168(2000.
12.).

86) J. M. Dowart, "The Independent Minister : John M.B. Sill and the
Struggle against Japanese Expansion in Korea, 1894~1897", *Pacific
Historical Review,* 44(Nov., 1975).

87) 같은 글.

88) 최문형,《한국을 둘러싼 제국주의열강의 각축》, 164쪽.

89) 같은 책, 165쪽.

90) 최문형, 〈러일대립과 민비시해 사건〉,《역사학보》168(2000.
12.).

91) 信夫清三郎, 위의 책, 188쪽 ; 최문형, 위의 책, 168쪽.

92) 1895년 6월 20일부로 陸奧宗光에게 보낸 芳川顯正의 서한(陸奧宗光文書 第8冊, 日本國會圖書館 憲政資料室 所藏).

93) 《世外井上公傳》 4, 482~491쪽 ; 增田知子, 〈日淸戰爭經營〉, 《日本歷史大系4 : 近代1》(山川出版社, 1987), 735쪽.

94) 박종근 저, 박영재 역, 《청일전쟁과 조선》(일조각, 1989), 246쪽.

95) P. B. Remmey, Jr., *British Diplomacy and the Far East, 1892 ~1898*(Ph. D. dissertation, Harvard University, 1964), 100~102쪽.

96) 《世外井上公傳》 4, 493~494쪽.

97) 小谷條太郎 編, 《觀樹將軍回顧錄》(東京 : 政敎社, 1925), 319쪽 ; 강창일, 〈三浦梧樓 공사와 민비시해 사건〉, 《명성황후시해 사건》.

98) 《世外井上公傳》 4, 512쪽 ; 유영익, 〈청일전쟁 및 삼국간섭기 井上馨의 대한정책〉, 《명성황후시해 사건》 ; 大江志乃夫, 《世界史としての日露戰爭(立風書房, 2001. 10.), 63쪽.

99) 陸奧宗光에게 보낸 山縣有朋의 서한(陸奧宗光文書 第7冊, 日本國會圖書館 憲政資料室 所藏).

100) 野村靖이 井上馨에게 보낸 7월 18일 오후 2시 45분발 電報(日本國會圖書館 憲政資料室 所藏).

101) 野村靖이 井上馨에게 보낸 7월 19일 오후 4시 25분발 電報(日本國會圖書館 憲政資料室 所藏).

102) 《觀樹將軍回顧錄》, 320쪽.

103) 《世外井上公傳》 4, 512쪽 ; 박종근, 위의 책, 248쪽.

104) 酒田正敏, 〈日淸戰後外交政策拘束要因〉, 《近代日本硏究2》(東京 : 山川出版社, 1980) ; 《日外》 卷28-1, 368쪽.

105) 《明治天皇記》 8, 862쪽.

106) 酒田正敏, 위의 글 ; 增田知子, 위의 글.

107) 藤村道生, 《日淸戰爭》(岩波新書, 1974), 392쪽

108) 《明治天皇記》 8, 907쪽.

344_

109) 《世外井上公傳》4, 495~502쪽 ; 菊池謙讓, 《近代朝鮮史》下卷 (鷄鳴社, 1939), 388쪽.

110) Bishop, 위의 책, 270쪽 ; 이민원, 〈아관파천 전후의 한러관계〉, 1895~1898(정신문화연구원 박사학위논문, 1994), 36쪽.

111) 《日外》卷28-1, 375~377쪽 ; 酒田正敏, 위의 글.

112) 菊池謙讓, 위의 책, 388쪽.

113) 《觀樹將軍回顧錄》, 319쪽.

114) 강창일, 위의 글.

115) 《日外》卷28-1, 375쪽 ; 酒田正敏, 위의 글 ; 강창일, 위의 글.

116) 《世外井上公傳》4, 519쪽.

117) F. O. 405-IV. Confidential, Hillier to O'Conor, Inclosure 1, in No. 63, Seoul, Sept., 12, 1895.

118) 최문형, 〈서설〉, 《명성황후시해 사건》.

119) G. A. Lensen sel.,&ed., *Korea and Manchuria between Russia and Japan, 1895~1904 : The Observations of sir Ernest Satow : British Minister plenipotentiary to Japan(1895~1900) and China(1900~1906)*(Florida Diplomatic Press, 1966), 76쪽.

120) *National Archives*, M-133, R-66, No. 156, Allen to Olney, Seoul, Oct., 10, 1895, Despatches from United States Minister to Korea.

121) F. O. 405-VI. Confidential, Hillier to O'Conor, Inclosure 1 in No. 63. Seoul, Sept., 17, 1895.

122) *North China Herald*, Nov., 21, 1895.

123) 《世外井上公傳》4, 391~392쪽 ; 外務省外交史料館 日本外交史 辭典編纂委員會, 《日本外交史辭典》(大藏省印刷局, 昭和 54年 3 月), 42~44쪽.

124) 최문형, 《한국을 둘러싼 제국주의열강의 각축》, 177쪽.

125) 伊藤之雄, 〈元老の形成と變遷に關する若干の考察 : 後繼首相推 薦機能を中心として〉, 《史林》第60卷 第2號(東京 : 史學硏究會,

1977）；鳥海靖,〈明治憲法下における元老の役割〉,《日本史 基礎知識》(東京：1975)；林茂,〈元老〉,《世界歷史辭典》3(東京：平凡社, 1968)；原奎一郎 編,《原敬日記 1 : 官界 言論人》(東京：福村出版株式會社, 1981), 226~227쪽.

126) 石和靜,〈ロシアの韓國中立化政策ーウィッテの對滿洲政策との關聯で〉,《スラヴ研究》46(1999), 40쪽.

127) 春畝公追頌會編,《伊藤博文傳》下(東京：原書房, 1975), 94~95쪽 ;《世外井上公傳》4, 391~392쪽.

128) 中塚 明,《蹇蹇錄の世界》(東京：みすず書房, 1992), 21쪽 ; 萩原延壽,《陸奧宗光》下卷(朝日新聞社, 1997), 357쪽.

129) 中塚 明, 위의 책, 24~25쪽.

130) 같은 책, 22~24쪽.

131) 阪岐斌,《陸奧宗光》(東京：博文館, 1898), 287쪽.

132) 陸奧宗光,《蹇蹇錄》(岩波書店, 1983), 164쪽.

133) 유영익, 위의 책, 34쪽. 전결권에는 (1) 주한 일본수비대의 지휘권, (2) 조선정부에 고용될 일본인 고문관의 선발권, (3) 조선에 공여할 차관 주선권, (4) 조선정부와 체결할 각종 조약의 협상 체결권 등이 포함된다.

134) 박종근, 위의 책, 141쪽.

135) I. Nish, *Japanese Foreign Policy 1869~1942*(London, 1977), 27쪽.

136) 中塚 明, 위의 책, 251~252쪽.

137)《日本外交史辭典》, 926쪽.

138) 角田房子 著, 김은숙 역,《민비시해》(조선일보사, 1988), 319쪽.

139) 같은 책, 339쪽.

140) 子安宜邦,〈閔妃問題とは何か〉,《環》, Vol. 22(東京：藤原書店, 2005, summer).

141) 中塚 明, 위의 책, 22~23쪽.

142) 강창일, 위의 글, 55쪽.

143) 같은 글, 36쪽.

144) 三省堂編修所編, 《コンサイス人名事典：日本篇》(東京：三省堂, 1984)；戰前期官僚制研究會編, 《戰前期 日本官僚の制度·組織·人事》(東京：東京大學出版會, 1981).

145) *North China Herald*, Oct., 30, 1895.

146) 강창일, 위의 글, 54쪽；박종근, 위의 책, 263쪽.

147) 山辺健太郎, 〈乙未事變について〉, 《日韓關係の展開》(東京：日本國際政治學會 編, 有斐閣, 1964), 75～76쪽；박종근, 위의 책, 264～266쪽；강창일, 위의 글, 56～58쪽；이민원, 위의 글, 91～92쪽.

148) 강창일, 위의 글, 57쪽.

149) 韓國學文獻研究所 編, 《在韓苦心錄》, 舊韓末日帝侵略史料叢書VII, 政治編7(亞細亞文化史, 1984), 176～179쪽；강창일, 위의 글, 56～58쪽.

150) 같은 책；같은 글, 54～55쪽.

151) 이민원, 위의 글, 91쪽.

152) 菊池謙讓, 위의 책, 405～406쪽；安達謙藏自敍傳,(新樹社, 昭和35年 12月), 48～50쪽. 한성신보사의 창업비와 매월 운영비는 모두 공사관이 담당했다. 사명(社名)도 사장 아다치가 스기무라 일등 서기관 및 통역관 구니와케 데라(國分寺)와 상의해 정했다. 사장은 물론 주필[國友重章]과 편집장[小早川秀雄]도 모두 민 왕후 시해에 가담한 낭인이다.

153) 같은 글, 60쪽.

154) "Confidential", *F. O.* 405-VI, Hillier to O'Conor, Inclosure 7 in No. 86, Seoul, Oct., 11, 1895.

155) *National Archives*, M-133, R-66, No. 156, Allen to Olney, Seoul, Oct., 10, 1895, Tae Won Khun Revolution.

156) *National Archives*, M-133, R-66, No. 159, Allen to Olney, Oct., 13,

1895. Tae Won Khun Revolution.

157) 같은 문서 ; *F. O.* 405-VI, Hillier to O'Conor, Inclosure 4 in No. 86, Seoul Oct., 10, 1895, "Narrative of M. Sabatin, a Russian Subject, acting as one of the Inspectors of King's guard".

158) *F. O.* 405-VI, 같은 문서.

159) *F. O.* 405-VI, Hillier to O'Conor, Oct., 11, 1895.

160) *F. O.* 405-VI, Hillier to O'Conor, Oct., 10, 1895 ; Hillier to O'Conor, Inclosure 1 in No. 111, Seoul, Oct., 11, 1895.

161) *F. O.* 405-VI, Hillier to O'Conor, Inclosure 1 in No. 111, Seoul, Oct., 11, 1895.

162) 이경직의 피살에 대해서는 〈電文, 廣島 春田司令官의 陸軍省 兒玉次官에의 11월 22일자 보고서〉 ; 그리고 왕후 직접 시해범에 대한 것은 市川正明 編, 《日本外交史料 5》 ; 日外, 28-1, 〈內田領事의 西園寺外相臨時代理에의 11월 5일자 "10月 8日 朝鮮王城事變詳細報告의 件"〉 ; 金熙明, 위의 책, 438쪽 참조.

　　왕후가 시해된 시각은, 다이에 따르면 5시 15분 이후 6시까지 약 35분~45분 사이이고, 일본 자료에 따르면 6시 10분에서 7시 직전이다. 왜냐하면 미우라가 공사관을 출발한 것이 6시 5분이고 궁궐에 도착(영미 자료는 6시)해 7시에는 왕과 대원군을 알현했기 때문이다. 그러므로 공사관에서 왕궁까지의 거리로 보아 약 40분의 시간 여유가 있었으며 이 사이에 왕후가 시해되었을 것이고 이어 미우라의 사건 현장 확인까지 있었다고 추정할 수 있다.

163) 박종근은 야마베 겐타로(山邊健太郞)의 〈閔妃事件について〉 (コリア評論, 1964년 5월호)를 인용, '왕후를 끌어내 두세 군데 도상(刀傷)을 입히고 옷을 벗겨 국부 검사를 했다'고 기술하고 있다. 그리고 야마베는 〈日韓倂合小史〉(東京, 岩波書店, 1965), 119쪽에서 같은 사실에 대해 '사체(死體)를 능욕(凌辱)했다'고 표현했으며, 나카쓰카 아키라(中塚明)도 〈蹇蹇錄의 世界〉, 255쪽에서 '사체를 능욕하고 불태워버렸다'고 기술하고 있다. 어쨌든 왕

궁 침입에 앞서 술에 만취된 자들이 시신에 불경스러운 짓거리를
서슴지 않은 것만은 분명한 것 같다.

164) *National Archives*, M-133, R-66, Hillier to O'Conor, Oct., 8, 1895.

165) 같은 문서.

166) *National Archives*, M-133, R-66, Allen to Olney, Oct., 10, 1895 ;
Harrington, 위의 책, 287쪽.

167) 최문형, 〈서설〉, 《명성황후시해 사건》.

168) F. O. 405-65, No. 288, Satow to Salisbury, Oct., 18, 1895 ; Lensen(1),
550~552.

169) 中塚 明, 위의 책, 251~252쪽.

170) Lensen, *Balance of Intrigue*, 550쪽.

171) 같은 책, 551~552쪽.

172) 같은 책, 550쪽.

173) 《在韓苦心錄》, 202쪽.

174) *North China Herald*, Nov., 1, 1895.

175) 《明治天皇記》 4, 909쪽 ; 이민원, 위의 글, 88쪽.

제4장 러시아의 대일 대응과 러일전쟁으로 가는 길

176) Lensen, 위의 책, 555~557쪽.

177) V. P. Nikhamin, "Diplomatiia Russkogo Tsarizma v. Koree posle
iaponokitaiskoi Voiny(1895~1896gg)", in *Istoriia Mezhdunarodnykh
Otnoshenii Istoria Zalubezhnukh Stran*(Moskva Institute Mezhdunarodnykh
Otnpshenii, 1957), 148쪽 ; B. D. Pak, *Rossiia i Koreia*(Moskba : Nauk,
1979), 120~121쪽.

178) Lensen, 위의 책, 558쪽 ; Harrington, 위의 책, 289쪽.

179) 이민원, 〈아관파천 전후의 한러관계〉, 56~57쪽.

180) Lensen, 위의 책, 577쪽 ; Nikhamin, 위의 책, 150~151쪽 ; F. O. 405-70, Hillier to Beuclerk, Inclosure 9 in No. 102, Jan., 17, 1896.

181) Lensen, 위의 책, 580쪽 : Nikhamin, 위의 책, 151~152쪽.

182) 같은 책, 580쪽 : 같은 책, 151~152쪽.

183) 같은 책, 581쪽 ; 같은 책, 152쪽 ; Pak, 위의 책, 126쪽.

184) Lensen, 위의 책, 581쪽 : Nikhamin, 위의 책, 152~153쪽.

185) 같은 책, 582쪽 : 같은 책, 154쪽.

186) Lensen, 위의 책, 580쪽.

187) 같은 책, 582쪽.

188) Lensen, 위의 책, 582~583쪽 ; Nikhamin, 위의 책, 154쪽.

189) 같은 책, 583쪽 ; 같은 책, 154쪽.

190) Harrington, 위의 책, 303~304쪽.

191) Lensen, 위의 책, 587쪽 ; Nikhamin, 위의 책, 155쪽.

192) Lensen, 위의 책, 587쪽.

193) 같은 책, 591쪽.

194) *National Archives,* Sill to Olney, Feb. 16, 1896 ; Harrington, 위의 책, 307~308쪽.

195) Lensen, 위의 책, 595쪽 ; Nikhamin, 위의 책, 156~157쪽 ; Pak, 위의 책, 128쪽.

196) Lensen, 같은 책, 595쪽 ; Nikhamin, 같은 책, 157쪽 ; Pak, 같은 책, 128쪽.

197) W. E. Leopold, *The Growth of American Foreign Policy,* 李普珩 역, 《美國政治史》, 191쪽 ; 吉田和起, 〈日英同盟と朝鮮侵略〉, 《日本史硏究》, 第84號, 6~7쪽.

198) Lensen, 위의 책, 602쪽.

199) 같은 책, 611~612쪽.

200) 같은 책, 615~625쪽.

201) B. A. Romanov, *Russya y Manchzurioi* 1892~1906(Leningrad, Enukidge

Oriental Institute, 1928), Susan Wilour Jones, tr., *Russia in Manchuria* 1892~1906(Ann Arbor, Michgan, 1952), 104쪽 ; Malozemoff, 위의 책, 86~87쪽.

202) Romanov, 위의 책, 104쪽 ; C. I. Eugene Kim, and Han-kyo Kim, *Korea and Politics of Imperialism*, 1876~1910(Berkeley and Los Angeles, University of California Press, 1968), 92쪽.

203) Romanov, 위의 책, 104쪽 ; Malozemoff, 위의 책, 87쪽 ; Paul H. Clyde, *International Rivalries in Manchuria* 1689~1922(Ohio, Ohio State University Press, 1926), 180~190쪽.

204) Malozemoff, 위의 책, 88쪽 ; Clyde, 위의 책, 190쪽.

205) Lensen, 위의 책, 635쪽 ; Nikhamin, 위의 책, 159쪽 ; Pak, 위의 책, 129쪽.

206) Malozemoff, 위의 책, 80쪽 ; Clyde, 위의 책, 187~188쪽.

207) Lensen, 위의 책, 635쪽.

208) Nikhamin, 위의 책, 162~163쪽.

209) Malozemoff, 위의 책, 89쪽 ; Eugene Kim, 위의 책, 92쪽.

210) Romanov, 위의 책, 108~109쪽 ; 細川嘉六, 《植民史》(東京 : 經濟新報社, 1941), 232~233쪽 ; 渡部學, 《朝鮮近代史》(勁草書房, 1972), 74~75쪽.

211) Romanov, 위의 책, 109쪽.

212) 같은 책, 109~110쪽.

213) 같은 책, 109쪽 ; Malozemoff, 위의 책, 90쪽.

214) 같은 책, 110쪽 ; 같은 책, 90쪽.

215) 같은 책, 112쪽 ; 같은 책, 89쪽. 왕은 러시아에 실망하여 환궁했지만 경운궁은 여전히 푸티아타 대령 등이 지휘하는 친위대에 의해 호위되었다.

216) Romanov, 위의 책, 113~114쪽.

217) 같은 책, 113쪽 ; Eugene Kim, 위의 책, 93~94쪽.

218) 같은 책, 112~113쪽.

219) 같은 책, 114~116쪽.

220) 같은 책, 112~116쪽 ; Malozemoff, 위의 책, 91쪽.

221) 같은 책, 115~116쪽.

222) 같은 책, 130쪽 ; Malozemoff, 위의 책, 105~107쪽 ; Harrington, 위의 책, 300쪽.

223) Clyde, 위의 책, 67~69쪽.

224) 같은 책, 67~68쪽.

225) 같은 책, 99~100쪽 ; Langer, 위의 책, 457~458쪽.

226) 같은 책, 101쪽 ; 같은 책, 458쪽.

227) Malozemoff, 위의 책, 101쪽. 차르가 특별회의의 결정을 번복한 것은 회의 당일인 1897년 11월 26일로부터 방침 변경을 자국의 주청 공사 파블로프(A. J. Pavlov)에게 통고한 같은 해 12월 11일 사이의 어느 날이라고 추정된다.

228) 최문형, 《列强의 東아시아政策》(一潮閣, 1979), 53쪽.

229) Malozemoff, 위의 책, 105쪽 ; 前島省三, 〈日淸·日露戰爭に於ける 對韓政策〉, 《日本外交史研究》(東京 : 日本國際政治學會編, 1962). 조든의 조치는 1897년 10월 27일 브라운의 해임 통지를 받은 직후에 취해졌고, 러시아공사 스페이르가 알렉세예프의 임명 통고를 받은 것은 같은 해 10월 25일이었다.

230) Malozemoff, 위의 책, 105쪽, 108쪽.

231) 같은 책, 105쪽.